De

_____

Para

_____

DIOS ESTÁ
CON USTED
cada día

DIOS ESTÁ CON USTED
cada día

MAX LUCADO

CASA CREACIÓN
Para vivir la Palabra

Para vivir la Palabra

MANTÉNGANSE ALERTA;
PERMANEZCAN FIRMES EN LA FE;
SEAN VALIENTES Y FUERTES.
—1 CORINTIOS 16:13 (NVI)

Dios está con usted cada día por Max Lucado
Publicado por Casa Creación
Miami, Florida
www.casacreacion.com
©2016-2022 Derechos reservados

Library of Congress Control Number: 2016951624
ISBN: 978-1-62998-999-0
E-book ISBN: 978-1-62999-011-8

Desarrollo editorial: *Grupo Nivel Uno, Inc.*
Apatación de diseño interior y portada: *Grupo Nivel Uno, Inc.*

Publicado originalmente en inglés bajo el título:
God Is With You Every Day
Publicado por Thomas Nelson
una división de Harper Collins Christian Publishing, Inc.
Copyright © 2016 by Max Lucado

Enero

Una oración... de alabanza

Alabad a Jehová, invocad su nombre,
dad a conocer en los pueblos sus obras.
Cantad a él, cantadle salmos;
hablad de todas sus maravillas.
1 Crónicas 16:8–9

Padre, tú eres tan digno de todo: mi atención, alabanza, adoración y amor. Tus obras son sorprendentes, más allá de cualquier cosa que pueda expresar siquiera.

Ayúdame a ser una luz que brille hacia ti hoy. Con frecuencia es difícil para mí destacarme del mundo y ser diferente. Dame la valentía para dar a conocer tu bondad y nunca avergonzarme.

Por favor, dale paz a mis amigos que están hablando en tu nombre y que como resultado se han encontrado sin amigos o con pocos que los entienden.

Gracias por tus maravillosas obras y por todos lo que has hecho y harás.

En el glorioso nombre de Jesucristo, amén.

40 oraciones simples que brindan paz y descanso

Hoy voy a...

Así que tengan cuidado de su manera de vivir.
No vivan como necios sino como sabios,
aprovechando al máximo cada momento
oportuno, porque los días son malos.
Efesios 5:15–16, NVI

Hoy voy a marcar una diferencia. Comenzaré a través de controlar mis pensamientos. Una persona es el producto de sus pensamientos. Quiero ser feliz y esperanzado. Por lo tanto, voy a tener pensamientos que sean felices y esperanzados. Me rehúso a caer víctima de mis circunstancias. El optimismo será mi compañero y la victoria será mi sello distintivo. Hoy voy a marcar una diferencia.

Estaré agradecido por las veinticuatro horas que están delante de mí. El tiempo es un bien precioso. Me rehúso a permitir que el poco tiempo que tengo se contamine con autocompasión, ansiedad o aburrimiento. Voy a enfrentar este día con el gozo de un niño y la valentía de un gigante. Mientras esté aquí, lo voy a usar para amar y dar. Hoy voy a marcar una diferencia.

No permitiré que los fracasos del pasado me persigan. Aunque mi vida está marcada con errores, me rehúso a rumiar la pila de basura de fracasos. Los reconoceré. Los corregiré. Proseguiré. Victoriosamente. Ningún fracaso es fatal. Está bien tropezar...me voy a levantar. Está bien fracasar...me levantaré nuevamente. Hoy voy a marcar una diferencia.

Voy a pasar tiempo con los que amo. Mi cónyuge, mis hijos, mi familia. Hoy voy a pasar por lo menos cinco minutos con las personas importantes de mi mundo. Cinco minutos de *calidad* para conversar o abrazarnos o agradecer o escuchar.

Hoy voy a marcar una diferencia.

Sobre el yunque

Participe en sus negocios

*¿No sabíais que en los negocios
de mi Padre me es necesario estar?*

Lucas 2:49

El tiempo sobre el yunque de Dios debería clarificar nuestra misión y definir nuestro propósito. Cuando surge una herramienta del yunque del herrero, no hay duda de para qué se usa. No hay duda de por qué fue hecha. Una mirada a la herramienta y usted instantáneamente sabrá cuál es su función.

A medida que un ser humano emerge del yunque de Dios, debería suceder lo mismo. Ser probados por Dios nos recuerda que nuestra función y nuestra tarea es estar en sus negocios, que nuestro propósito es ser una extensión de su naturaleza, embajadores de la sala del trono y proclamadores de su mensaje. Deberíamos salir de la herrería sin duda de por qué nos hizo Dios. Conocemos nuestro propósito.

Somos el pueblo de Dios y debemos estar en sus negocios.

Si vivimos de esta manera, entonces podemos entrar a nuestros últimos años con la seguridad de saber que la vida fue bien invertida y que el cielo queda a un parpadeo de distancia.

¿Existe una mayor recompensa que esta?

Sobre el yunque

Manténgase en su propio carril

*Por lo cual te aconsejo que avives
el fuego del don de Dios que está en ti…*
2 Timoteo 1:6

Un niño pequeño llamado Adam quería ser como su amigo Bobby. A Adam le encantaba la manera en que Bobby caminaba y hablaba. Sin embargo, Bobby quería ser como Charlie. Había algo en la zancada de Charlie y en su acento que lo intrigaba. Charlie, por otro lado, estaba impresionado con Danny. Charlie quería verse y sonar como Danny. Danny, entre otras cosas, también tenía un héroe: Adam. Él quería ser justo como Adam.

Así que Adam estaba imitando a Bobby, quien estaba imitando a Charlie, quien estaba imitando a Danny, quien estaba imitando a Adam.

Resulta que lo único que tenía que hacer Adam era ser él mismo.[1]

Manténgase en su propio carril. Corra su propia carrera. Nada bueno sucede cuando usted se compara y compite con otros. Dios no lo juzga conforme a los talentos de los demás. Él lo juzga conforme a los suyos. Su vara para medir fidelidad es cuán fiel es usted con sus propios dones. Usted no es responsable por la naturaleza de su don. Pero usted es responsable por cómo usarlo.

Días de gloria

Su tarea

Ahora bien, hay diversos dones, pero un mismo Espíritu. Hay diversas maneras de servir, pero un mismo Señor. Hay diversas funciones, pero es un mismo Dios el que hace todas las cosas en todos.
1 Corintios 12:4–6, NVI

"...te aconsejo que avives el fuego del don de Dios que está *en ti*..." (2 Timoteo 1:6, énfasis añadido).

Usted sea usted. No sea sus padres o sus abuelos. Puede admirarlos, apreciarlos y aprender de ellos. Pero no puede ser ellos. Usted no es ellos. "Cada uno debe examinar su propia conducta. Si es buena, podrá sentirse satisfecho de sus acciones, pero no debe compararse con los demás. Cada uno es responsable ante Dios de su propia conducta" (Gálatas 6:4–5, TLA).

Jesús fue insistente en esto. Después de la resurrección se les apareció a algunos de sus seguidores. Le dio a Pedro una misión pastoral específica que incluía un gran sacrificio. El apóstol respondió señalando a Juan y diciendo: "—Señor, ¿qué va a pasar con éste? Jesús le contestó: —Si yo quiero que él viva hasta que yo regrese, ¿qué te importa a ti? Tú sígueme" (Juan 21:21–22, TLA).

En otras palabras, no se ocupe de la tarea de otras personas; manténgase enfocado en la suya propia.

Días de gloria

Autoridad irrecusable

…y sostiene todo con el gran poder de su palabra…
Hebreos 1:3, NTV

Jesús tiene autoridad irrecusable.

El gobierno romano trató de intimidarlo. La religión falsa trató de silenciarlo. El diablo trató de matarlo. Todos fracasaron. Incluso "la muerte no tenía ningún poder sobre él" (Hechos 2:24, TLA).

No estaba bromeando cuando declaró: "Se me ha dado toda autoridad en el cielo y en la tierra" (Mateo 28:18, NVI). Jesús es el centro de comando de las galaxias. Él ocupa la Oficina Oval del universo. Hizo salir una moneda de la boca de un pez. Detuvo las olas con una palabra. Habló y un árbol se secó. Habló otra vez y una canasta se convirtió en un banquete. La economía. La meteorología. La botánica. El suministro de alimentos. "Todas las cosas Me han sido entregadas por Mi Padre" (Mateo 11:27, NBLH).

Eso incluye a Satanás. El diablo fue derrotado completamente por Cristo en la cruz. Jesús lo excede en rango en cada situación. Él debe obedecer a Jesús, y lo sabe. Las oraciones ofrecidas en el nombre de Jesús son "poderosas en Dios para la destrucción de fortalezas" (2 Corintios 10:4). ¡Destrucción! No poderosas para dañar u obstaculizar, sino para destruir.

¿Satanás está levantando una fortaleza en su vida? Eleve una oración y suelte el poder de destrucción de Jesús.

Antes del amén

La meta de Dios para usted

Esfuércense por demostrar los resultados de su salvación obedeciendo a Dios con profunda reverencia y temor. Pues Dios trabaja en ustedes y les da el deseo y el poder para que hagan lo que a él le agrada.

Filipenses 2:12–13, NTV

Imagine el día en que estará delante de Jesús y mire su vida en retrospectiva. "Entonces Dios le dará a cada uno el reconocimiento que le corresponda" (1 Corintios 4:5, NTV). Su Salvador declarará el resultado final de su vida:

Con la ayuda de Dios, Fulano de Tal atacó a los enemigos de su tierra prometida y los expulsó.

¡Codicia!

¡Temperamento explosivo!

¡Envidia!

Sufrió abuso sexual de chico, no obstante, fue estable como adulto.

Fue tentado por las drogas, sin embargo, se mantuvo sobrio y firme.

Se salió del camino, pero regresó con vigor.

Una por una, las conquistas serán leídas y celebradas.

Cada testigo se regocijará de la obra que Dios hizo. Esta es la meta de Dios para usted. Esta es su herencia: más victoria que derrota, más gozo que tristeza, más esperanza que desaliento.

Días de gloria

Una oración...para brillar

Así alumbre vuestra luz delante de los hombres,
para que vean vuestras buenas obras,
y glorifiquen a vuestro Padre que está en los cielos.

Mateo 5:16

Padre celestial, obra en mi vida de tal forma que la gente te vea brillando a través de mí. Ayúdame a liberarme del egoísmo y el pecado que evitan que me conforme a tu imagen y exprese tu santidad. En el nombre de Jesús, amén.

On Calvary's Hill [En el Calvario]

Viva una vida estimulante

Háganlo todo sin quejas ni contiendas, para que sean intachables
y puros, hijos de Dios sin culpa en medio de una generación
torcida y depravada. En ella ustedes brillan como estrellas en
el firmamento, manteniendo en alto la palabra de vida.
Filipenses 2:14–16, NVI

Cada uno de nosotros debería llevar una vida lo suficientemente estimulante como para iniciar un movimiento. Deberíamos anhelar cambiar el mundo. Deberíamos amar implacablemente, soñar resueltamente y trabajar incesantemente.

Deberíamos cerrar nuestros oídos a la multitud de voces de disolución y posarnos en la rama de la verdad. Deberíamos defender e impulsar el valor de las personas, proclamar el perdón de Dios y reclamar la promesa del cielo.

Y deberíamos llevar una vida lo suficientemente estimulante para provocar un movimiento.

Un movimiento alcanza su mayoría de edad cuando la vida de uno cosecha las semillas plantadas por incontables vidas en generaciones previas. Un movimiento ocurre cuando una persona, no mayor ni menor que los que la han precedido, vive una vida vigorosa en el cumplimiento del tiempo.

Vivamos vidas estimulantes y lo suficientemente vigorosas para provocar un movimiento. Una marca verdadera del visionario es su disposición a rendir su vida por los que nunca verá.

¿Vendrá el movimiento en nuestra generación? Espero que sí. Pero si no es así, incluso aunque nunca lo veamos, sucederá. Y seremos parte de él.

Sobre el yunque

Pida Hebrón

Cuando mi mente se llenó de dudas,
tu consuelo renovó mi esperanza y mi alegría.
Salmo 94:19, NTV

Haga oídos sordos a los que dudan. Ignore a los pesimistas. La gente tiene el derecho de decir lo que quiera. Y usted tiene el derecho de ignorarla.

Cuando los doce espías se reportaron con Moisés de regreso, todos excepto Caleb y Josué estaban despepitando duda (Números 13:26–33). Los superaban en número diez a dos, pero aun así creían en el poder de Dios. Tomemos nuestra inspiración de Caleb. Hagamos caso omiso de la incredulidad letal de los cínicos.

Esta no es justificación para ser grosero o aislarse. Cuando la gente exprese sus luchas o dudas sinceras, ayúdela. Pero algunas personas no quieren ser ayudadas. Preferirían derribarlo a usted que dejarlo que los levante. No se los permita.

Caleb no lo permitió. Llenó su mente con fe y tomó un desafío del tamaño de Dios.

Cuando Moisés envió a Caleb a espiar la tierra, Caleb vio algo que lo perturbó: la ciudad de Hebrón. Abraham había enterrado a su esposa allí y él fue enterrado allí. Al igual que Isaac, Rebeca y Jacob.

Hebrón era un sitio sagrado, pero estaba habitado por personas poco santas. Así que Caleb le pidió a Moisés que le diera Hebrón.

Moisés le llevó la petición a Dios, y Caleb recibió la tierra. Cuarenta años después, a la edad de ochenta y cinco años, el viejo soldado expulsó al enemigo y reclamó la ciudad como suya.

Caleb quería hacer algo grande para Dios. Vivía con un llamado más alto. Usted puede hacerlo también. Pida su Hebrón.

Días de gloria

Espere la indicación

Ya que vivimos por el Espíritu, sigamos la guía del
Espíritu en cada aspecto de nuestra vida.
Gálatas 5:25, NTV

¿Hay algo en su vida que necesite ser removido? ¿Algún impedimento a la impresión del Espíritu de Dios? Podemos contristar al Espíritu con nuestras palabras airadas (Efesios 4:29–30; Isaías 63:10) y resistir al Espíritu en nuestra desobediencia (Hechos 7:51). Podemos incluso apagar al Espíritu al no tener consideración de las enseñanzas de Dios.

Esto es algo que me ayuda a mantenerme siguiéndole el paso al Espíritu. Sabemos que el "fruto del Espíritu es amor, gozo, paz, paciencia, benignidad, bondad, fidelidad, mansedumbre, dominio propio" (Gálatas 5:22–23, LBLA). El Espíritu de Dios genera y distribuye estas características. Son indicadores en mi monitor espiritual. Así que cada vez que las percibo, sé que estoy andando en el Espíritu. Cuando carezco de ellas, sé que estoy fuera de ritmo con el Espíritu.

Para andar en el Espíritu, responda a las pautas que Dios le dé.

¿No siente ninguna indicación? Solo sea paciente y espere. Abraham esperó al hijo prometido. Moisés esperó cuarenta años en el desierto. Jesús esperó treinta años antes de comenzar su ministerio. Dios incluye temporadas de silencio en su plan. El invierno es necesario para que la tierra dé fruto. El tiempo es necesario para el desarrollo de un cultivo. Y los discípulos esperaron el mover de Dios. Espere que Él lo mueva, lo impulse y lo dirija.

La historia de Dios, tu historia

Una batalla espiritual

*Porque no tenemos lucha contra sangre y carne, sino
contra principados, contra potestades, contra los
gobernadores de las tinieblas de este siglo, contra huestes
espirituales de maldad en las regiones celestes.*
Efesios 6:12

Para un libro acerca de conquistas, el libro de Josué con toda seguridad es parco en detalles militares. ¿Qué armas utilizó el ejército de Josué? ¿Cuántos oficiales tenía su ejército? ¿La respuesta a esta y otras preguntas? No las sabemos.

No lo sabemos porque el énfasis no está en una batalla física, sino espiritual. El conflicto real no era con los cananeos o los amorreos; era con Satanás y sus demonios.

Canaán era el bien raíz más selecto de la Tierra. Estaba marcada por campos fértiles y valles. Lo más importante: la tierra era un regalo de Dios a Israel (Génesis 12:7).

Dios apartó esta propiedad para su pueblo y apartó a su pueblo para que fuera una bendición para el mundo. Dios le prometió a Abram: "Y haré de ti una nación grande" (12:2). Los hebreos eran los correos del pacto de Dios a una galaxia de personas. Israel era el pergamino sobre el que la historia de la redención de Dios sería escrita.

La contraestrategia de Satanás era clara: contaminar la Tierra Prometida e impedir al Niño Prometido. Destruir al pueblo de Dios y destruir la obra de Dios.

Así que, la batalla de Jericó era espiritual.

Al igual que la nuestra.

Días de gloria

El descubrimiento
que lo cambia todo

"Porque yo sé muy bien los planes que tengo para ustedes—afirma el Señor—, planes de bienestar y no de calamidad, a fin de darles un futuro y una esperanza".

Jeremías 29:11, NVI

Usted se encuentra en manos de un Dios viviente amoroso. ¿Una colección aleatoria de relatos breves desconectados entre sí? Lejos de eso. Su vida es una narrativa artesanal escrita por un buen Dios, quien está trabajando hacia su bien supremo.

Dios no es descuidado o asistemático. Planeó la creación conforme a un calendario. Determinó los detalles de la salvación "antes de la fundación del mundo" (1 Pedro 1:20). La muerte de Jesús no fue una reconsideración, ni fue el Plan B o una operación de emergencia. Jesús murió "cuando se cumplió el plazo" (Gálatas 4:4, NVI), según el "determinado propósito y el previo conocimiento de Dios" (Hechos 2:23, NVI).

Dios no está inventando un plan a medida que avanza. Ni le dio cuerda al reloj y se alejó. "El Dios Altísimo domina sobre el reino de los hombres y que pone sobre él a quien le place" (Daniel 5:21, LBLA). Él es "el que juzga: a unos humilla y a otros exalta" (Salmo 75:7, NBD). "La ardiente ira del Señor no se aplacará hasta que haya hecho y cumplido los propósitos de su corazón" (Jeremías 30:24, LBLA). Observe los verbos: *juzga, pone, hace, cumple.* Estos términos confirman la existencia de los planos y diseños celestiales. Esos planes lo incluyen a usted. "En Cristo también fuimos hechos herederos, pues fuimos predestinados según el plan de aquel que hace todas las cosas conforme al designio de su voluntad" (Efesios 1:11, NVI).

¡Este descubrimiento lo cambia todo!

La historia de Dios, tu historia

Un cántico nuevo

Cantad a Jehová cántico nuevo;
Cantad a Jehová, toda la tierra.
Cantad a Jehová, bendecid su nombre [...]
Porque grande es Jehová, y digno de suprema alabanza.
Salmo 96:1–4

Dios pone una canción en el corazón de sus hijos. Una canción de esperanza y vida. "Puso luego en mi boca cántico nuevo" (Salmo 40:3) Algunos santos cantan este cántico fuerte y durante buena parte del tiempo todos los días de sus vidas. En otros casos la canción se queda en silencio. Las heridas y sucesos de la vida apagan la música interior. Pasan largas temporadas en las que el cántico de Dios no se canta.

Quiero ser cuidadoso con esto. La verdad es que no siempre sabemos si alguien ha confiado en la gracia de Dios o no.

Una persona puede haber fingido su fe, pero sin hablar en serio. Judas es el ejemplo de alguien que al parecer era salvo pero que en realidad no lo era. Durante tres años siguió a Cristo. Mientras que los demás se estaban convirtiendo en apóstoles, él se estaba convirtiendo en una herramienta de Satanás. Cuando dijo: "Y ustedes ya están limpios, aunque no todos" (Juan 13:10, NVI) se estaba refiriendo a Judas, quien poseía una fe fingida.

No nos toca saber si la fe de alguien es real o no. Pero sabemos esto: donde hay una conversión genuina, hay vida eterna. Nuestra tarea es confiar en la habilidad de Dios para llamar a sus hijos a casa.

Nos unimos a Dios mientras camina entre sus hijos caprichosos y heridos, cantando.

Finalmente, los que son suyos escucharán su voz, y algo dentro de ellos despertará. Y cuando suceda, comenzarán a cantar de nuevo.

Gracia

Una oración...
para vivir como tu hijo

Pero cuando vino el cumplimiento del tiempo,
Dios envió a su Hijo, nacido de mujer
y nacido bajo la ley,
para que redimiese a los que estaban bajo la ley,
a fin de que recibiésemos la adopción de hijos.
Gálatas 4:4–5

Amoroso Padre, tu Hijo vino a nuestro mundo quebrantado a redimirnos de nuestro pecado y a hacer un camino para que fuéramos adoptados en tu familia. Gracias, Jesús, por pagar el precio que yo era impotente de pagar por mí mismo. Ayúdame a vivir hoy como tu hijo. En el nombre de Jesús, amén.

In the Manger [En el pesebre]

¿Quién es usted?

*Así también ustedes deberían considerarse muertos al poder
del pecado y vivos para Dios por medio de Cristo Jesús.*
Romanos 6:11, NTV

¿Quién es usted?

Me alegra que preguntara.

Usted es:

- Hijo de Dios (Juan 1:12).
- Amigo de Cristo (Juan 15:15).
- Miembro del Cuerpo de Cristo (1 Corintios 12:27).
- Un santo (Efesios 1:1).
- Redimido y perdonado de todos sus pecados (Colosenses 1:14).
- Completo en Cristo, sin falta de nada (Colosenses 2:10).
- Libre de condenación (Romanos 8:1–2).
- Colaborador de Dios (2 Corintios 6:1).
- Sentado con Cristo en los lugares celestiales (Efesios 2:6).
- Hechura de Dios (Efesios 2:10).
- Un ciudadano del cielo (Filipenses 3:20).
- Adoptado en la familia de Dios (Efesios 1:5).
- Nacido de Dios, y el maligno no lo toca (1 Juan 5:18).

Familiarícese con su nuevo ser.

Días de gloria

¿Qué es lo que Él hará con usted?

"¡Jamás hombre alguno ha hablado como este hombre!"
Juan 7:46

Jesús afirmó ser capaz de perdonar pecados; un privilegio que solamente Dios puede ejercer (Mateo 9:4–7). Afirmó ser mayor que Jonás, Salomón, Jacob e incluso Abraham (Mateo 12:38–42; Juan 4:12–14, 8:53–56). Jesús le ordenó a la gente que orara en su nombre (Juan 14:13–14). Afirmó que sus palabras permanecerían más allá del cielo y la Tierra (Marcos 13:31) y que toda autoridad en los cielos y en la Tierra le había sido dada (Mateo 28:18–20).

Mire la devoción que inspiró. La gente no solo respetaba a Jesús. Les agradaba; dejaron sus hogares y sus negocios y lo siguieron. Hombres y mujeres por igual conectaron su esperanza con su vida. Personas impulsivas como Pedro. Visionarios como Felipe. Hombres apasionados como Juan; hombres cuidadosos como Tomás; hombres metódicos como Mateo el recolector de impuestos. Cuando los hombres dejaron a Jesús en la tumba, fueron las mujeres las que vinieron a honrarlo; mujeres de todos los estilos de vida, desde amas de casa hasta filántropas.

Jesús transformó a trabajadores comunes de los muelles y pescadores en los autores del libro más grande y fundadores de su movimiento más grande.

¿Qué es lo que Él hará con usted?

La historia de Dios, tu historia

Todos pueden ayudar a alguien

"Porque tuve hambre, y me disteis de comer;
tuve sed, y me disteis de beber; fui forastero,
y me recogisteis; estuve desnudo, y me cubristeis;
enfermo, y me visitasteis; en la cárcel, y vinisteis a mí".

Mateo 25:35–36

Hace muchos años escuché a una mujer hablar sobre las obras de Mateo 25:31–46. El evento no fue publicitado. La audiencia estaba parlanchina e inquieta. No obstante, cuanto ella entró al lugar, toda la actividad cesó.

Ella llevaba su característico sari indio blanco con una franja azul que representaba a las Misioneras de la Caridad, la orden que ella había fundado en 1950. Sus sesenta y nueve años habían encorvado su ya pequeña constitución. Pero no había nada pequeño con respecto a la presencia de la Madre Teresa.

"Denme a sus hijos no nacidos—ofreció—. No los aborten. Si ustedes no pueden criarlos, yo lo haré. Son preciosos para Dios". ¿Quién podría haber identificado a esta mujer ligeramente albanesa como un agente de cambio?

Me pregunto si Dios crea personas como la Madre Teresa para poder probar su punto: "Ves, puedes hacer algo hoy que permanecerá más allá de tu vida".

Hay varios millardos de razones para considerar su desafío. Algunos de ellos viven en su vecindario; otros viven en junglas que no puede encontrar y tienen nombres que no puede pronunciar. Algunos de ellos juegan en favelas de cartón o venden sexo en una calle bulliciosa.

Ninguno de nosotros podemos ayudar a todos. Pero todos nosotros podemos ayudar a alguien. Y cuando los ayudamos, servimos a Jesús.

¿Quién querría perder la oportunidad de hacer eso?

Más allá de tu vida

Voces de fracaso

Con paciencia esperé que el Señor me ayudara, y él se fijó en mí y oyó mi clamor. Me sacó del foso de desesperación, del lodo y del fango. Puso mis pies sobre suelo firme y a medida que yo caminaba, me estabilizó. Me dio un canto nuevo para entonar, un himno de alabanza a nuestro Dios.

Salmo 40:1–3, NTV

¿Alguna vez ha escuchado voces de fracaso? Cuando perdió el trabajo, reprobó el examen, abandonó la escuela. Cuando su matrimonio se desintegró. Cuando su negocio quebró. Cuando fracasó. Las voces comenzaron a aullar.

¡Y usted se unió a ellas!

El fracaso nos encuentra a todos. El fracaso es tan universal que tenemos que preguntarnos por qué no hay más gurús de la superación personal que hablen de él. Las librerías están atiborradas de volúmenes sobre cómo tener éxito. Pero usted va invertir mucho tiempo en buscar una sección llamada "Cómo tener éxito a pesar de haber fracasado".

Quizá nadie sabe qué decir. Pero Dios sí. Su libro ha sido escrito para fracasados. Está lleno de personas que fueron fracasos y errores vergonzosos. David fue un fracaso moral, sin embargo, Dios lo usó. Elías fue un desastre emocional después del Carmelo, pero Dios lo bendijo. Jonás estuvo en el vientre de un pez donde hizo su oración más sincera, y Dios lo escuchó.

¿Personas perfectas? No. ¿Perfectos desastres? Lo puede apostar. No obstante, Dios los usó. Un descubrimiento sorprendente y bienvenido de la Biblia es este: Dios usa fracasados.

Días de gloria

La palabra final

*"El Hijo del Hombre tiene potestad
en la tierra para perdonar pecados".*
Marcos 2:10

Si usted está en Cristo, su pecado se ha ido. Fue visto por última vez en Aquel que llevó su pecado mientras se dirigía al Valle de la Muerte. Cuando Jesús clamó en la cruz: "Dios mío, Dios mío, ¿por qué me has desamparado?" (Mateo 27:46, NVI), entró al desierto por usted. Se llevó su pecado.

Él tiene la palabra final sobre su vida. Y esa palabra es *gracia*. Jesús hizo su parte. Ahora haga la suya.

Dele a Dios su culpa. Dígale a Jesús lo que hizo. No retenga nada. Sea abundante en su confesión y...

Sea concreto en su confesión. Entre en tanto detalle como pueda. La sanidad sucede cuando la herida es expuesta a la atmósfera de la gracia.

Exactamente, ¿por qué necesita perdón? ¿Por ser una mala persona? Eso es demasiado general. ¿Por perder la paciencia y decirle a su compañero de trabajo que es un tonto? Eso, puede confesarlo. Como ve, la confesión no es un castigo por el pecado; es aislar el pecado para que pueda ser expuesto y extraído.

Sea firme en esta oración. Satanás trafica con la culpa. Así que dígale a su culpa donde bajarse. Dígalo en el nombre de Jesús. "Te dejé a los pies de la cruz, espíritu inmundo. ¡Quédate allí!".

Y, por todos los cielos, deje de atormentarse. Jesús es lo suficientemente fuerte para llevar su pecado. ¿No dijo que lo haría? ¡Créale! Él tiene la palabra final.

Antes del amén

Movido por la oración

*Y esta es la confianza que tenemos en él, que si pedimos
alguna cosa conforme a su voluntad, él nos oye.*

1 Juan 5:14

Oremos, *primero*. ¿Va a viajar para ayudar a los hambrientos? Asegúrese de bañar su misión en oración. ¿Está trabajando para desenredar los nudos de la injusticia? Ore. ¿Cansado de un mundo de racismo y división? También Dios lo está, y le encantaría hablar con usted al respecto.

Oremos, *lo más que podamos*. ¿Nos llamó Dios a predicar sin cesar? ¿A enseñar sin cesar? ¿O a tener reuniones de comité sin cesar? ¿O a cantar sin cesar? No, pero sí nos llamó a orar "sin cesar" (1 Tesalonicenses 5:17).

¿Jesús declaró: Mi casa será llamada casa de estudio? ¿De comunión? ¿De música? ¿De exposición? ¿Una casa de actividades? No, pero sí dijo: "Mi casa será llamada casa de oración" (Marcos 11:17, NVI).

Ninguna otra actividad espiritual tiene garantizados tales resultados. "Si dos de ustedes se ponen de acuerdo en la tierra acerca de cualquier cosa que pidan, les será hecha por mi Padre que está en los cielos" (Mateo 18:19, RVA-2015). Él es movido por un corazón humilde que ora.

Él es movido por la oración.

Más allá de tu vida

Una oración . . . por fuerza

Por nada estéis afanosos, sino sean conocidas vuestras peticiones
delante de Dios en toda oración y ruego, con acción de gracias.
Y la paz de Dios, que sobrepasa todo entendimiento,
guardará vuestros corazones
y vuestros pensamientos en Cristo Jesús.
Filipenses 4:6–7

Querido Padre, eres el Príncipe de paz y el Gran Yo Soy. Eres mi
Ayudador y mi Redentor.

Necesito tu ayuda hoy. Estoy débil y frágil y cansado. Dame
la fuerza para pasar solo este día y el deseo de trabajar como si lo
estuviera haciendo todo para tu gloria.

Ayuda a aquellos que están llevando cargas especialmente pesa-
das en este momento. Necesitan tu poder y tu paz que sobrepasa
nuestro entendimiento.

Estoy tan agradecido de que puedo venir a ti y presentar mis peti-
ciones en cualquier momento. Gracias por darme paz y descanso
incluso en los tiempos difíciles.

Lo pido en el nombre del Príncipe de paz, amén.

40 oraciones simples que brindan paz y descanso

De mayor estima que el oro

Pero a esa parte restante la pasaré por el fuego;
la refinaré como se refina la plata,
la probaré como se prueba el oro.
Entonces ellos me invocarán y yo les responderé.
Yo diré: "Ellos son mi pueblo", y ellos dirán:
"El Señor es nuestro Dios."

Zacarías 13:9, NVI

Con un fuerte antebrazo, el herrero vestido con su delantal pone sus tenazas en el fuego, toma el metal caliente y lo coloca en el yunque. Su ojo entrenado examina la pieza fulgurante. Ve lo que la herramienta es ahora e imagina lo que quiere que sea. Con una imagen clara en su mente, comienza a golpear.

Sobre el yunque sólido, el hierro al rojo vivo es modelado.

El herrero conoce el tipo de instrumento que quiere. Conoce el tamaño. Conoce la forma. Conoce la fuerza.

¡Pang! ¡Pang! El martillo golpea. El taller resuena de ruido, el aire se llena de humo y el metal suavizado responde.

Pero la respuesta no viene fácil. No viene sin incomodidad. Derretir lo viejo y volver a moldearlo como nuevo es un proceso que interrumpe. No obstante, el metal permanece en el yunque, permitiendo que el fabricante de herramientas remueva los vicios, repare las grietas, rellene los vacíos y purgue las impurezas.

Y con el tiempo, sucede un cambio: lo que era romo se afila, lo que estaba torcido se endereza, lo que era débil se fortalece y lo que era inútil se vuelve valioso.

Sobre el yunque

Su mejor arma

*El Señor es quien hace justicia y derecho a
todos los que padecen violencia.*
Salmo 103:6, RVA-2015

Satanás no tiene recursos en contra de su testimonio personal. Así que la mejor arma que usted tiene en contra de sus ataques es una buena memoria.

¡No olvide una sola de las bendiciones de Dios! Él perdona sus pecados: cada uno.

Él sana sus enfermedades: cada una.

Lo redime del infierno: ¡salva su vida!

Lo corona de amor y misericordia: una corona paradisiaca.

Lo envuelve en bondad: belleza eterna.

Él renueva su juventud: usted siempre es joven en su presencia.

Haga una sala de trofeos en su corazón. Cada vez que usted experimente una victoria, coloque un recuerdo en el estante. Antes de enfrentar un desafío haga un recorrido rápido de los logros de Dios. Vea todos los sueldos que ha provisto, todas las bendiciones que ha dado, todas las oraciones que ha respondido. Imite al muchacho pastor, David. Antes de pelear contra Goliat, el gigante, recordó cómo Dios le había ayudado a matar un león y un oso (1 Samuel 17:34-36). Enfrentó su futuro revisitando el pasado.

Enfrente su futuro por medio de recordar las victorias pasadas de Dios.

Días de gloria

Un plan para la gracia

Podemos hacer nuestros planes,
pero el Señor determina nuestros pasos.
Proverbios 16:9, NTV

Antes de conocer la historia de Dios habíamos ya hecho un desastre con la nuestra. Incluso después, tendemos a exigir nuestro propio camino, tomar nuestro propio atajo y lastimar a personas en el proceso. ¿Puede Dios sacar algo bueno de lo malo nuestro?

Lo hizo con Pablo.

"Pero aconteció que yendo yo, al llegar cerca de Damasco […] de repente me rodeó mucha luz del cielo; y caí al suelo, y oí una voz que me decía…" (Hechos 22:6–7).

"Voy a darte una probada de tu propia medicina".

"Vuelve al polvo, matacristianos".

"¡Prepárate para encontrarte con tu Creador!".

¿Pablo esperaba escuchar palabras como estas? Sin importar lo que esperara, no fue lo que escuchó. Incluso antes de pedir misericordia, le fue ofrecida misericordia. Jesús le dijo: "Me he aparecido ante ti para nombrarte como uno de mis servidores […] Te enviaré a hablar […] con los que no son judíos […] tú les abrirás los ojos […] Podrán creer en mí, y Dios les perdonará sus pecados. Así serán parte del santo pueblo de Dios" Hechos 26:16–18, TLA).

Jesús transformó a Pablo, el legalista con carnet, en un campeón de la misericordia. ¿Quién lo hubiera pensado? Sin embargo, ¿quién estaría mejor calificado? Pablo escribe epístolas de gracia mediante sumergir su pluma en el tintero de su propio corazón. Descubrió el amor cuando Jesús lo visitó personalmente en el camino a Damasco.

La historia de Dios, tu historia

Gracia suficiente, sustentadora

Una espina me fue clavada en el cuerpo, es decir, un mensajero de Satanás, para que me atormentara. Tres veces le rogué al Señor que me la quitara; pero él me dijo: "Te basta con mi gracia, pues mi poder se perfecciona en la debilidad."

2 Corintios 12:7–9, NVI

Una espina en el cuerpo. Una imagen muy vívida. La punta aguda de una espina atraviesa la suave piel de la vida y se aloja debajo de la superficie. Cada paso es un recordatorio de la espina en el cuerpo.

El cáncer en el cuerpo.

El niño en el centro de rehabilitación.

La tinta roja en el libro de contabilidad.

Las lágrimas a media noche.

"Quítamelo", ha rogado. No una, ni dos, ni siquiera tres veces. Usted ha superado a Pablo. Él oró un esprint; usted ha orado un maratón. Pero lo que usted escucha es esto: "Te basta con mi gracia".

La gracia obtiene una dimensión adicional aquí. Pablo se está refiriendo a la gracia que sostiene. La gracia salvadora nos salva de nuestros pecados. La gracia que nos sostiene se encuentra con nosotros en nuestro punto de necesidad y nos equipa con valentía, sabiduría y fuerza. La gracia que nos sostiene nos promete, no la ausencia de lucha, sino la presencia de Dios.

Y según Pablo, Dios tiene *suficiente* de esa gracia que sostiene para enfrentar cada desafío de nuestra vida. Suficiente. Tememos su antónimo: *insuficiente*. Hemos escrito cheques para recibir de vuelta las palabras *fondos insuficientes*. ¿Ofreceremos oraciones, pero descubriremos fuerza insuficiente? Jamás.

Gracia

Desenfunde la promesa

Y vosotros habéis visto todo lo que Jehová vuestro
Dios ha hecho con todas estas naciones por vuestra causa;
porque Jehová vuestro Dios es quien ha peleado por vosotros.

Josué 23:3

Dios no solamente desea que usted viva la vida de la Tierra Prometida, sino que pelea por usted para que pueda hacerlo. Este fue el punto principal del discurso de victoria de Josué (Josué 23–24).

Josué había visto cada momento significativo del último medio siglo. El Jordán se abrió, y cayeron las murallas de Jericó. El sol se paró y los enemigos fueron dispersados. Y Josué en sus palabras finales quiere asegurarse de que han recibido el mensaje: "El Señor su Dios es el que ha combatido por ustedes" (v. 23:3).

Josué resumió la victoria diciendo: "Porque el Señor ha echado de delante de ustedes a naciones grandes y fuertes, y nadie ha podido resistir delante de ustedes hasta el día de hoy. Uno de ustedes persigue a mil, porque el Señor su Dios combate por ustedes..." (vv. 23:9–10).

¿No le encanta esa imagen? *Uno de ustedes persigue a mil.* Imagínese a un soldado hebreo con una espada desenvainada corriendo detrás de todo un batallón de enemigos. Como Dios pelea por él, se dispersan como palomas asustadas.

Imagino lo mismo para usted. Los enemigos de su vida —los temores, el terror, el odio y las heridas— vienen a usted como una legión de rufianes. No obstante, en lugar de huir, usted voltea y los enfrenta. Usted desenvaina las promesas de la Palabra de Dios. Usted no fue hecho para temblar de temor. Usted es una expresión viviente divina que respira. Él pelea por usted.

Días de gloria

La bondad de Dios sin igual

Gustad, y ved que es bueno Jehová;
dichoso el hombre que confía en él.
Salmo 34:8

El corazón de Dios es sin mancha. "Dios nunca cambia. Fue Dios quien creó todas las estrellas del cielo, y es quien nos da todo lo bueno y todo lo perfecto" (Santiago 1:17, TLA). No tiene una agenda escondida ni motivos egoístas. El ama con un buen amor y perdona con un buen perdón.

La bondad de Dios es un encabezado importante de la Biblia. Creo que sé por qué. Si Dios solamente fuera poderoso, lo respetaríamos. Pero como es misericordioso y poderoso, nos podemos acercar a Él. No es maravilla que el salmista nos invite: "Gustad, y ved que es bueno Jehová" (Salmo 34:8). Un atisbo de la bondad de Dios nos cambia.

La bondad sin igual de Dios ciñe todo lo demás que podamos decir acerca de la oración. Si Él es semejante a nosotros, solo que un poco más fuerte, ¿entonces para qué oramos? Si Él se cansa, ¿entonces por qué orar? Si tiene limitaciones, preguntas y dudas, entonces sería mejor que orara al Mago de Oz.

No obstante, si Dios es al mismo tiempo Padre y Creador, santo —a diferencia de nosotros— y en lo alto sobre nosotros, entonces nosotros en cualquier momento estamos solamente a una oración de recibir ayuda.

Antes del amén

Una oración... por valentía

Ya que este nuevo camino nos da tal confianza,
podemos ser muy valientes.
2 Corintios 3:12, NTV

Oh Dios, tú creaste todo lo que existe, y lo sostienes todo mediante tu infinita sabiduría y poder ilimitado. Sin embargo, me invitas a venir a ti en oración, con confianza y con la expectación de que me vas a escuchar y a responder. Enséñame, Señor, a aprovechar al máximo este privilegio, especialmente con respecto a alcanzar a los demás con tu amor. Dame un corazón para los que todavía tienen que experimentar la plenitud de tu gracia e ínstame a orar por ellos y su bienestar, tanto en este mundo como en la eternidad. Señor, llévame al frente de esta batalla. Te lo pido en el nombre de Jesús, amén.

Más allá de tu vida

Encuentre su parte

Me viste antes de que naciera. Cada día de mi vida
estaba registrado en tu libro. Cada momento fue
diseñado antes de que un solo día pasara.
Salmo 139:16, NTV

La singularidad es un gran mensaje en la Biblia. Y—esto quizá le sorprenda—es un mensaje inmenso en el libro de Josué. De hecho, uno podría discutir que la mayoría de sus capítulos corren bajo una orden: conozca su territorio y poséalo.

La primera meta de Josué fue establecer a Israel en Canaán por medio de tomar la tierra, neutralizar a los ejércitos enemigos y eliminar los principales asientos de autoridad. A cada tribu le fue dado un territorio o una tarea distinta.

La herencia era para todos. Todos los hebreos eran bienvenidos en Canaán: los viejos, los jóvenes, los débiles, los esforzados.

La herencia era universal, pero las misiones, eran individuales. Están mencionadas a detalle en Josué 13–21. Si no se puede dormir hoy, lea estos capítulos. El libro pasa de ser una novela de acción a un levantamiento topográfico. Las páginas son una lectura monótona a menos, por supuesto, que usted vaya a heredar algo.

Pero el gran mensaje era este: Nadie recibe todo. Pero todos obtienen algo. Eche fuera a los enemigos restantes. Edifique sus granjas. Cultive sus campos.

Encuentre su parte en la vida y more en ella.

Días de gloria

Cómo encontrar
la voluntad de Dios

No imiten las conductas ni las costumbres de este mundo, más bien dejen que Dios los transforme en personas nuevas al cambiarles la manera de pensar. Entonces aprenderán a conocer la voluntad de Dios para ustedes, la cual es buena, agradable y perfecta.

Romanos 12:2, NTV

Alguna vez ha tenido dificultades para determinar la voluntad de Dios para su futuro. No se encuentra solo. Las preguntas son interminables. Una sigue a la otra. Cada nueva responsabilidad trae nuevas decisiones.

¿Cómo en este mundo sabemos qué es lo que Dios quiere?

Para conocer la voluntad de Dios, debemos rendirnos totalmente a la voluntad de Dios. Nuestra tendencia es tomar la decisión por Dios.

No acuda a Dios con opciones y espere que Él escoja una de sus preferencias. Acuda a Él con manos vacías, sin agendas escondidas, sin dedos cruzados, sin nada detrás de su espalda. Acuda a Él con la disposición de hacer lo que le diga. Si usted rinde su voluntad, entonces se cumple en usted: "Que él los capacite en todo lo bueno para hacer su voluntad" (Hebreos 13:21, NVI).

Es una promesa.

Sobre el yunque

Febrero

Una mirada honesta

*Junto a la puerta llamada Hermosa había un hombre lisiado
de nacimiento, al que todos los días dejaban allí para que
pidiera limosna a los que entraban en el templo. Cuando
éste vio que Pedro y Juan estaban por entrar, les pidió
limosna. Pedro, con Juan, mirándolo fijamente, le dijo…*

Hechos 3:2–4, NVI

La oportunidad comienza con una mirada honesta.

Hace apenas dos años Bzuneh Tulema era el borracho del pueblo
en Adama, Sudáfrica. Él y su esposa estaban tan consumidos por el
alcohol que repartieron sus hijos entre los vecinos y se resignaron
a un final alcoholizado.

Pero entonces alguien los *miró*. Los miembros de una iglesia
de la zona comenzaron a traerle alimentos y ropa a la pareja. Los
invitaron a servicios de adoración. Bzuneh no estaba interesado.
No obstante, su esposa, Bililie sí. Comenzó a dejar el alcohol y a
considerar la historia de Cristo. La promesa de una nueva vida. El
ofrecimiento de una segunda oportunidad. Ella creyó.

Bzuneh no fue tan rápido. Siguió bebiendo hasta que una noche
se cayó tan fuerte que le quedó una abolladura en la cabeza por
el golpe. Algunos amigos lo encontraron en un barranco y se lo
llevaron a la iglesia y le compartieron de Jesús. No ha tocado una
gota desde entonces.

Todo comenzó con una mirada honesta y una mano de ayuda.
¿Podría ser esta la estrategia para el dolor humano? Primero, los
ojos bondadosos se encuentran con los ojos desesperados. Siguiente, las manos fuertes ayudan a las débiles. Entonces, el milagro de
Dios. Hacemos nuestra pequeña parte, Él hace la gran parte, y la
vida a la puerta llamada Hermosa comienza a ser simplemente eso.

Más allá de tu vida

El problema con los problemas por los que no se ha orado

Encomienda al Señor tus afanes, y él te sostendrá; no permitirá que el justo caiga y quede abatido para siempre.
Salmo 55:22, NVI

Lleve sus problemas a Jesús. No lleve sus problemas al bar. El ron no los puede resolver. No les lleve sus problemas a otros. Los berrinches nunca hacen progresar la causa. En el momento en que usted perciba un problema, sin importar lo grande o pequeño, llévelo a Cristo.

"Max, si le llevara mis problemas a Jesús cada vez que tenga uno, voy a estar hablando con Jesús todo el día" (ya está entendiendo el punto).

No se preocupen por nada; en cambio, oren por todo. Díganle a Dios lo que necesitan y denle gracias por todo lo que él ha hecho. Así experimentarán la paz de Dios, que supera todo lo que podemos entender. La paz de Dios cuidará su corazón y su mente mientras vivan en Cristo Jesús (Filipenses 4:6–7, NTV).

Un problema por el que no se ha orado es una espina incrustada. Supura y se infecta; primero el dedo, luego la mano, luego todo el brazo. Es mejor ir directamente desde el principio con la persona que tiene las tenazas.

Permita que Jesús se encargue de usted. Él sabe de espinas.

Antes del amén

Su ayudador

Jehová es mi luz y mi salvación; ¿de quién temeré?
Jehová es la fortaleza de mi vida;
¿de quién he de atemorizarme?

Salmo 27:1

"No te dejaré, ni te desampararé" (Josué 1:5).

Esa es la promesa que Dios le dio a Josué. Y le da a usted la misma promesa. De hecho, el escritor de Hebreos citó las palabras en su epístola: "Porque Dios ha dicho: 'Nunca te dejaré; jamás te abandonaré.' Así que podemos decir con toda confianza: 'El Señor es quien me ayuda; no temeré. ¿Qué me puede hacer un simple mortal?'" (13:5–6, NBD).

La última pregunta es perturbadora. *¿Qué me puede hacer un simple mortal?* Usted conoce las respuestas. "Mentirme". "Engañarme". "Lesionarme". "Aterrorizarme". "Intimidarme y acosarme".

Pero la Escritura hace una pregunta distinta. Si el Señor es su ayudador, ¿qué puede hacerle alguien a usted?

La palabra griega para "ayudador" en este pasaje es *boētheia*, de *boēt*, que significa "un grito" y *theō*, que significa "correr".[2] Cuando usted necesita ayuda, Dios corre con un grito: "¡Aquí voy!". Él nunca lo deja. ¡Jamás! Nunca se toma un descanso, una siesta o se toma una licencia para ir de vacaciones. Él nunca deja su lado.

Como Dios es fuerte, usted será fuerte. Como Él es capaz, usted será capaz. Como Él no tiene límites, usted no tiene límites. Con el apóstol usted puede decir con confianza: "El Señor es quien me ayuda; no temeré. ¿Qué me puede hacer un simple mortal?" (v. 6).

Días de gloria

Un Reino con un Rey

Vendré como un rey poderoso […]
y me sentaré en mi trono.

Mateo 25:31, TLA

La venida de Cristo será un día normal. La gente estará bebiendo café, soportando burlas en el tráfico, riendo de chistes y observando el clima. Miles de personas nacerán; miles morirán.

Su venida será inesperada. La mayoría de la gente estará distraída.

Su grito llamará nuestra atención, "pues el Señor mismo descenderá del cielo con un grito de mando" (1 Tesalonicenses 4:16, NTV).

El grito de Dios vendrá "con voz de arcángel, y con trompeta de Dios" (1 Tesalonicenses 4:16). Él despachará ejércitos de ángeles a su misión más grande: reunir a los hijos de Dios en una gran asamblea.

Sea que usted esté en Peoria o en el paraíso, si usted es seguidor de Jesús puede contar con que un chaperón angelical lo lleve a la mayor reunión de la historia. Los salvos y los perdidos por igual atestiguarán la asamblea, ya que "todas las naciones se reunirán delante de él" (Mateo 25:32, NVI). En algún punto en su gran recolección, nuestros espíritus se reunirán con nuestros cuerpos y el cielo escenificará una reunión de espíritu y carne.

Para este momento ya habremos visto y oído mucho: el grito de Dios y el ángel, el sonido de trompeta, la ascensión de los cuerpos y la gran reunión de las naciones. Pero cada vista y sonido parecerá un recuerdo remoto en comparación con lo que sucederá después: "Vendré como un rey poderoso […] y me sentaré en mi trono" (Mateo 25:31, TLA).

La creación de Dios regresará a su inicio: un Reino con un Rey y todo estará bien con nuestras almas.

La historia de Dios, tu historia

Una oración... por su historia

Y Dios creó al ser humano a su imagen;
lo creó a imagen de Dios.
Hombre y mujer los creó.
Génesis 1:27, NVI

Oh Señor, Autor de mi vida, gracias por crearme a tu imagen y comenzar mi historia. Ayúdame a escribirla con cuidado y verdaderamente volverme como tú. Ven, oh ven, Emanuel, y ayúdame a completar mi historia bien. En el nombre de Jesús, amén.

In the Manger [En el pesebre]

Utilice su "usted-icidad"

No descuides el don que hay en ti.
1 Timoteo 4:14

Nadie más tiene su "usted-icidad". Nadie más en toda la historia tiene su historia única. Nadie más en el gran diseño de Dios tiene su diseño divino. Nadie más comparte su mezcla de personalidad, habilidades y linaje. Cuando Dios lo hizo a usted, los ángeles se quedaron asombrados y declararon: "Nunca habíamos visto uno como ese antes". Y jamás lo verán nuevamente.

Usted es el primer y último intento del cielo de hacerlo. Usted es inigualable, sin precedentes y singular.

Como consecuencia, usted puede hacer algo que nadie más puede hacer en una manera en que nadie más puede.

Llámelo como quiera. Un talento. Un conjunto de habilidades. Un don. Una unción. Una chispa divina. Un poder. Un llamado. Los términos son diferentes, pero la verdad es la misma: "A cada uno se le da una manifestación especial del Espíritu para el bien de los demás" (1 Corintios 12:7, NVI).

Cada uno de nosotros; no algunos de nosotros, unos pocos de nosotros o una élite entre nosotros.

Muchas personas se quedan cortas de su destino. Se conforman con la historia de alguien más. Se ajustan, se conforman y se mezclan. Pero nunca encuentran su llamado. No cometa ese mismo error.

Su existencia no es accidental. Sus habilidades no son incidentales. Dios "formó el corazón de todos ellos" (Salmo 33:15).

Encuentre su "usted-icidad" y utilícela para el Reino.

Días de gloria

Sea conmovido

El que tiene dos camisas debe compartir con el que no tiene ninguna —les contestó Juan—, y el que tiene comida debe hacer lo mismo.

Lucas 3:11, NVI

La herida humana no es fácil a la vista. No obstante, hay algo fundamentalmente bueno acerca de tomarse el tiempo de ver a una persona.

Simón el fariseo una vez menospreció la bondad de Jesús hacia una mujer de carácter cuestionable. Así que Jesús lo probó: "¿*Ves* esta mujer?" (Lucas 7:44, énfasis añadido).

Simón no lo hizo. Vio a una mujer ligera, una mujer de la calle, una pícara. ¿Qué es lo que vemos cuando vemos...

- las figuras debajo del puente, alrededor del fuego que arde en un tambor de cincuenta y cinco galones [208,2 litros];
- las noticias de niños en campos de refugiados;
- los reportes de pobreza extenuante nacional e internacionalmente?

"Y al ver las multitudes [Jesús], tuvo compasión de ellas" (Mateo 9:36).

Esta palabra *compasión* es una de las más extrañas en la Escritura. El léxico griego del Nuevo Testamento dice que esta palabra significa "ser conmovido hasta las entrañas [...] (porque las entrañas se pensaban eran el asiento del amor y la piedad)".[3] La compasión, entonces, es un movimiento profundo dentro de uno: una patada en el estómago.

Probablemente esa es la razón por la que vemos hacia otro lado. ¿Para qué ver a los que sufren a la cara si no podemos marcar una diferencia? No obstante, ¿qué pasaría si por *ver*, fuéramos movidos a compasión? ¿Movidos no solo a *ver*, sino a *hacer*?

Más allá de tu vida

Un trasplante de corazón

*En aquel día vosotros conoceréis que yo estoy en
mi Padre, y vosotros en mí, y yo en vosotros.*

Juan 14:20

Cuando experimentamos la gracia, no recibimos un lindo cumplido de parte de Dios, sino un nuevo corazón. Si le da su corazón a Cristo Él le devuelve el favor: "Os daré corazón nuevo, y pondré espíritu nuevo dentro de vosotros" (Ezequiel 36:26; vea también Juan 14:20; Romanos 8:10; Gálatas 2:20).

Usted podría llamarlo un trasplante de corazón espiritual.

Tara Storch entiende este milagro tanto como uno podría hacerlo. En la primavera de 2010, un accidente de esquí tomó la vida de su hija de trece años, Taylor. Lo que siguió fue la peor pesadilla de cualquier padre: un funeral, un entierro, una inundación de preguntas y lágrimas. Tara y su marido, Todd, decidieron donar los órganos de su hija a los pacientes que los necesitaran. Pocas personas necesitaban más un corazón que Patricia Winters. Su corazón había comenzado a fallar cinco años antes, dejándola demasiado débil como para hacer algo más que dormir. El corazón de Taylor le dio a Patricia un nuevo comienzo en la vida.

Tara solamente tenía una petición: quería escuchar el corazón de su hija. Ella y Todd volaron de Dallas a Phoenix y fueron a casa de Patricia a escuchar el corazón de Taylor.

Las dos madres se abrazaron durante un largo tiempo. Entonces Patricia les ofreció a Tara y a Todd un estetoscopio.[4]

Cuando escucharon el saludable ritmo, ¿el corazón de quién escucharon? ¿No escucharon el corazón todavía latiendo de su hija? Y cuando Dios escucha su corazón, ¿no escucha el corazón de su Hijo todavía latiendo?

Gracia

La gracia se escurre

*Ser renovados en la actitud de su mente; y ponerse
el ropaje de la nueva naturaleza, creada a imagen
de Dios, en verdadera justicia y santidad.*
Efesios 4:23–24, NVI

Hace algunos años fui sometido a un procedimiento de corazón. El latido de mi corazón tenía la regularidad de un operador de telégrafo enviando clave Morse. Rápido, rápido, rápido…leeeento. Después de varios intentos fallidos de restaurar un ritmo saludable con medicamentos, mi médico decidió que debería someterme a una ablación por catéter. El plan iba así: un cardiólogo insertaría dos cables en mi corazón. Uno era una cámara; el otro era una herramienta de ablación. Ablación es quemar. Sí, quemar, cauterizar, chamuscar, marcar. Si todo iba bien, el médico, para usar sus términos, destruiría las partes de mi corazón que se estaban "comportando mal".

Mientras era llevado en una silla de ruedas a cirugía, me preguntó si tenía preguntas finales (no fue la mejor selección de palabras). Traté de ser ingenioso.

—Mientras esté allí dentro, ¿podría tomar su pequeña antorcha para quemar un poco de mi codicia, egoísmo, superioridad y culpa?

Sonrió y respondió: —Perdón, pero eso queda fuera de mi nivel de paga.

De hecho, lo estaba, pero no está fuera del de Dios. Él está en el negocio de cambiar corazones.

Nos equivocaríamos al pensar que este cambio sucede de la noche a la mañana. Pero estaríamos igualmente equivocados de suponer que el cambio nunca sucede. Podría venir en espasmos y rachas. Pero viene. "Porque la gracia de Dios se ha manifestado para salvación a todos los hombres" (Tito 2:11). Las compuertas están abiertas, y el agua está saliendo. Uno simplemente nunca sabe cuándo la gracia se va a escurrir.

Gracia

Todo se cumplirá

De esta manera dio Jehová a Israel toda la tierra que
había jurado dar a sus padres […] Y Jehová les dio reposo
alrededor, conforme a todo lo que había jurado a sus
padres; y ninguno de todos sus enemigos pudo hacerles frente
[…] No faltó palabra de todas las buenas promesas que
Jehová había hecho a la casa de Israel; todo se cumplió.
Josué 21:43–45

Siete naciones conquistadas. Por lo menos treinta y un reyes fueron derrotados. Aproximadamente diez mil millas cuadradas [25 900 kilómetros cuadrados] de terreno selecto fueron reclamadas.

El pueblo hebreo era imparable.[5]

No siempre lo habían sido. La Biblia no esconde la historia manchada del pueblo escogido de Dios. Abraham tuvo demasiadas esposas. Jacob dijo demasiadas mentiras. Esaú vendió su primogenitura. Los hermanos de José vendieron a José. Cuatro siglos de cautiverio egipcio fueron seguidos por cuarenta años de deambular por el desierto. Entonces más tarde, setenta años de castigo en Babilonia.

En el aula de las sociedades antiguas, Israel era el muchacho con el ojo morado, que sufría acoso y palizas.

Excepto por esos siete años que fueron los días de gloria de Israel cuando el Jordán se abrió, las murallas de Jericó cayeron, el sol se paró, los reyes de Canaán fueron forzados a tomar un retiro prematuro, el mal fue aplastado y la esperanza revivida.

¡Qué declaraciones tan impresionantes! "El Señor les dio…toda la tierra". "El Señor les dio reposo". "Ni un solo hombre de todos sus enemigos quedó en pie en su contra". "Todo se cumplió". Los vientos fríos invernales dieron paso al deshielo primaveral.

Cuando se encuentre deambulando en el yermo invernal, recuerde que la primavera ya viene. Nacerá una nueva temporada.

Días de gloria

Nuestro redentor

Un día su suegra Noemí le dijo: […]
Baja luego a la era […] Cuando se vaya a dormir,
te fijas dónde se acuesta.
Luego vas, le destapas los pies,
y te acuestas allí.
Rut 3:1, 3–4, NVI

Destaparle los pies y acostarse allí. ¿Qué estaba pensando Noemí?

Noemí estaba pensando en la ley del pariente cercano. Si un hombre moría sin hijos, su propiedad era transferida a su hermano. Si el marido fallecido no tenía hermano, su pariente más cercano varón debía proveerle a la viuda.

Pero *esta* era una movida audaz. Booz no tenía ninguna obligación de casarse con Rut. Era un pariente, no un hermano. Además, ella era una extranjera. Él era un prominente terrateniente. Ella era una forastera desamparada. Él era una fuerte influencia local. Ella, desconocida. Él, bien conocido.

"¿Extiende el borde de tu capa sobre nosotras?", le pidió Rut, y Booz sonrió.

La historia de Rut es la nuestra. Nosotros, también, somos pobres; espiritualmente, por supuesto; monetariamente, quizá. Llevamos túnicas de luto. Ella enterró a su marido; nosotros hemos sepultado nuestros sueños, deseos y aspiraciones. Como la madre con lupus o el hombre de negocios en la fila del desempleo, no nos quedan opciones. Pero nuestro Booz ha tomado nota de nosotros. Cristo, nuestro Redentor, vino a nosotros "siendo aún pecadores" (Romanos 5:8).

"¿Extiende el borde de tu capa sobre nosotros?", le pedimos, y la Gracia sonrió.

Gracia

Una oración…
para ser dirigido

Y no nos metas en tentación,
mas líbranos del mal.

Lucas 11:4

Amado Señor, ayúdame a ver tu mano en los sorprendentes giros y nudos de la vida. Háblame para que entienda tu camino cuando me encuentro atrapado entre la espada y la pared. Haz brillar tu luz sobre mí para que te pueda seguir. En el nombre de Jesús, amén.

In the Manger [En el pesebre]

Todo lo que necesita

Sé que el SEÑOR siempre está conmigo.
No seré sacudido, porque él está aquí a mi lado.
Salmo 16:8, NTV

¡Usted está completamente equipado! ¿Necesita más energía? La tiene. ¿Más benignidad? Es suya. ¿Podría serle útil un poco de dominio propio, autodisciplina o seguridad en usted mismo? Que Dios "los capacite con todo lo que necesiten para hacer su voluntad" (Hebreos 13:21, NTV). Solamente oprima el acelerador. "Dios nos ha dado todo lo que necesitamos para llevar una vida de rectitud" (2 Peter 1:3, NTV).

Y esa vida comienza con un cambio de paradigma.

Como Josué y los israelitas marchando hacia Canaán usted no pelea *para obtener* la victoria. Usted pelea *desde* la victoria. En el desierto se esfuerza. En Canaán confía. En el desierto busca la atención de Dios. En Canaán usted ya tiene el favor de Dios. En el desierto duda de su salvación. En Canaán usted sabe que es salvo. Usted avanza de querer tener a creer que ya lo tiene.

Días de gloria

Nunca viajamos solos

*Yo estoy con vosotros todos los días,
hasta el fin del mundo.*
Mateo 28:20

Jesús amaba a la gente. No reparaba en la clase o la nacionalidad, pecados pasados o logros presentes. El más necesitado y el más solitario encontraban un amigo en Jesús.

- Una mujer con poca ropa debido a la aventura de la noche anterior. Jesús se hizo su amigo y la defendió (Juan 8:3–11).

- Un recolector de impuestos sin escrúpulos que se quedó sin amigos por sus malos manejos. Cristo se convirtió en su mentor (Lucas 19:2–10).

- Una mujer con varios divorcios que estaba sacando agua del pozo en el calor del día para evitar las miradas de las aldeanas. Jesús le prestó atención (Juan 4:5–6).

¿Podría un tramposo mentiroso amar en esta forma? Si el propósito de Jesús hubiera sido engañar a la gente para quitarle su dinero o su adoración, hizo un muy mal trabajo, ya que murió totalmente quebrado y virtualmente abandonado.

¿Y si Pedro estaba en lo correcto? "Tú eres el Mesías" (Marcos 8:29, DHH).

¿Y si Jesús realmente era, y es, el Hijo de Dios? Si es así, entonces podemos solazarnos en esta maravillosa verdad: nunca viajamos solos. Es verdad que no podemos ver el camino. No sabemos lo que nos depare el futuro. Pero no, no estamos solos.

La historia de Dios, tu historia

¿Descuido o rescate?

Él nos libró del dominio de la oscuridad y nos trasladó al reino de su amado Hijo, en quien tenemos redención, el perdón de pecados.
Colosenses 1:13–14, NVI

Dios nos llama a cambiar la manera en que vemos a la gente. Que no los veamos como gentiles o judíos, internos o externos, liberales o conservadores. Que no etiquetemos. Etiquetar es difamar. "Así que hemos dejado de evaluar a otros desde el punto de vista humano" (2 Corintios 5:16, NTV).

Veamos a las personas en una manera distinta; veámoslas como nos vemos a nosotros mismos. Manchados, quizá. No terminados, por supuesto. No obstante, rescatados y restaurados para que pudiéramos dar luz como los dos ventanales emplomados de mi oficina.

Mi hermano los encontró en una pila en un patio de chatarra. Cierta iglesia los había desechado. Dee, un carpintero diestro, las reclamó. Volvió a pintar la madera astillada, reparó el marco desgastado. Selló algunas de las grietas en el vidrio entintado. Las ventanas no son perfectas. Pero si se las suspende donde el sol pueda pasar, hacen caer una cascada de luz multicolor en la habitación.

A lo largo de nuestra vida, usted y yo vamos a cruzarnos con algunas personas desechadas. Tiradas como basura. Algunas veces desechadas por una iglesia. Y tenemos que escoger. ¿Descuido o rescate? ¿Etiquetarlos o amarlos? Conocemos lo que Jesús escogió. Solo mire lo que hizo con nosotros.

Más allá de tu vida

¿Dónde está vacío?

*Después de no comer nada durante cuarenta días y cuarenta
noches, Jesús tenía mucha hambre. Entonces el diablo
vino para ponerlo a prueba y le dijo: —Si eres Hijo de
Dios, diles a estas piedras que se conviertan en pan.*

Mateo 4:2–3, PDT

Dios lo ama demasiado como para dejarlo subdesarrollado o inmaduro. "Nuestros padres nos disciplinaban [...] pero Dios lo hace para nuestro bien, a fin de que participemos de su santidad. Ciertamente, ninguna disciplina, en el momento de recibirla, parece agradable, sino más bien penosa; sin embargo, después produce una cosecha de justicia y paz para quienes han sido entrenados por ella" (Hebreos 12:10–11, NVI). Espere ser probado por el diablo.

Y tenga cuidado con sus trucos. Usted puede saber qué esperar, "pues no ignoramos sus planes" (2 Corintios 2:11, NBLH).

Cuando el General George Patton contraatacó al Mariscal de Campo Rommel en la Segunda Guerra Mundial, se reporta que Patton gritó en el fragor de la batalla: "¡Leí tu libro, Rommel! ¡Leí tu libro!". Patton había estudiado *La infantería al ataque* de Rommel. Conocía la estrategia del líder alemán y planeó sus movimientos de acuerdo con ella.[6] Podemos saber lo mismo del diablo.

Sabemos que Satanás *atacará primero los puntos débiles*. Cuarenta días de ayuno dejaron a Jesús famélico, así que Satanás comenzó con el tema del pan. El estómago de Jesús estaba vacío, así que Satanás se dirigió al estómago.

¿Dónde está vacío? ¿Está usted hambriento de atención, tiene antojo de éxito, anhela intimidad? Esté al tanto de sus debilidades. Tráigaselos a Dios antes de que Satanás se los traiga a usted.

La historia de Dios, tu historia

Dios es fiel

*Así que Dios ha hecho ambas cosas: la promesa y el juramento.
Estas dos cosas no pueden cambiar, porque es imposible que
Dios mienta. Por lo tanto […] podemos estar bien confiados
aferrándonos a la esperanza que está delante de nosotros. Esta
esperanza es un ancla firme y confiable para el alma.*
Hebreos 6:18–19, NTV

Nuestro Dios es un Dios que cumple sus promesas. Otros podrían hacer una promesa y olvidarlo. Pero si Dios hace una promesa, la cumple. "Fiel es el que hizo la promesa" (Hebreos 10:23, NVI).

¿Es esto importante? ¿La integridad de Dios marca alguna diferencia? ¿Acaso su fidelidad entra en juego? Cuando su hija esté conectada a dispositivos de vida artificial, es importante. Cuando esté caminando de un lado a otro en la sala de urgencias, es importante.

Cuando se esté preguntando qué hacer con su peor pesadilla, tiene que escoger. ¿Fe o temor, el propósito de Dios o una historia aleatoria, un Dios que sabe y se interesa o un Dios que no está allí? Todos escogemos.

Escoja confiar en las promesas de Dios. Decida creer que Dios tiene planeado algo bueno a pesar de que todo lo que ve es malo. Elija creer porque Dios es fiel.

Días de gloria

En el nombre de Jesús

*Pero ya han sido lavados, ya han sido santificados,
ya han sido justificados en el nombre del Señor
Jesucristo y por el Espíritu de nuestro Dios.*

1 Corintios 6:11, NVI

La frase "en el nombre de Jesús" no es un lema vacío ni un talismán. Es una declaración de verdad: mi cáncer no está a cargo; Jesús sí. La economía no está a cargo; Jesús sí. El vecino malhumorado no controla el mundo; ¡Jesús, tú sí! Tú, Jesús, eres el Director Técnico, el Director General, el Presidente, el Rey, el Gobernante Supremo, el Monarca Absoluto, el Alto y Santo Barón, el Zar, el Cacique y el Rajá de toda la historia.

Solo pronuncie la palabra, Jesús...

¡Ore! Ya que Dios funciona, la oración funciona. Como Dios es bueno, la oración es buena. Como usted es importante para Dios, sus oraciones son importantes en el cielo. Usted nunca estará sin esperanza, porque nunca estará sin oración. Y en las ocasiones en las que no pueda encontrar las palabras qué decir, saque estas de su bolsillo.

Padre:
Eres bueno.
Necesito ayuda. Sáname y perdóname.
Necesitan ayuda.
Gracias.
En el nombre de Jesús, amén.

Antes del amén

Una oración... para ver

Entonces Jesús puso nuevamente sus manos sobre los ojos
del hombre y fueron abiertos. Su vista fue totalmente
restaurada y podía ver todo con claridad.
Marcos 8:25, NTV

Mi Señor y Salvador, aquí estoy. Solo yo. Ayúdame a verte, real-
mente verte, incluso tus ojos y escuchar tu voz hablando palabras
de paz. Enciende un fuego fresco en mi corazón. En el nombre de
Jesús, amén.

On Calvary's Hill [En el Calvario]

¡Creo que Él lo hará!

*Así que, todos nosotros, a quienes nos ha sido quitado el
velo, podemos ver y reflejar la gloria del Señor. El Señor,
quien es el Espíritu, nos hace más y más parecidos a él a
medida que somos transformados a su gloriosa imagen.*

2 Corintios 3:18, NTV

Usted quiere que su vida importe. Usted quiere vivir en tal manera
que el mundo esté contento de que usted lo haya hecho.

¿Pero cómo podría usted? ¿Cómo podría yo?

Tengo ciento veinte respuestas a esa pregunta. Ciento veinte
residentes del antiguo Israel. Eran miembros fundadores de la
iglesia de Jerusalén (Hechos 1:15). Pescadores, algunos. Agentes
de hacienda, otros. Una ex mujer de la calle y un revolucionario
convertido o dos. La verdad sea dicha, no tenían nada más que
esto: un fuego en su interior por cambiar el mundo.

Gracias a Lucas sabemos cómo les fue después. Registró sus
historias en el libro de los Hechos. Escuchémoslo. Eso es: *escuche*
el libro de los Hechos.

Escuche las puertas abriéndose y las paredes colapsando. Puertas
de palacios, prisiones y cortes romanas. Y las paredes. La gruesa
y reforzada división entre judíos y gentiles: *¡Va-prum!* Las divisio-
nes que ponían en cuarentena a los hombres de las mujeres, a los
terratenientes de los pobres, a los amos de los esclavos a los afri-
canos negros de los judíos mediterráneos; Dios las demuele todas.

Hechos anuncia: "¡Dios viene a pie!".

*¿Seguirá así?, nos preguntamos. ¿Hará Dios con nosotros lo que hizo
por sus primeros seguidores?*

¡Puede apostar lo que más quiera que lo hará!

Más allá de tu vida

Confíele el problema a Jesús

Porque consulté al Señor, y él me respondió.
Salmo 34:4, PDT

La vida es un regalo, aunque un poco desarmado. Viene en piezas, y algunas veces se desbarata. Inevitablemente, algo parece faltar. Cuando las piezas de la vida no encajan, lleve su problema a Jesús.

María, la madre de Jesús, lo hizo. "Al tercer día se hicieron unas bodas en Caná de Galilea; y estaba allí la madre de Jesús. Y fueron también invitados a las bodas Jesús y sus discípulos" (Juan 2:1–2).

Mientras estaban allí, en la fiesta de bodas, faltó "el vino" (v. 3). Así que "la madre de Jesús le dijo: No tienen vino" (v. 3).

María no se quejó acerca del vino. Ella solo señaló el problema.

Originalmente, Jesús no tenía intención de salvar el banquete de bodas. Pero entonces María entró en la historia—María, alguien a quien Él amaba—con una necesidad genuina.

Identificó el problema, se lo llevó a Jesús, y lo dejó con él. Confiaba en Él completamente y les dijo a los sirvientes: "Lo que Él diga para mí está bien".

En mi imaginación veo a Jesús sonreír. Lo escucho reírse mientras observa un conjunto de seis tinajas de agua en el rincón.

A la orden de Jesús, el H_2O se convirtió en merlot abundante. El maestresala del banquete probó el vino y se lamió los labios y dijo: "¡Esto está bueno!". Problema presentado. Oración respondida. Crisis evitada. Todo porque María le confió el problema a Jesús.

Antes del amén

Ese tipo de fe

*Es, pues, la fe la certeza de lo que se espera,
la convicción de lo que no se ve.*

Hebreos 11:1

Usted va a buscar mucho tiempo antes de encontrar un mejor hombre que Wes Bishop. Tenía una rápida sonrisa, un apretón de manos cálido y una seria debilidad por el helado. Era un pilar en el pequeño pueblo tejano de Sweetwater. Crio tres hijos extraordinarios, uno de los cuales se casó con mi hija Jenna. Wes incluso nunca se perdió un día de trabajo hasta que fue diagnosticado con cáncer cerebral.

Le pedimos a Dios que lo removiera. Por un tiempo pareció que lo había hecho. Pero entonces los síntomas volvieron con una revancha. En cuestión de unas semanas, Wes quedó inmovilizado en casa, bajo cuidado de enfermeros.

Los hijos tomaban turnos para cuidarlo por la noche de modo que su mamá pudiera descansar. Colocaron un monitor para bebés cerca de la cama de Wes. Aunque apenas había hablado una palabra en días, querían oír si llamaba.

Una noche lo hizo. Pero no pidió ayuda; clamó a Cristo. Como a la una de la mañana, el hijo más joven escuchó a su padre en el monitor. "Jesús, quiero agradecerte por mi vida. Has sido bueno conmigo. Y quiero que sepas que cuando estés listo para llevarme, estoy listo para irme contigo". Esas fueron las últimas palabras que dijo Wes. Un par de días después, Jesús se lo llevó a casa.

Yo quiero ese tipo de fe. ¿Usted no? La fe que recurre a Dios en la hora más oscura, que alaba a Dios con el cuerpo más débil. El tipo de fe que confía en las promesas de Dios.

Días de gloria

¡Toma eso, Satanás!

Así que acerquémonos confiadamente al trono de la gracia para recibir misericordia y hallar la gracia que nos ayude en el momento que más la necesitemos.

Hebreos 4:16, NVI

Satanás quiere tomar el lugar de Dios, pero Dios no tiene la intención de moverse. Satanás codicia el trono del cielo, pero Dios no se va a ir. Satanás quiere ganarlo a usted de su lado, pero Dios nunca lo dejará ir.

Usted tiene su palabra. Todavía más, tiene su ayuda.

No tiene que enfrentar a Satanás solo. Usted conoce sus maquinaciones. Él va a atacar sus puntos débiles primero. Le va a decir que supla sus propias necesidades. Cuando usted cuestiona su identidad como hijo de Dios, ese es Satanás hablando.

Todavía más, ahora usted sabe qué hacer.

Ore. No podemos pelear contra Satanás solos. Es un león rugiente, un ángel caído, un guerrero experimentado y un soldado equipado. Está enojado; furioso porque sabe que su tiempo es corto (Apocalipsis 12:12, NVI) y que la victoria de Dios es segura. Pero hay noticias maravillosas para el cristiano: Cristo reina como nuestro protector y proveedor. Somos más que vencedores por medio de Él (Romanos 8:37, NVI).

Ármese con la Palabra de Dios. Cargue su pistola con escrituras y mantenga el dedo en el gatillo. Y recuerde que "nuestra lucha no es contra sangre y carne, sino contra principados, contra potestades, contra los poderes de este mundo de tinieblas, contra las huestes espirituales de maldad en las regiones celestiales" (Efesios 6:12, LBLA).

Si yo fuera el diablo, no querría que usted sepa eso. Pero no soy el diablo, así que bien por usted. Y toma eso, Satanás.

La historia de Dios, tu historia

¿Qué acaba de suceder?

*Antes, ustedes eran esclavos del pecado. Pero gracias a
Dios que obedecieron de todo corazón la enseñanza que
se les dio. Ahora ustedes se han librado del pecado, y
están al servicio de Dios para hacer el bien.*
Romanos 6:17-18, TLA

Todos los barcos que llegan a la costa de la gracia levan anclas del puerto del pecado. Debemos comenzar donde Dios comienza. No apreciaremos lo que hace la gracia hasta que entendamos quiénes somos. Somos rebeldes. Somos Barrabás. Al igual que él, merecemos morir. Cuatro paredes de una prisión, engrosadas con temor, heridas y odio nos rodean. Somos encarcelados por nuestro pasado, nuestras pobres decisiones en el camino y nuestro magnánimo orgullo. Hemos sido hallados culpables.

Nos sentamos en el piso de la polvorienta celda esperando el momento final. Las pisadas de nuestro verdugo hacen eco contra las paredes de piedra. Con la cabeza entre las rodillas, no levantamos la mirada cuando abre la puerta; no levantamos la vista cuando comienza a hablar. Sabemos lo que va a decir: "Es momento de pagar por tus pecados". Pero escuchamos otra cosa:

"Eres libre para irte. Tomaron a Jesús en tu lugar".

La puerta se abre de par en par, el guardia le espeta: "Largo", y nos encontramos a la luz del sol de la mañana, sin grilletes, con los crímenes perdonados, preguntándonos: ¡¿*Qué acaba de suceder*!?

Gracia, eso fue lo que sucedió.

Gracia

Truenos y relámpagos

Y de la mano del ángel subió a la presencia de Dios el humo
del incienso con las oraciones de los santos. Y el ángel tomó el
incensario, y lo llenó del fuego del altar, y lo arrojó a la tierra;
y hubo truenos, y voces, y relámpagos, y un terremoto.
Apocalipsis 8:4–5

¿Alguna vez se ha preguntado cuál es la apariencia de las oraciones? ¿Qué pasaría si de hecho usted pudiera ver las oraciones que hace? ¿Las oraciones que se están haciendo por usted? El apóstol Juan lo hizo. En su visión del cielo Juan vio las oraciones de los santos ascendiendo como incienso a la presencia de Dios. Entonces un ángel tomó el incensario "y lo llenó del fuego del altar, y lo arrojó a la tierra; y hubo truenos, y voces, y relámpagos, y un terremoto" (Apocalipsis 8:5).

Admire el poder de la oración. Usted le pide ayuda a Dios y *¡bam!* cae fuego a la Tierra. ¡Usted levanta sus preocupaciones al cielo y sucede una turbulencia! "Truenos, y voces, y relámpagos, y un terremoto".

Así que adelante. Llame a la puerta a media noche. Levántese a favor de los que ama. Y, sí, levántese a favor de los que no. "Oren por quienes los maltratan" (Mateo 5:44, TLA). La manera más rápida de apagar el fuego del enojo es con un cubo de oración. En lugar de vociferar, despotricar o buscar venganza, ore. Jesús hizo esto. Mientras colgaba de la cruz, intercedió por sus enemigos (Lucas 23:34). Jesús, incluso Jesús, dejó a sus enemigos en manos de Dios.

¿No deberíamos nosotros hacer lo mismo? Ore por este mundo que sufre. Ore; y luego espere que la Tierra tiemble.

Antes del amén

Una oración...
para agradar a Jesús

*Por tanto procuramos también,
o ausentes o presentes, serle agradables.*
2 Corintios 5:9

*Padre misericordioso, dame entendimiento de lo que significa ver-
daderamente tener una relación con tu Hijo. Ayúdame a mantenerme tan cerca de Jesús que pueda ver su rostro, incluso cuando
falle. Sintoniza mi corazón con lo que le trae gozo, así como dolor.
En el nombre de Jesús, amén.*

On Calvary's Hill [En el Calvario]

Coherederos con Cristo

El Espíritu mismo da testimonio a nuestro espíritu, de que somos hijos de Dios. Y si hijos, también herederos; herederos de Dios y coherederos con Cristo.

Romanos 8:16–17

Si somos coherederos con Cristo, ¿por qué batallamos en la vida? Nuestra herencia es perfecta paz; no obstante, nos sentimos como un perfecto desastre. Tenemos acceso al nivel de gozo de Jesús, sin embargo, arrastramos los pies como asnos dispépticos. Dios promete suplir cada necesidad, pero todavía nos preocupamos y agitamos. ¿Por qué?

No sabemos acerca de nuestra herencia. Nadie nos dijo jamás acerca de "la supereminente grandeza de su poder para con nosotros los que creemos" (Efesios 1:19). Nadie nos dijo nunca que peleamos *desde* la victoria, y no *para* la victoria. Nadie nos dijo que nuestra Tierra Prometida, nuestro Canaán ya ha sido conquistado. Algunos cristianos nunca viven en su herencia porque no saben que tienen una.

Pero ahora usted ya lo sabe. Ahora usted ya sabe que fue creado para mucho más que deambular por el desierto. Dios lo salvó de Egipto para que pudiera bendecirlo en la Tierra Prometida. Moisés le tuvo que recordar al pueblo que "[Dios] Nos sacó de allá, para traernos aquí [a Canaán]" (Deuteronomio 6:23, rvc). También hay una razón para nuestra redención. Dios nos sacó para que pudiera hacernos entrar. Nos liberó para podernos levantar.

El regalo ha sido dado. ¿Confiará en ello?

Días de gloria

Dios puede

El camino de Dios es perfecto; la palabra del Señor,
acrisolada; Dios es el escudo de los que en él confían.

2 Samuel 22:31

Una razón por la que perdemos el tiempo preocupándonos e inquietándonos es porque realmente no sabemos acerca de nuestra herencia en Cristo. No obstante, otra razón para nuestra preocupación es esta: No creemos en nuestra herencia.

Ese fue el problema de los ancestros de Josué. Ellos realmente no creían que Dios pudiera darles la tierra de Canaán. Las victorias de los hebreos podrían haber comenzado cuatro décadas antes, un punto al que Dios hizo referencia en su promesa a Josué: "Yo os he entregado, como lo había dicho a Moisés, todo lugar que pisare la planta de vuestro pie" (Josué 1:3). ¿El recordatorio? *Le hice esta oferta al pueblo de la época de Moisés, pero no la aprovecharon. Ellos escogieron el desierto. No cometan ese mismo error.*

Josué no lo hizo. Muy a su favor, le tomó la palabra a Dios y se propuso la tarea de heredar la tierra.

Haga lo mismo. Reciba la suya. Usted está equipado con la presencia de Dios. No mida su vida por su habilidad; mídala por la de Dios. Aunque usted no pueda perdonar, Dios sí puede. Y como Él puede, usted puede. Usted no puede romper ese hábito, pero Dios puede. Como Él puede, usted puede. Usted no puede controlar su lengua, su temperamento o deseos sexuales, pero Dios puede. Y como usted tiene acceso a cada bendición del cielo, usted, con el tiempo, encontrará fuerza.

Tómele la palabra a Dios y comience a vivir una vida estilo Tierra Prometida.

Días de gloria

Marzo

"Ay, Papi"

*Responde a mi clamor, Dios mío y defensor mío. Dame alivio
cuando esté angustiado, apiádate de mí y escucha mi oración.*

Salmo 4:1, NVI

Cuando mi hija mayor tenía 13 años, echó a perder su pieza de piano en un recital. Jenna llegó a convertirse en una buena pianista y en una cantante maravillosa. Pero todos tienen un día difícil. Ella simplemente tuvo el suyo frente a un auditorio lleno de familiares, amigos y curiosos.

Su actuación comenzó bien. Pero a la mitad de la pieza, su tren musical se descarriló.

Todavía la puedo ver con la mirada fija al frente, y los dedos pegados como con adhesivo superfuerte. Retrocedió un par de compases e hizo un nuevo intento. Pero no tuvo suerte. Por nada en la vida pudo recordar la siguiente parte. El silencio solo fue roto por el latir del corazón de sus padres.

Finalmente, lo hizo. El bloqueo mental de Jenna se rompió, y terminó la pieza. Pero el daño había sido hecho. Se levantó del banco del piano, con la barbilla temblando e hizo una reverencia. El público le brindó un aplauso compasivo. Denalyn y yo nos escurrimos de nuestros asientos y la alcanzamos a un costado del auditorio. Echó sus brazos a mi alrededor y enterró su cara en mi camisa.

"Ay, Papi".

La oración comienza aquí. La oración comienza con un sincero y sentido: "Ay, Papi".

Antes del amén

Enfrente los fracasos con fe

Pues todos hemos pecado; nadie puede alcanzar la meta gloriosa establecida por Dios. Sin embargo, Dios nos declara justos gratuita y bondadosamente por medio de Cristo Jesús, quien nos liberó del castigo de nuestros pecados.

Romanos 3:23–24, NTV

Un tropiezo no define o quiebra a una persona. Aunque usted fracasó, el amor de Dios no fracasa. Enfrente sus fracasos con fe en la bondad de Dios. Él vio venir este colapso. Cuando usted estuvo en el lado este del Jordán, Dios pudo ver los contratiempos que venían.

No obstante, le dice lo que le dijo a Josué: "Levántate [...] tú y todo este pueblo, a la tierra que yo les doy" (Josué 1:2). No hay condición en ese pacto. No hay letras pequeñas. Ni nada que insinúe un desempeño de la otra parte. La oferta de Dios de la Tierra Prometida no depende de la perfección de usted. Depende de la de Él.

En manos de Dios ninguna derrota es una derrota aplastante. "Por el Señor son ordenados los pasos del hombre, y el Señor se deleita en su camino. Cuando caiga, no quedará derribado, porque el Señor sostiene su mano" (Salmo 37:23–24, LBLA).

Para enfrentar sus fracasos, ponga su fe en aquel que siempre es fiel.

Días de gloria

La mano de Dios lo sostiene

¡El fiel amor del Señor nunca se acaba!
Sus misericordias jamás terminan.
Lamentaciones 3:22, NTV

La salvación intermitente nunca aparece en la Biblia. La salvación no es un fenómeno que se repite. La Escritura no contiene ejemplo alguno de una persona que era salva, luego se perdió, luego volvió a ser salva y entonces se volvió a perder.

Cuando no hay seguridad de salvación, no hay paz. No tener paz significa no tener gozo. No tener gozo da como resultado vidas basadas en temor. ¿Es esta la vida que Dios crea? No. La gracia crea un alma confiada que declara: "Sé en quién he creído, y estoy seguro de que tiene poder para guardar hasta aquel día lo que le he confiado" (2 Timoteo 1:12, NVI).

De todo lo que no sabemos en la vida, sabemos esto: "Estas cosas os he escrito a vosotros que creéis en el nombre del Hijo de Dios, para que sepáis que tenéis vida eterna" (1 Juan 5:13). Confíe en que Dios lo tiene asido con más fuerza de lo que usted tiene asido a Dios. Su fidelidad no depende de la nuestra. Su desempeño no es consecuencia del suyo. Su amor no está supeditado al suyo. Su pabilo puede titilar, pero no se apagará.

El amor de Dios no termina y no terminará.

Gracia

Permanezca en su presencia

Permanezcan en mí, y yo en ustedes.
Juan 15:4, RVC

¿Podría serle útil un poco de valentía de alto octanaje? Si usted quiere vivir más allá de su vida, podría. Mientras usted se mantenga estático, nadie se va a quejar. Los perros no les ladran a los coches estacionados. Pero tan pronto como usted acelere—una vez que deje la ebriedad por la sobriedad, la deshonestidad por la integridad o el letargo por la compasión—espere que comiencen los ladridos. Espere ser criticado. Espere ser ridiculizado. Espere ser perseguido.

¿Entonces, cómo nos preparamos? Sencillo. Imite a los discípulos. Permanezca con frecuencia largo tiempo en la presencia de Cristo. Medite en su gracia. Pondere en su amor. Memorice sus palabras. Observe su rostro. Hable con Él. La valentía viene a medida que vivimos con Jesús.

Pedro lo dijo de este modo. "No tengan miedo a nadie, ni se asusten, sino honren a Cristo como Señor en sus corazones" (1 Pedro 3:14–15, DHH).

Al meditar en la vida de Cristo, encontramos fuerza para la nuestra.

¿Será usted valiente mañana? Entonces pase tiempo con Jesús hoy. En su Palabra. Con su pueblo. En su presencia. Y cuando venga la persecución (porque vendrá), sea fuerte. ¿Quién sabe? Quizá la gente caiga en cuenta de que usted, como los discípulos, ha estado con Cristo.

Más allá de tu vida

Una oración...
por gracia y misericordia

Alegra el alma de tu siervo, porque a ti, oh Señor, levanto mi alma. Porque tú, Señor, eres bueno y perdonador, y grande en misericordia para con todos los que te invocan.
Salmo 86:4–5

Dios, tú eres abundante en perdón y misericordia y bondad que no puedo entender en esta vida. Te adoro con mi corazón y mi alma.

Cuando me sienta en remordimiento y culpa por el pecado del pasado, recuérdame tu perdón. Por favor, déjame sentir tu misericordia. Lléname con ella para que la pueda dar a los demás con los que me encuentre hoy.

Camina de cerca con los que amo para que conozcan tu gracia. Levanta sus cargas y dirige sus rostros hacia ti.

Te doy gracias por la gracia que no merezco y tus misericordias, que son nuevas cada mañana. En el nombre de Cristo, amén.

40 oraciones simples que brindan paz y descanso

Una obra en sus manos

Siempre que oro, pido por todos ustedes con alegría, porque han colaborado conmigo en dar a conocer la Buena Noticia acerca de Cristo desde el momento que la escucharon por primera vez hasta ahora. Y estoy seguro de que Dios, quien comenzó la buena obra en ustedes, la continuará hasta que quede completamente terminada el día que Cristo Jesús vuelva.
Filipenses 1:4–6, NTV

La misma obra que hizo Dios a través de Cristo hace mucho tiempo en una cruz, es la obra que Dios hace a través de Cristo hoy. Permítale hacer su obra. Deje que la gracia supere su historial penal, los críticos y la conciencia culpable. Véase como es usted: el proyecto personal de remodelación de Dios. No un mundo para usted, sino una obra en sus manos. Ya no será definido por los fracasos, sino refinado por ellos. Confiando menos en lo que usted hace y más en lo que Cristo hizo. Menos carente de gracia, más moldeado por la gracia. Convencido en lo más profundo de su alma que Dios apenas está calentando en esta obertura llamada vida, que la esperanza tiene sus razones y que la muerte tiene su fecha límite.

Gracia. Permítale, déjelo, penetrar de tal manera en las grietas resecas de su vida que todo se suavice. Y entonces déjelo, permítale, salir burbujeando a la superficie, como un manantial en el Sahara, en palabras de misericordia y acciones de generosidad. Dios lo cambiará, mi amigo. Usted es un trofeo de su benignidad, un participante de su misión. No perfecto por ningún motivo, pero más cerca de la perfección de lo que nunca ha estado.

Constantemente más fuerte, gradualmente mejor, ciertamente más cerca.

Esto es lo que sucede cuando la gracia sucede. Podría sucederle a usted.

Gracia

Reciba lo que Dios da

*[Ellos] no pudieron arrojar a los de aquellas ciudades; y
el cananeo persistió en habitar en aquella tierra.*
Josué 17:12

No sean como los hebreos. Cuando Dios les entregó la Tierra
Prometida en sus manos y Josué entregó las porciones, no cumplieron con su parte del trato.

Desearía poder reportar que cada tribu avanzó rápidamente a
tomar su tierra, expulsó a los habitantes y comenzó a utilizar bien
el terreno. No lo hicieron. En algunos casos las tribus no expulsa-
ron a los enemigos (Josué 13:13, 16:10, 17:12). Su enemigo, el diablo, está decidido a permanecer en su tierra también. Usted debe
expulsarlo. Él lo seducirá con pensamientos de codicia, poder o
envidia. Esté en guardia.

Otras tribus no cayeron víctimas de los cananeos, sino de su
propia pereza. Mucho después de que Josué había distribuido la
tierra, siete de las tribus seguían en el campamento militar. Josué
tuvo que reprenderlos: "¿Hasta cuándo seréis negligentes para
venir a poseer la tierra que os ha dado Jehová el Dios de vuestros
padres?" (Josué 18:3).

No cometa ese mismo error. Usted es un heredero con Cristo
de los bienes raíces de Dios. Lo que Dios le dijo a Josué, le dice a
usted: "Yo os he entregado [...] todo lugar que pisare la planta de
vuestro pie" (Josué 1:3).

Pero usted debe poseerla. Usted debe recibir deliberadamente
lo que Dios da con tanta generosidad.

Todo lo que necesita para entrar a su Tierra Prometida es caminar por fe. ¡Así que camine! ¡Avance! Encuentre su parte en la vida
y more en ella.

Días de gloria

¿Cómo va a responder?

Los apóstoles daban testimonio con poder de la resurrección
del Señor Jesús y la gran bendición de Dios estaba sobre
todos ellos. No había necesitados entre ellos.

Hechos 4:33–34, NTV

Nadie puede hacerlo todo, pero todos pueden hacer algo.

Hace algunos años, un reportero que estaba cubriendo el conflicto en Sarajevo vio cuando un francotirador le disparó a una niña pequeña. La parte trasera de su cabeza había quedado destruida por la bala. El reportero aventó su cuaderno y su lápiz y dejó de ser reportero unos minutos. Corrió hacia el hombre que estaba cargando a la niña y los ayudó a ambos a subirse a su coche. Mientras el reportero corrió al hospital, el hombre que estaba cargando a la niña sangrando le dijo: "Rápido, amigo. Mi niña todavía está viva".

Un momento más tarde: "Rápido, amigo. Mi niña todavía está caliente".

Finalmente: "Rápido. Oh Dios mío, mi niña se está enfriando".

Para el momento en que llegaron al hospital, la pequeña había muerto. Mientras los dos hombres estaban limpiando la sangre de sus manos y de su ropa, el hombre dijo: "Esta es una tarea terrible para mí. Tengo que ir a decirle a su padre que su hija está muerta. Se le va a romper el corazón".

El reportero estaba sorprendido. Miró al hombre que estaba llorando la pérdida y le dijo: "Pensé que ella era su hija".

El hombre lo miró de vuelta y le dijo: "No, ¿pero no son todos nuestros hijos?".[7]

Es verdad. Todos aquellos que sufren nos pertenecen a todos nosotros. Y si todos respondemos, hay esperanza.

Más allá de tu vida

¡Gracias a Dios por los batacazos!

*Hijo mío, no menosprecies la disciplina del Señor, ni te
desanimes cuando te reprenda; porque el Señor disciplina
al que ama, y azota a todo el que recibe como hijo.*

Hebreos 12:5-6, RVC

Cuando un alfarero hornea una vasija, revisa su solidez por medio de sacarla del horno y darle un batacazo. Si la vasija "canta", está lista. Si hace un ruido sordo, es colocada de nuevo en el horno.

El carácter de una persona también se revisa con los batacazos. Los batacazos son esas inconveniencias irritantes que disparan lo peor en nosotros. Nos toman fuera de guardia. Mal parados. No son lo suficientemente grandes para ser crisis, pero si recibe suficientes de ellos, ¡cuidado!

¿Cómo respondo? ¿Canto, o hago un ruido sordo?

Jesús dijo que de la abundancia del corazón de un hombre habla su boca (Lucas 6:45). No hay nada como un buen batacazo para revelar la verdadera naturaleza del corazón. Si usted tiene la tendencia de producir ruidos sordos más que de cantar, cobre ánimo.

Hay esperanza para los de nosotros que hacemos ruidos sordos.

1. Comience dando gracias a Dios por los batacazos. Cada uno es un recordatorio de que Dios lo está moldeando (Hebreos 12:5-8).

2. Aprenda de cada batacazo. Considere cada inconveniente como una oportunidad para desarrollar paciencia y persistencia.

3. Esté al tanto de los momentos "batacazo-desplome". Conozca sus periodos de presión. Refuércese a sí mismo con oración adicional, y no se rinda.

Recuerde, ningún batacazo es desastroso. Todos obran para bien si estamos amando y obedeciendo a Dios.

Sobre el yunque

La vida estilo Tierra Prometida

El Señor su Dios les da un lugar de descanso.
Josué 1:13, NTV

Nuestra Tierra Prometida no es un territorio físico; es una realidad espiritual. No es un bien raíz, sino un bien raíz del corazón y la mente.

Es una vida en la que "somos más que vencedores por medio de aquel [Cristo] que nos amó" (Romanos 8:37).

Una vida en la que "no desmayamos" (2 Corintios 4:16).

Una vida en la que "el amor de Cristo domina nuestras vidas" (2 Corintios 5:14, TLA).

Una vida en la que "sobreabundo de gozo en todas nuestras tribulaciones" (2 Corintios 7:4).

Una vida en la que practicamos: "No se inquieten por nada" (Filipenses 4:6, NVI), en la que estamos "orando en todo tiempo" (Efesios 6:18), en la que ponemos por obra: "Y todo lo que hagan o digan, háganlo en el nombre del Señor Jesús, dando gracias a Dios el Padre por medio de él" (Colosenses 3:17, DHH).

En el plan de Dios, en la *Tierra Prometida* de Dios, ganamos con más frecuencia de la que perdemos, perdonamos más rápidamente cuando somos ofendidos y damos tan abundantemente como recibimos. Servimos aplicando nuestros talentos con deleite en nuestras asignaciones. Quizá tropecemos, pero no colapsamos. Probablemente luchemos, pero desafiamos el desaliento. Nos gloriamos solamente en Cristo, confiamos solamente en Dios, dependemos totalmente de su poder. Disfrutamos fruto abundante y una fe creciente.

Vivimos la vida estilo Tierra Prometida.

Días de gloria

El mayor de los tesoros

Porque Dios, que ordenó que la luz resplandeciera en las tinieblas, hizo brillar su luz en nuestro corazón para que conociéramos la gloria de Dios que resplandece en el rostro de Cristo. Pero tenemos este tesoro en vasijas de barro para que se vea que tan sublime poder viene de Dios y no de nosotros.

2 Corintios 4:6–7, NVI

Jesús mismo es el tesoro. La gracia es preciosa porque Él lo es. La gracia cambia vidas porque Él lo hace. La gracia nos da seguridad porque Él lo hará. El don es el Dador. Descubrir la gracia es descubrir la completa devoción de Dios hacia usted, su obstinada determinación de darle amor limpiador, sanador, lavador que levanta al herido nuevamente sobre sus pies. ¿Se mantiene Dios en lo alto de la colina y lo insta a que escale para salir del valle? No. Se lanza al precipicio con una cuerda elástica y se lo lleva cargando. ¿Hace un puente y le ordena que lo cruce? No. Él cruza el puente y lo lleva en hombros. "No se salvaron a sí mismos, su salvación fue un regalo de Dios" (Efesios 2:8, PDT).

Este es el regalo que Dios da. Una gracia que nos concede primero el poder de recibir amor y luego el poder de darlo. Una gracia que nos cambia, nos moldea y nos dirige a una vida que ha sido alterada eternamente. ¿Conoce esta gracia? ¿Confía en esta gracia? Si no, usted puede hacerlo. Todo lo que quiere Dios de nosotros es fe. Ponga su fe en Dios.

Y crezca en la gracia de Dios. Más un verbo que un sustantivo, más en presente que en pasado, la gracia no solamente sucedió; sucede. La gracia sucede aquí.

Gracia

Una oración...
para alcanzar a los demás

Ama a tu prójimo como a ti mismo.
Lucas 10:27, NVI

Padre misericordioso, tú tomaste la iniciativa de alcanzarme —incluso en mi pecado y egoísmo— con el fin de traerme a tu Reino eterno, a través de la obra de Cristo. ¡No puedo comprender un amor así! Y, aun así, Padre, ¡trato de acaparar tu gracia! Levanto muros de protección para poder mantener las heridas fuera y las bendiciones dentro. Soy como la ostra que se cierra en su concha, temerosa de las amenazas externas. Tú me llamas a "salir de la concha" y a colaborar contigo en tu misión de amor. Guíame Señor, para que yo también pueda alcanzar un mundo solitario, desanimado e incluso sin esperanza. En el nombre de Jesús, amén.

Más allá de tu vida

Lo que quiere el Maestro

Cada uno tiene de Dios su propio don:
éste posee uno; aquél, otro.
1 Corintios 7:7, NVI

Todos reciben un don. Y estos dones vienen en diferentes dosis y combinaciones. "Dios da a cada uno alguna prueba de la presencia del Espíritu, para provecho de todos" (1 Corintios 12:7, DHH).

Nuestra herencia está basada en la gracia y es igual. Pero nuestras tareas son hechas a la medida. No hay dos copos de nieve que sean iguales. No hay dos huellas digitales que sean iguales. ¿Por qué dos conjuntos de habilidades serían iguales? No es maravilla que Pablo dijera: "Procuren entender cuál es la voluntad del Señor" (Efesios 5:17, DHH).

¿Comprende lo que su Maestro quiere? ¿Sabe usted qué es lo que lo hace usted? ¿Ha identificado las características que lo distinguen de cualquier otro ser humano que ha inhalado oxígeno?

Usted tiene un "terreno" que desarrollar, una porción en la vida. Así que "cada uno examine su propia obra, y entonces tendrá motivo para gloriarse" (Gálatas 6:4, NBLH).

Usted sea usted.

Días de gloria

Siga navegando

Su verdadera vida está escondida con Cristo en Dios. Cuando Cristo—quien es la vida de ustedes—sea revelado a todo el mundo, ustedes participarán de toda su gloria.

Colosenses 3:3–4, NTV

Millares de ángeles poderosos nos rodean, la presencia de nuestro Hacedor nos envuelve, el testimonio de mil galaxias y constelaciones nos llama, la marea fluctuante de la historia de Dios nos lleva, la coronación de Cristo como Rey del universo nos espera, pero no podemos quitar la mirada de las distracciones diarias de la vida: pagos, dispositivos, vacaciones y fines de semana.

Abre tus ojos—lo invita Cristo—*alza tu mirada*. "Buscad primeramente el reino de Dios" (Mateo 6:33). Si mira hacia abajo y se concentra en los detalles de esta vida—subraye esto—, será decepcionado. Si limita su historia a los días entre su nacimiento y su muerte, prepárese para un final triste. Usted fue hecho para mucho más que esta vida.

Hace quinientos años, los marineros temían el horizonte. Si navegaban demasiado lejos se arriesgaban a caerse por la orilla, razonaban.

Pero entonces vino Cristóbal Colón y el viaje de 1492. El descubrimiento del Nuevo Mundo lo cambió todo. España reconoció esto en sus monedas, que llegaron a llevar el lema *plus ultra*: "Más allá".[8]

¿Por qué no recortar el *no* de su futuro? Dios ha puesto su corazón en casa. Siga navegando hasta alcanzarlo.

La historia de Dios, tu historia

Siga la estrategia de Dios

Levántate y sube a Hai. Mira, yo he entregado en tu mano
al rey de Hai, a su pueblo, a su ciudad y a su tierra.
Josué 8:1

A unas pocas millas al norte de Jericó se encontraba Hai. Josué encerró en un círculo el nombre de la ciudad en el mapa grande de la pared y les dijo a sus oficiales que atacaran. Todavía contento por la victoria de Jericó, supuso que el pequeño pueblo sería pan comido. Pero Josué estaba a punto de recibir una sorpresa. Hai era una perrera llena de "pit bulls". El pueblo se defendió ferozmente y la división de Josué corrió de vuelta a casa a lamerse las heridas.

Josué quedó deshecho, pero Dios no había terminado.

Dios le dijo a Josué que revisitara el lugar donde había fracasado. En esencia Dios le dijo a Josué: "Hagámoslo de nuevo. Esta vez a mi manera".

Josué no necesitaba que se lo dijeran dos veces. Él y sus hombres marcharon temprano por la mañana a Hai.

El rey de Hai, todavía cantando por la primera victoria, marchó para perseguir a Josué dejando la ciudad sin protección. El escuadrón de élite de Josué atacó y le prendió fuego. Entonces Josué revirtió su curso, atrapando al ejército de Hai en medio. La victoria fue completa.

Compare este ataque con el primero. En el primero, Josué consultó a espías; en el segundo escuchó a Dios. En el primero, se quedó en casa. En el segundo, guio el camino. En el primer ataque participó una pequeña unidad. En el segundo, muchos hombres más. El primer ataque no requirió táctica. El segundo era estratégico y sofisticado.

¿Cuál es el punto? Dios le dio a Josué un nuevo plan: inténtalo nuevamente a mi manera. Cuando siguió la estrategia de Dios, la victoria sucedió. Una buena lección para nosotros también.

Días de gloria

En el desierto

Estas pruebas demostrarán que su fe es auténtica. Está siendo
probada de la misma manera que el fuego prueba y purifica el oro,
aunque la fe de ustedes es mucho más preciosa que el mismo oro.
1 Pedro 1:7, NTV

Satanás no está ausente de la historia de Dios ni se encuentra en la periferia. Está en el centro de ella. No podemos entender la narrativa de Dios sin comprender la estrategia de Satanás. De hecho, "por eso el Hijo de Dios vino para destruir las obras que hace el diablo" (1 Juan 3:8, PDT).

Nada emociona más a Satanás que el actual escepticismo en el que se le considera. Cuando la gente niega su existencia o adjudica sus obras a los males de la sociedad, se frota las manos con regocijo. Entre más dudemos de su existencia misma, más puede obrar sin obstáculo.

Jesús no dudó de la realidad del diablo. El Salvador entró a paso grande a malpaís con una meta: desenmascarar a Satanás, y lo convirtió en la primera parada de su itinerario. "Luego el Espíritu llevó a Jesús al desierto para que el diablo lo sometiera a tentación" (Mateo 4:1, NVI).

¿Dios hace lo mismo con nosotros (que el Espíritu de Dios nos lleve al desierto)? Si yo fuera el diablo le diría que no. Me gustaría que usted pensara que, en algunas ocasiones, me escurro cuando Dios no está viendo y que arranco a sus hijos de su mano.

Pero la Escritura revela otra cosa. Dios usa la tentación de Satanás para fortalecernos. Los tiempos de prueba son de hecho tiempos de entrenamiento, purificación y desarrollo de fuerza. Incluso nos dice: "Considérense muy dichosos cuando tengan que enfrentarse con diversas pruebas, pues ya saben que la prueba de su fe produce constancia" (Santiago 1:2–3, NVI).

La historia de Dios, tu historia

Él ora por nosotros

Yo he rogado por ti, que tu fe no falte.
Lucas 22:32

La noche antes de su muerte, Jesús hizo este anuncio: "Todos vosotros os escandalizaréis de mí esta noche; porque escrito está: Heriré al pastor, y las ovejas del rebaño serán dispersadas. Pero después que haya resucitado, iré delante de vosotros a Galilea" (Mateo 26:31–32).

¿Traducción? Su caída será grande, pero mi gracia será mayor. Me van a encontrar esperándolos en Galilea.

La promesa se perdió en Pedro: "Aunque todos se escandalicen de ti, yo nunca me escandalizaré" (v. 33).

No fue uno de los mejores momentos de Pedro. Arrogante. Autosuficiente. La confianza de Pedro estaba en la fuerza de Pedro. Sin embargo, la fuerza de Pedro cedería. Jesús lo sabía.

Satanás atacaría y probaría a Pedro. Pero Satanás jamás obtendría a Pedro. ¿Por qué? ¿Porque Pedro era fuerte? No, sino porque Jesús lo es. "Yo he rogado por ti" (Lucas 22:32). Las oraciones de Jesús paralizaron a Satanás.

Jesús ora por usted también (Juan 17:11, 20, NTV).

¿Dios escucha los ruegos intercesores de su Hijo? Por supuesto que sí. Como Pedro, nuestra fe menguará, nuestra determinación tropezará, pero no nos caeremos. Somos "guardados por Jesucristo" (Judas 1:1, NVI) y "a quienes el poder de Dios protege" (1 Peter 1:5, NVI). Y ese no es un poder pequeño. Es el poder de un Salvador viviente y siempre persistente… quien ora por nosotros.

Gracia

Los ángeles le responden

Si haces al Señor tu refugio y al Altísimo tu resguardo, ningún
mal te conquistará; ninguna plaga se acercará a tu hogar. Pues
él ordenará a sus ángeles que te protejan por donde vayas.
Salmo 91:9–11, NTV

Cuando mis hijas eran pequeñas ocasionalmente lloraban a media noche. Si el viento hacía rozar una rama contra la ventana, o si escuchaban un ruido en la calle, gritaban: "¡Papi!".

Yo hacía lo que hacen todos los papás: decirle a su madre. Estoy bromeando. Caminaba por el pasillo y entraba a su habitación. Cuando lo hacía, la atmósfera cambiaba. ¿Ruidos extraños? ¿Sonidos raros? No importa. Papi está aquí.

Usted necesita saber esto: su Padre está aquí. Está aquí como el Comandante. Aquí con sus huestes celestiales.

Esta es la promesa que Dios le da. Él está con usted. "Dios puso todo bajo sus pies y lo nombró como cabeza de todo" (Efesios 1:22, PDT). "El que sostiene todas las cosas con su palabra poderosa" (Hebreos 1:3, NVI).

Toda autoridad le ha sido dada. Solamente necesita levantar un dedo y millares de millares de ángeles poderosos responderán a su llamado.

Días de gloria

Una oración...
¡porque Jesús es Señor!

Jesús le dijo: Yo soy el camino, y la verdad,
y la vida; nadie viene al Padre, sino por mí.

Juan 14:6

Oh Señor, conquistador sobre la muerte, escucharte decir
"consumado es" es glorioso. Confieso con mis labios que no hay nada
que pueda hacer o decir que pueda añadir a lo que hiciste en la cruz.
Eres mi única esperanza de salvación. En el nombre de Jesús, amén.

On Calvary's Hill [En el Calvario]

Su actitud acerca de usted

Si tomare las alas del alba y habitare en el extremo del
mar, aun allí me guiará tu mano, y me asirá tu diestra.
Salmo 139:9–10

Aceptar la gracia de Dios es aceptar la oferta de Dios a ser adoptado en su familia.

Su identidad no está en sus posesiones, talentos, tatuajes, felicitaciones o logros. Ni tampoco es definida por su divorcio, deficiencias, deuda o decisiones tontas. Usted es hijo de Dios. Usted puede llamarlo "Papá". Usted y yo "disfrutamos de libertad y confianza para acercarnos a Dios" (Efesios 3:12, NVI). Usted recibe las bendiciones de su amor especial ("Él nos amó a nosotros", 1 Juan 4:9–11) y provisión ("Pues si vosotros, siendo malos, sabéis dar buenas dádivas a vuestros hijos, ¿cuánto más vuestro Padre celestial...?", Lucas 11:11–13). Y usted heredará las riquezas de Cristo y reinará con Él para siempre (Romanos 8:17).

La adopción es tanto horizontal como vertical. Usted es incluido en la familia eterna. Las paredes divisorias de hostilidad son derribadas y la comunidad es creada con base en un Padre común. ¡Una familia mundial instantánea!

Más que conjurar razones para sentirse bien acerca de usted mismo, confíe en el veredicto de Dios. Si Dios lo ama, usted, de seguro, es digno de ser amado. Si Él quiere tenerlo en su Reino, entonces usted, de seguro, es digno de ser tenido. La gracia de Dios lo invita—no, *requiere*—que usted cambie su actitud acerca de sí mismo y tome el lado de Dios en contra de sus sentimientos de rechazo.

Gracia

¿Qué tipo de hombre era Judas?

Y esta es la vida eterna: que te conozcan a ti, el único
Dios verdadero, y a Jesucristo, a quien has enviado.
Juan 17:3

A veces me he preguntado qué tipo de hombre era Judas. Cuál era su apariencia, cómo actuaba, quiénes eran sus amigos. Lo he imaginado alienado de los demás apóstoles. Sin amigos. Distante.

Sin embargo, me pregunto si eso es cierto.

Probablemente era justo lo opuesto. En lugar de astuto y delgado, posiblemente era robusto y jovial.

Pero por todas las cosas que no sabemos acerca de Judas, hay algo que sabemos con seguridad: No tenía una relación con el Maestro. Había visto a Jesús, pero no lo conocía. Tenía una religión, pero no una relación.

A medida que Satanás trataba de hacer su obra en la mesa del Aposento Alto, necesitaba un hombre que hubiera visto a Jesús, pero que no lo conociera.

Aprendemos esta verdad intemporal del traidor. Las mejores herramientas de destrucción de Satanás no provienen de fuera de la iglesia; están dentro de la iglesia.

Judas llevó el manto de la religión, pero nunca conoció el corazón de Cristo. Hagamos de conocerlo…profundamente…nuestra meta.

Sobre el yunque

Manténgase a su sombra

Y a cualquiera que me niegue delante de los hombres,
yo también le negaré delante de mi Padre que está en los cielos.
Mateo 10:33

Pedro era inteligente. Mantenía su distancia de Jesús. *Voy a mantenerme lo suficientemente cerca para verlo* —razonó Pedro—. *Pero no demasiado cerca, o podría ser descubierto.*

Buena idea, Pedro. No te involucres demasiado; podría doler. No seas demasiado leal; podrías ser etiquetado. No muestres demasiada preocupación; te crucificarán también.

Necesitamos más hombres como tú, Pedro. Hombres que mantengan la religión en su lugar. Hombres que no muevan el agua. Hombres que apesten a mediocridad.

Ese es el tipo de hombre que Dios necesita, sí señor. Uno que sepa mantener su distancia: *Ahora bien, voy a cumplir y vendré una vez a la semana, pero... bueno... uno no puede dejarse llevar, ¿no es así?*

Sí, uno podría dejarse llevar... colina arriba... a una cruz; *y ser ejecutado.*

Pedro aprendió una lección ese día; una dura lección. Es mejor nunca haber seguido a Jesús que haberlo seguido y haberlo negado.

Subraye estas palabras:

Si lo sigue a cierta distancia terminará negando al Maestro. Punto.
Usted no morirá por un hombre que no pueda tocar. Punto.
Pero manténgase cerca de Él, a su sombra...
Y usted morirá con Él, gustosamente.

Sobre el yunque

Abandonado

*Cerca de la hora novena, Jesús clamó a gran voz,
diciendo: Elí, Elí, ¿lama sabactani? Esto es: Dios
mío, Dios mío, ¿por qué me has desamparado?*

Mateo 27:46

La muerte de Jesús en la cruz no es un tema secundario en la Escritura; es la esencia de ella. El logro crucial de Cristo sucedió en la cruz. A menos que nos perdamos del mensaje, Dios encapsuló el clímax de su historia en un gran drama:

El huerto: Jesús clamando, los discípulos huyendo, los soldados irrumpiendo.

Los juicios: una burla temprano en la mañana y engaño. Los judíos mofándose.

Pilato lavándose.

Los soldados: tejieron espinas, azotaron con látigos, martillearon clavos.

Jesús: ensangrentado, golpeado. Más carmesí que limpio. Cada tendón ardiendo en dolor.

Y Dios: Oscureció el cielo y sacudió la tierra. Partió las rocas y rasgó el velo del templo. Exhumó a los inhumados y desveló el Lugar Santísimo.

Pero primero escuchó el clamor de su Hijo: "Dios mío, Dios mío, ¿por qué me has desamparado?" (Mateo 27:46).

Este fue el momento en el que "al que no cometió pecado alguno, por nosotros Dios lo trató como pecador" (2 Corintios 5:21, NVI). "El Señor cargó sobre él la maldad de todos nosotros. Fue maltratado, pero se sometió humildemente, y ni siquiera abrió la boca" (Isaías 53:6–7, DHH).

Él fue abandonado por usted y por mí.

La historia de Dios, tu historia

El día en que la gracia le sucedió a usted

Él mismo cargó nuestros pecados sobre su cuerpo en la cruz,
para que nosotros podamos estar muertos al pecado y vivir
para lo que es recto. Por sus heridas, ustedes son sanados.
1 Pedro 2:24, NTV

Cristo removió sus pecados. ¿Dónde los llevó? En la cumbre de una colina llamada Calvario, donde soportó no solamente los clavos de los romanos, la burla de la multitud y la lanza de un soldado, sino la ira de Dios.

Sature su corazón en esto, el mejor resumen del más grande logro de Dios: "Sin embargo, Dios nos declara justos gratuita y bondadosamente por medio de Cristo Jesús, quien nos liberó del castigo de nuestros pecados. *Pues Dios ofreció a Jesús como el sacrificio por el pecado.* Las personas son declaradas justas a los ojos de Dios cuando creen que Jesús sacrificó su vida al derramar su sangre" (Romanos 3:24–25, NTV, énfasis añadido).

Dios no pasó por alto sus pecados, mucho menos los respaldó. No lo castigó, para no destruir al pecador. En lugar de ello encontró una manera de castigar el pecado y preservar al pecador. Jesús tomó nuestro castigo, y Dios adjudicó a su cuenta la perfección de Jesús.

Mientras la cruz sea el regalo de Dios para el mundo, lo tocará, pero no lo cambiará a usted. Tan precioso como lo es proclamar: "Cristo murió por el mundo", es todavía más dulce susurrar: "Cristo murió por *mí*".

Agradézcale a Dios por el día en que Jesús tomó su lugar, por el día en que la gracia le sucedió a usted.

Gracia

Recuerde el pan

Yo soy el pan vivo que descendió del cielo; si alguno
comiere de este pan, vivirá para siempre.
Juan 6:51

Asegúrese de recibir el pan.

Y una vez que lo haga, páselo. Después de todo, si nosotros no lo hacemos, ¿quién lo hará? Los gobiernos no alimentan el alma. La casa de asistencia secular puede brindar una cama, una comida y consejo valioso. Pero nosotros podemos dar mucho más. No solamente ayuda para esta vida, sino esperanza para la siguiente.

"Vuélvanse a Dios y bautícese cada uno en el nombre de Jesucristo, para que Dios les perdone sus pecados, y así él les dará el Espíritu Santo. Porque esta promesa es para ustedes y para sus hijos, y también para todos los que están lejos; es decir, para todos aquellos a quienes el Señor nuestro Dios quiera llamar" (Hechos 2:38–39, NTV).

Así que, junto con los vasos de agua y los platos de comida, que haya el mensaje de los pecados perdonados y la muerte derrotada.

Recuerde el pan.

Más allá de tu vida

Una oración... en la cruz

Ciertamente llevó él nuestras enfermedades,
y sufrió nuestros dolores; y nosotros le tuvimos por
azotado, por herido de Dios y abatido. Mas él herido fue
por nuestras rebeliones, molido por nuestros pecados.
Isaías 53:4–5

Hombre herido, hombre abatido, fue por mí que diste el paso hacia el horror de llevar mi pecado. Es incomprensible que tú tomaras mi lugar y abogaras por mi vida. Te doy gracias y te alabo por tu máximo sacrificio. En el nombre de Jesús, amén.

On Calvary's Hill [En el Calvario]

La oferta

Sepa, pues, ciertísimamente toda la casa de Israel, que a este Jesús a quien vosotros crucificasteis, Dios le ha hecho Señor y Cristo.

Hechos 2:36

Se supo que el Verbo era: resucitado.

La gente comenzó a caer en cuenta de su error. La gravedad de su crimen cayó sobre ellos como una elegía. Dios vino a su mundo, y ellos lo mataron. Este fue el énfasis del sermón de Pedro: "*Ustedes lo mataron* por medio de hombres perversos, clavándolo en la cruz" (v. 23, PDT). Ustedes. Ustedes. Ustedes.

La pregunta del momento se convirtió en: "Varones hermanos, ¿qué haremos?" (Hechos 2:37).

Se inclinaron a escuchar la respuesta de Pedro. Había mucho en juego. ¿Qué habría sucedido si hubiera dicho: "Es demasiado tarde"?

Pedro, con toda seguridad con los brazos estirados y los ojos llenos de lágrimas, les hizo esta invitación: "Vuélvanse a Dios y bautícese cada uno en el nombre de Jesucristo, para que Dios les perdone sus pecados, y así él les dará el Espíritu Santo" (Hechos 2:38, DHH).

Pedro con el tiempo hablaría de la pobreza. La iglesia pronto enfrentaría los problemas de las viudas, las enfermedades y la intolerancia. Pero todavía no. El primer punto del primer sermón de la iglesia fue este: perdón de todos nuestros pecados. Pedro entregó el pan.

¿Consideraría usted la misma oferta? Antes de que le dé vuelta a la página, antes de que siga adelante con el resto de su día, ¿consideraría la oferta de Jesús? "Yo soy el pan de vida. El que viene a mí nunca volverá a tener hambre" (Juan 6:35, NTV).

Más allá de tu vida

Donde la gracia abunda

*Antes sed benignos unos con otros, misericordiosos, perdonándoos
unos a otros, como Dios también os perdonó a vosotros en Cristo.*
Efesios 4:32

Dé la gracia que le ha sido dada.

Usted no justifica las acciones de su ofensor cuando lo hace. Jesús no justificó sus pecados al perdonarlo. La gracia no le dice a la hija que quiera al padre que abusó sexualmente de ella. No le dice al oprimido que le cierre el ojo a la injusticia. La persona definida por la gracia todavía envía a los ladrones a la cárcel y espera que su ex pague la pensión alimenticia.

La gracia no es ciega. Ve la herida completamente bien. Pero la gracia escoge ver el perdón de Dios todavía más. Se rehúsa a permitir que las heridas envenenen el corazón. "Asegúrense de que nadie deje de alcanzar la gracia de Dios; de que ninguna raíz amarga brote y cause dificultades y corrompa a muchos" (Hebreos 12:15, NVI). Donde falta la gracia, la amargura abunda. Donde la gracia abunda, el perdón crece.

Gracia

Permita que la gracia suceda

*Sólo en Dios descansa mi alma, es el único que me
puede rescatar. Sólo él es mi roca y mi salvación.*
Salmo 62:1–2, PDT

Los intentos de autosalvación no garantizan nada sino agotamiento. Corremos a toda prisa desenfrenadamente tratando de agradar a Dios, recolectando insignias de mérito y puntos a favor y fulminando con la mirada a cualquiera que cuestione nuestros logros. Llámennos la iglesia de las caras de sabueso y hombros caídos.

¡Deténgase de una vez por todas, suficiente de esta locura! "Es bueno fortalecerse con el generoso amor de Dios y no con las reglas" (Hebreos 13:9, PDT). Jesús no dice: "Vengan a mí todos ustedes que son perfectos y libres de pecado". Justo lo opuesto. "Vengan a mí todos ustedes que están cansados y agobiados, y yo les daré descanso" (Mateo 11:28, NVI).

No hay letras pequeñas. No va a aparecer el peine. La promesa de Dios no tiene lenguaje capcioso. Permita que la gracia suceda, por el amor del cielo. No más actuaciones para Dios, no más exigencias a Dios. De todas las cosas que usted se debe ganar en la vida, el afecto sin fin de Dios no es una de ellas. Usted ya lo tiene. Estírese en la hamaca de la gracia.

Ahora puede descansar.

Gracia

Quite al diablo de delante suyo

Quítate de delante de mí, Satanás.

Mateo 16:23

Una vez tuve la oportunidad de guiar un grupo de quinientas personas a Israel. Una mañana tuvimos un estudio bíblico en los escalones del sur del Monte del Templo.

Para mi lección escogí una palabra de Juan 3:16 (NVI): "unigénito". Como estábamos sentados donde Jesús estuvo, lo único correcto al parecer era considerar la afirmación de Jesús de que Él era el unigénito Hijo de Dios.

Unos minutos después de haber iniciado el mensaje una voz misteriosa comenzó a remedar mis palabras. Era muy aguda y perturbadora. Cada vez que yo decía "unigénito", remedaba "unigénito". Cuando dije el nombre "Jesús", la voz, con un acento muy pesado, remedó: "Jesús".

Entre más predicaba, la voz remedaba más fuerte. Por temor a conceder la derrota a esta fuerza extraña, no me detuve. Oré y proclamé: "Jesús es la suprema autoridad en este lugar, en cualquier lugar y en todo lugar, lo cual, por cierto, incluye a cualquier demonio, sirviente del infierno y a Satanás mismo. ¡No eres bienvenido en esta asamblea!".

La voz discrepante de pronto quedó en silencio. Terminamos la lección bíblica en paz. Más tarde le pregunté al guía del tour si habían encontrado al culpable. "Tratamos —me dijo—, pero no lo pudimos encontrar". El guía no tenía explicación.

Yo sí.

Cuando la autoridad de Cristo es proclamada, la obra de Satanás debe detenerse. Clame a Dios. Declare el nombre de Jesús y quite al diablo de delante suyo.

Días de gloria

El pan de vida

*Porque el pan de Dios es aquel que descendió
del cielo y da vida al mundo.*

Juan 6:33, RVC

El proceso para convertir el grano en pan es muy exigente. La semilla deberá ser plantada antes de que pueda crecer. Cuando el grano está maduro, deber ser cortado y molido en harina. Antes de convertirse en pan, debe pasar por el horno. El pan es el resultado final de plantar, cosechar y calentar.

Jesús soportó un proceso idéntico. Nació en este mundo. Fue derribado, molido y golpeado en el piso de trillar del Calvario. Pasó por el fuego de la ira de Dios, por amor a nosotros. "Porque también Cristo murió por los pecados una sola vez, el justo por los injustos, para llevarnos a Dios, muerto en la carne pero vivificado en el espíritu" (1 Pedro 3:18, LBLA).

¿El pan de vida? Jesús hizo honor al título. Pero una barra de pan sin abrir no le hace bien a nadie. ¿Ya recibió el pan? ¿Ya recibió el perdón de Dios?

Más allá de tu vida

Abril

¡El Rey ha resucitado!

Mas el ángel, respondiendo, dijo a las mujeres […]
yo sé que buscáis a Jesús, el que fue crucificado. No
está aquí, pues ha resucitado, como dijo.

Mateo 28:5–6

"Ha resucitado".

Dos palabras. Solo una en griego. *Ēgerthē*. Mucho descansa en la validez de esta sola palabra. Si es falsa, entonces todo el cristianismo se colapsa como un chiste mal contado. Sin embargo, si es verdad, entonces la historia de Dios ha convertido el capítulo final de su historia personal en un prefacio. Si el ángel estaba en lo cierto, entonces usted puede creer esto: Jesús descendió a la celda más fría de la prisión de la muerte y permitió que el carcelero cerrara la puerta y derritiera las llaves en un horno. Y justo cuando los demonios comenzaron a danzar y a hacer cabriolas, Jesús recargó sus manos perforadas contra las paredes internas de la caverna. Desde lo profundo en su interior sacudió el cementerio. La tierra retumbó y las lápidas se desplomaron.

Y salió marchando, el cadáver convertido en rey, con la máscara de la muerte en una mano y las llaves del cielo en la otra. ¡Ha resucitado!

No que haya despertado del sueño. No que haya despertado de la confusión. No que haya resucitado de los muertos en el sentido espiritual, sino resucitado *físicamente*.

La resurrección corporal significa todo. Si Jesús continúa viviendo solamente en espíritu y en sus obras, es solo uno más de mil héroes muertos. Pero si vive en carne y hueso, es el Rey que presionó su talón contra la cabeza de la muerte. Lo que hizo con su propio sepulcro es lo que promete hacer con el de usted: vaciarlo.

La historia de Dios, tu historia

Una oración...
por la valentía para confiar

Pon tu vida en las manos del Señor;
confía en él, y él vendrá en tu ayuda.
Salmo 37:5, DHH

Padre amoroso, vengo a ti como Jesús, con todos mis temores y debilidades al descubierto. Rindo las máscaras detrás de las que me escondo y te abro mi corazón. Dame la valentía para confiar en ti en todo lo que enfrento. En el nombre de Jesús, amén.

On Calvary's Hill [En el Calvario]

Gracia sobre gracia

Así manifestó Dios su amor entre nosotros:
en que envió a su Hijo unigénito al mundo
para que vivamos por medio de él.
En esto consiste el amor:
no en que nosotros hayamos amado a Dios,
sino en que él nos amó y envió a su Hijo
para que fuera ofrecido como sacrificio por
el perdón de nuestros pecados.
1 Juan 4:9–10, NVI

La gracia es simplemente otra palabra para la reserva poderosa de fuerza y protección de Dios. Viene a nosotros no ocasionalmente o miserablemente, sino constante y agresivamente, ola tras ola. Apenas hemos recuperado nuestro equilibrio por el golpe de una ola, y entonces *pum*, aquí viene la otra.

"Gracia sobre gracia" (Juan 1:16). Nos atrevemos a hacer nuestro hogar y estacar nuestra esperanza en las noticias más dichosas de todas: si Dios permite el desafío, proveerá la gracia para hacerle frente.

Nosotros nunca agotamos su suministro. Dios tiene suficiente gracia para resolver cada dilema que usted enfrente, enjugar cada lágrima que derrame y responder cada pregunta que haga.

¿Esperaríamos algo menos de Dios? ¿Envió a su Hijo para morir por nosotros y no envió su poder para sostenernos? Pablo encontró que tal lógica era imposible: "El que no escatimó ni a su propio Hijo, sino que lo entregó por todos nosotros, ¿cómo no habrá de darnos generosamente, junto con él, todas las cosas?" (Romanos 8:32, NVI).

Párese a la sombra del Hijo crucificado de Dios. Ahora presente sus preguntas. *¿Está Jesús a mi lado?* Mire la herida en su costado. *¿Irá a quedarse conmigo?* Habiendo dado el regalo supremo y más costoso: "¿Cómo no nos va a dar, junto con él, todo lo que tiene?" (Romanos 8:32, PDT).

Gracia

¿Qué se le metió a Pedro?

Mas el Consolador, el Espíritu Santo,
a quien el Padre enviará en mi nombre,
él os enseñará todas las cosas,
y os recordará todo lo que yo os he dicho.
Juan 14:26

¿Qué se le metió a Pedro? Hace siete semanas se estaba escondiendo a causa de Jesús; hoy está proclamando la muerte de Jesús. El Viernes Santo por la noche, uno no podía hacer que hablara. Hoy, ¡uno no puede hacer que se calle!

Fue un cobarde en la crucifixión.

Pero mírenlo el Día de Pentecostés, declarándole a una multitud de miles "que a este Jesús, a quien ustedes crucificaron, Dios lo ha hecho Señor y Cristo" (Hechos 2:36, RVC). Lenguaje audaz. La misma multitud que gritó: "¡Crucifícale!", podría crucificar a Pedro.

De debilucho a guerrero en cincuenta días.

¿Qué se le metió a Pedro?

El Espíritu de Dios. Diez días después de que Jesús ascendió al cielo "todos fueron llenos del Espíritu Santo" (Hechos 2:4, NVI). El Espíritu Santo en su propio momento y según su propio camino, llenó a los seguidores con fuerza sobrenatural.

Jesús prometió este evento. Dijo: "Pero si me voy, os lo enviaré" (Juan 16:7, LBLA).

Las malas noticias: Jesús se iba. Las noticias maravillosas: Jesús les estaba enviando su Espíritu. Durante su ministerio terrenal, Jesús vivió cerca de los discípulos. No obstante, el Espíritu Santo viviría *en* los discípulos. Lo que hizo Jesús con los seguidores, el Espíritu lo haría a través de ellos y nosotros. El Espíritu continúa la obra de Cristo... en y a través de nosotros.

La historia de Dios, tu historia

Aprender a esperar

Él dirige en la justicia a los humildes,
y les enseña su camino.
Salmo 25:9, NVI

Espere en el Espíritu. Si Pedro y los apóstoles necesitaron la ayuda del Espíritu, ¿nosotros no? Ellos caminaron con Jesús durante tres años, escucharon sus enseñanzas y vieron sus milagros. Vieron el cuerpo de Cristo enterrado en el sepulcro y resucitado de los muertos. Ellos fueron testigos de su aparición en el Aposento Alto y escucharon su instrucción. ¿Qué no habían recibido el mejor entrenamiento posible? ¿No estaban listos?

No obstante, Jesús les dijo que esperaran el Espíritu. "No se alejen de Jerusalén, sino esperen la promesa del Padre […] el Espíritu Santo" (Hechos 1:4–5, NVI).

Aprenda a esperar, a estar en silencio, a buscar escuchar su voz. Valore la quietud; sensibilícese a su toque. "Por eso, *mientras esperan que Jesucristo vuelva, no les faltará ninguna bendición de Dios. De ese modo no dejarán de confiar en él y, cuando Jesús llegue, nadie los acusará de haber hecho algo malo*" (1 Corintios 1:7–8, TLA, énfasis añadido). No necesita apresurarse o correr a toda prisa. La vida guiada por el Espíritu no entra en pánico; confía.

Aprenda a esperar en el Espíritu.

La historia de Dios, tu historia

Solamente el principio

Yo soy la resurrección y la vida.
El que cree en mí vivirá, aunque muera.
Juan 11:25–27, NVI

Este corazón sentirá un último latido. Estos pulmones exhalarán su último aliento. La mano que dirige esta pluma a lo largo de la página caerá flácida e inmóvil. Descontando el regreso de Cristo moriré. Al igual que usted. Como preguntó el salmista: "¿Quién hay que viva y no muera jamás, o que pueda escapar del poder del sepulcro?" (Salmo 89:48, NVI). Jóvenes y viejos, buenos y malos, ricos y pobres. Ningún género es librado; ninguna clase queda exenta. "Nadie tiene el poder de impedir el día de su muerte" (Eclesiastés 8:8, NTV).

Los genios, los ricos, los pobres; ninguno le gana o puede engañarla. Julio César murió. Elvis murió. John Kennedy murió. La princesa Diana murió. Todos morimos. No escapamos la muerte.

El mejor cirujano puede mejorar su vida, pero no puede eliminar su muerte. El escritor de Hebreos fue franco: "Y así como está establecido que los seres humanos mueran una sola vez" (Hebreos 9:27, NVI). Ejercítese todo lo que quiera. No coma más que comida sana e ingiera vitaminas en cantidad. Manténgase lejos del sol, libre del alcohol y viva sin drogas. Haga lo mejor que pueda por mantenerse vivo, y, aun así, morirá.

La muerte parece un gran callejón sin salida.

Hasta que leemos la historia de la resurrección de Jesús.

"No está aquí, pues ha resucitado, como él dijo" (Mateo 28:6, RVC).

La historia de Dios, tu historia

La última palabra

Entonces Jesús le dijo: Vete, Satanás.
Mateo 4:10

Satanás nunca se calla. El apóstol Juan lo llamó el acusador: "Pues el acusador de nuestros hermanos—el que los acusa delante de nuestro Dios día y noche—ha sido lanzado a la tierra" (Apocalipsis 12:10, NTV).

Día tras día, hora tras hora. Incesante, incansable. El acusador tiene como oficio acusar. A diferencia de la convicción del Espíritu Santo, la condenación de Satanás no trae arrepentimiento o determinación, solo remordimiento. Tiene una sola meta: "Hurtar y matar y destruir" (Juan 10:10). Robar su paz, matar sus sueños y destruir su futuro. Pero él no tendrá la última palabra. Jesús ha actuado a su favor.

Él se inclinó. Lo suficientemente bajo como para dormir en un pesebre, trabajar en una carpintería, dormir en una barca para pescar. Lo suficientemente bajo como para rozar el codo con bandidos y leprosos. Lo suficientemente bajo como para ser escupido, abofeteado, clavado y lanceado. Bajo. Lo suficientemente bajo para ser sepultado.

Y luego se levantó. De la losa de la muerte. Erguido en la tumba de José y justo en la cara de Satanás. Alto. Elevado. Combatió a Satanás...y lo defenderá a usted.

Gracia

Finalmente, cara a cara

¡Grande es el Señor, el más digno de alabanza!
Salmo 145:3, NTV

En el gran Día usted escuchará a millardos de voces hacer la idéntica afirmación acerca de Jesucristo. "Para que en el nombre de Jesús se doble toda rodilla de los que están en los cielos, y en la tierra, y debajo de la tierra; y toda lengua confiese que Jesucristo es el Señor" (Filipenses 2:10–11, RVC).

Multitudes de personas se inclinarán hasta lo más bajo como un campo de trigo inclinado por el viento, cada uno de ellos diciendo: "Tú, oh Rey, eres el más digno".

Habrá una diferencia monumental. Algunas personas continuarán con la confesión que comenzaron en la Tierra. Nuevamente coronarán a Cristo, gustosos. Otros lo coronarán por la primera vez. Lo harán con mucha tristeza. Negaron a Cristo en la Tierra, así que Él los negará en el cielo.

Pero los que lo aceptaron en la Tierra vivirán con Dios para siempre. Oí una fuerte voz del cielo que decía: "Ahora, el hogar de Dios está con los seres humanos y él vivirá con ellos. Serán su pueblo y Dios mismo estará con ellos como su Dios" (Apocalipsis 21:3, PDT). El narrador toma el mismo punto cuatro veces en cuatro frases consecutivas:

"Ahora el hogar de Dios está con los seres humanos", "Él vivirá con ellos", "Serán su pueblo", "Dios mismo estará con ellos como su Dios".

El anuncio viene con la energía de un niño de seis años que declara la llegada de su padre de un largo viaje. Estas son buenas noticias dignas de ser repetidas.

Finalmente veremos a Dios cara a cara.

La historia de Dios, tu historia

Una oración...
para el viaje

Jesús les dijo:
"Síganme, y yo haré de ustedes pescadores de hombres".
Mateo 4:19, RVC

Mi Señor y Salvador, ¡gracias por invitarme al viaje contigo! Es mi gozo seguirte y buscar escuchar tu voz. Eres el gran y poderoso Rey, y yo te elijo a ti. En tu precioso nombre, Jesús, amén.

On Calvary's Hill [En el Calvario]

Triunfante en Cristo

*Mas gracias sean dadas a Dios, que nos da la victoria
por medio de nuestro Señor Jesucristo.*
1 Corintios 15:57

El triunfo es una cosa preciosa. Honramos al triunfante. Al soldado galante montado sobre su corcel. El explorador determinado, volviendo de su descubrimiento. El atleta ganador sosteniendo en alto el trofeo triunfante de victoria. Sí, nos encanta el triunfo.

No obstante, el triunfo es fugaz. Pocas veces uno saborea la victoria antes de que desaparezca.

El triunfo de Cristo no es temporal. "Triunfante en Cristo" no es un evento o una ocasión. No es fugaz. ¡Ser triunfante en Cristo es un estilo de vida...un estado del ser! Triunfar en Cristo no es algo que hacemos, es algo que somos.

Esta es la gran diferencia entre la victoria en Cristo y la victoria en el mundo: Quien obtiene la victoria en el mundo se regocija por algo que hizo. Pero el creyente se regocija por algo que es, un hijo de Dios, un pecador perdonado, un heredero de la eternidad.

Nada nos puede separar del triunfo en Cristo. ¡Nada! Nuestro triunfo no está basado en nuestros sentimientos sino en el don de Dios. Nuestro triunfo no está basado en nuestra perfección, sino en el perdón de Dios. ¡Cuán precioso es este triunfo! Porque, aunque seamos presionados por todos lados, la victoria sigue siendo nuestra. Nada puede alterar la lealtad de Dios.

"Triunfante en Cristo". No es algo que hacemos. Es algo que somos.

Sobre el yunque

Cuando Dios cierra una puerta

Intercedan por nosotros a fin de que Dios
nos abra las puertas para proclamar la palabra,
el misterio de Cristo por el cual estoy preso.

Colosenses 4:3, NVI

¿Conoce la frustración de una puerta bloqueada? Si es así, tiene un amigo en el apóstol Pablo.

Él, Silas y Timoteo estaban en su segundo viaje misionero. En el primero Pablo disfrutó el éxito en cada parada. "Informaron de todo lo que Dios había hecho por medio de ellos, y de cómo había abierto la puerta de la fe a los gentiles" (Hechos 14:27, NBD).

Los misioneros habían sentido las ráfagas a sus espaldas, y entonces, de repente, vientos contrarios.

Pablo y sus compañeros viajaron a través de la región de Frigia y Galacia, habiendo sido detenidos por el Espíritu Santo para no predicar la Palabra en la provincia de Asia. Cuando llegaron a la frontera con Misia, trataron de entrar a Bitinia, pero el Espíritu de Jesús no se los permitió (Hechos 16:6–7).

Pablo puso su mirada en Asia. Sin embargo, no se abrieron las puertas. Así que los tres viraron al norte hacia Bitinia, pero encontraron más puertas cerradas. Menearon los picaportes e hicieron presión contra las entradas, pero no se les dio acceso. No se nos dice cómo o por qué Dios cerró la puerta. Solo que lo hizo.

Y todavía lo hace.

Dios es dueño de la llave de cada puerta. Él es "el que cuando abre nadie puede cerrar y cuando cierra nadie puede abrir" (Apocalipsis 3:7, DHH). Una vez que Dios cierra una puerta, nadie la puede abrir. Cuando Dios cierra una puerta, ore que le muestre la puerta abierta escogida para usted.

La historia de Dios, tu historia

Confíe en la historia de Dios

*Ciertamente son rectos
los caminos del Señor:
en ellos caminan los justos.*

Oseas 14:9, NVI

A medida que la historia de Dios se vuelve la suya, las puertas cerradas toman un nuevo significado. Usted ya no las ve como interrupciones de su plan, sino como indicaciones del plan de Dios.

Esto fue lo que Pablo aprendió. Dios le bloqueó el paso a su equipo misionero para ir al norte, al sur o al este. Solamente faltaba el oeste. Las puertas cerradas de Asia llevaron a una invitación con los brazos abiertos a Filipos (Hechos 16:11–12).

Una vez allí, Pablo y su equipo se pusieron a trabajar. Sus esfuerzos en Filipos fueron tan eficaces que los líderes religiosos paganos estaban furiosos. Así que inventaron una historia en contra de Pablo y Silas.

"Y se agolpó el pueblo contra ellos; y los magistrados, rasgándoles las ropas, ordenaron azotarles con varas. Después de haberles azotado mucho, los echaron [...] en el calabozo de más adentro, y les aseguró los pies en el cepo" (Hechos 16:22–24).

Escuche con atención. ¿Lo oye? El viejo y familiar sonido de llaves girando y candados cerrándose. Pablo y Silas podrían haberse quejado: "Oh no. No otra puerta cerrada".

Pero no se quejaron. Desde las entrañas de la prisión emergió el sonido más inesperado de todos: alabanza y oración (Hechos 16:25).

Sus pies estaban en el cepo, no obstante, su mente estaba en el cielo. ¿Cómo podían cantar en un momento como este? ¿De dónde provenía su canción? Solo hay una respuesta: ellos confiaban en Dios y en su historia para ellos.

La historia de Dios, tu historia

Tres preguntas

Alimenten a los hambrientos y ayuden a los que están en apuros. Entonces su luz resplandecerá desde la oscuridad, y la oscuridad que los rodea será tan radiante como el mediodía.

Isaías 58:10, NTV

Hace unos años, tres preguntas sacudieron mi mundo. Pregunta 1: Si hubiera sido un cristiano alemán durante la Segunda Guerra Mundial, ¿habría adoptado una postura firme en contra de Hitler? Pregunta 2: Si hubiera vivido en el Sur durante el conflicto de los derechos civiles, ¿habría adoptado una postura firme en contra del racismo? Pregunta 3: Cuando sus nietos descubran que usted vivió en una época en la que 1,75 mil millones de personas eran pobres y un millardo estaban muriendo de hambre, ¿cómo juzgarán sus respuestas?

No me importaron las primeras dos preguntas, eran hipotéticas. Me gustaría pensar que habría tomado una postura contra Hitler y peleado contra el racismo. Pero esos días ya se fueron, y esas decisiones no eran mías. Pero la tercera pregunta me ha mantenido despierto por la noche. Yo vivo hoy; al igual que usted. Se nos ha dado una opción…la oportunidad de marcar una gran diferencia en un tiempo difícil.

¿Qué pasaría si lo hiciéramos? ¿Qué pasaría si sacudiéramos al mundo con esperanza? ¿Infiltráramos todos los rincones con el amor y la vida de Dios? ¿Qué pasaría si siguiéramos el ejemplo de la iglesia de Jerusalén? Esta pequeña secta se expandió en una fuerza que transformó al mundo. Todavía bebemos de sus pozos y comemos de sus árboles de fe. Qué pasaría si viviéramos nuestras vidas a la luz de esta oración:

Hazlo de nuevo, Jesús. Hazlo otra vez.

Más allá de tu vida

No le deje opción al diablo

*Pónganse toda la armadura de Dios para que puedan
hacer frente a las artimañas del diablo.*
Efesios 6:11, NVI

Su batalla—su verdadera batalla—es contra su archienemigo, el diablo. Él ha mantenido esta fortaleza sobre su vida durante años. Usted ha tratado todo para vencerlo: disciplina renovada, libros de autoayuda, los gurús de la cultura pop...Nada ayuda. Pero ahora usted viene en el poder de Dios con Dios al centro del escenario. Jesús en su corazón, y ángeles al frente y a la retaguardia. Usted viene, no con la esperanza de una posible victoria, sino con la seguridad de una victoria completa.

Entre marchando como Josué por las murallas de Jericó. Haga sonar su cuerno de carnero. Cante canciones de redención, y declare escrituras de triunfo. Marine su mente en la declaración de Jesús: "Consumado es" (Juan 19:30), y el anuncio de los ángeles: "No está aquí, pues ha resucitado" (Mateo 28:6). Personalice las proclamaciones de Pablo: "Somos más que vencedores por medio de aquel [Cristo]" (Romanos 8:37), y "todo lo puedo hacer por medio de Cristo" (Filipenses 4:13, NTV). A medida que usted lo hace, los demonios comienzan a esparcirse. No tienen otra elección más que irse.

Clame a Dios y no le deje al diablo ninguna opción.

Días de gloria

Dios obra

Ahora bien, sabemos que Dios dispone todas las cosas para el bien de quienes lo aman, los que han sido llamados de acuerdo con su propósito.
Romanos 8:28, NVI

Hay muchas cosas que no sabemos. No sabemos si la economía se desplomará o si nuestro equipo ganará. No sabemos lo que piensa nuestro cónyuge o cómo van a resultar nuestros hijos. Ni siquiera "sabemos qué pedir" (Romanos 8:26, NVI). Pero según Pablo, podemos estas absolutamente seguros de cuatro cosas. Sabemos que:

1. *Dios obra.* Está ocupado tras bastidores, sobre la refriega, dentro de la furia. No ha registrado su salida ni ha continuado con su vida. Es incesante e incansable. Nunca deja de trabajar.

2. *Dios obra para el bien.* No para nuestro consuelo o placer o entretenimiento, sino para nuestro bien máximo. Como Él es el bien máximo, ¿esperaríamos cualquier cosa menos?

3. *Dios obra para bien de los que lo aman.* ¡He aquí el beneficio de amar a Dios! Haga de la historia de Dios, su historia propia, y su historia propia tomará un final feliz. Garantizado. Siendo el Autor de nuestra salvación, escribe un tema de salvación en nuestra biografía.

4. *Dios obra en todas las cosas.* Dios es todo incluido. Él obra no a través de pocas cosas o por medio de las cosas buenas, las mejores cosas o las cosas sencillas. Pero en "en todas las cosas" Dios obra.

Esto sí lo sabemos.

La historia de Dios, tu historia

Una oración…
para escudarlo

Mas tú, Jehová, eres escudo alrededor de mí;
mi gloria, y el que levanta mi cabeza.
Con mi voz clamé a Jehová,
y él me respondió desde su monte santo.
Salmo 3:3–4

Amado Dios: Santo y poderoso. Eres digno de toda alabanza, todo el honor. Tu amor perseverante me sorprende cada mañana.

Cuando escuche voces a mí alrededor diciendo que no soy lo suficientemente bueno, ayúdame a escuchar tu verdad en mi corazón y dame fuerzas.

Te pido que estés con aquellos que se sienten inadecuados o que dudan que alguien se preocupes por ellos. Cuando cuestionen su valor, dales un sentir más profundo de su dignidad en Cristo y solamente en él.

Gracias porque no tenemos que pelear por nuestra valía porque ya nos has llamado tus hijos. En el nombre de Jesús, amén.

40 oraciones simples que brindan paz y descanso

Encontrar el camino correcto

Si alguno ministra,
ministre conforme al poder que Dios da.
1 Pedro 4:11

¿Cómo puede saber qué debería hacer con su vida? ¿Cuál es su destino?

Primero, responda esta pregunta: *¿Cuál es su habilidad?* Piénselo. ¿Qué es lo que usted hace bien? ¿Qué es lo que la gente le pide que vuelva a hacer? ¿Qué tarea le viene fácil? ¿Qué tema mantiene su atención? Esa es su habilidad. Y la habilidad revela destino.

Su conjunto de competencias—su habilidad—es su mapa. Lo llevan a su destino. Tome nota de sus fortalezas. Son las migajas que lo guiarán adonde Dios quiere que esté, al trabajo y al ministerio que Él quiere que usted haga. Recuerde: Dios lo ama demasiado como para darle un trabajo y no darle las competencias de hacerlo. Identifique las suyas.

Lo que usted haga para ganarse la vida debería conformarse a su diseño. Pocas situaciones son más miserables que un trabajo en el que no encajamos. No obstante, pocos males son más comunes. Un estudio afirmó que solamente 13% de todos los trabajadores encuentran que su trabajo es significativo.[9] No es maravilla que las personas camino al trabajo se vean tan malhumoradas. Alrededor de nueve de cada diez no quieren ir a trabajar. Imagínese el impacto que esta infelicidad tiene en la salud, la familia y el desempeño. Si una persona pasa cuarenta o más horas a la semana arrastrando los pies en un empleo que a él o a ella no le gusta ni le interesa, ¿qué sucede?

Encuentre algo que le guste hacer, y hágalo tan bien que la gente le pague por hacerlo. Eso no es solamente un buen consejo; es el diseño divino.

Días de gloria

Tome la iniciativa

*Si es posible, y en cuanto dependa de ustedes,
vivan en paz con todos.*

Romanos 12:18, NVI

Quizá usted encuentre esto difícil de creer, pero no a todos les simpatiza el predicador. Hay momentos en los que tropiezo o digo algo con lo que incurro en el desagrado de un feligrés. En los primeros años de mi ministerio, cuando percibía la infelicidad de alguien, yo hacía a un lado el problema. "Si él no me presenta su queja, entonces no tengo parte en el asunto".

Pero entonces leí las palabras de Jesús: "Por tanto, si traes tu ofrenda al altar, y allí te acuerdas de que tu hermano tiene algo contra ti, deja allí tu ofrenda delante del altar, y anda, reconcíliate primero con tu hermano, y entonces ven y presenta tu ofrenda" (Mateo 5:23–24). Jesús le ordena al ofensor, incluso al que no tiene intención, que tome la iniciativa. Para mí ese pasaje es bastante desagradable.

Aun así, he tratado de aplicarlo en mis frágiles amistades.

"Bob —he inquirido—, ¿dije algo que te haya molestado?".

"May —he preguntado—, parece haber un poco de tensión entre nosotros. ¿Está todo bien?".

Sin falla el paso ha resultado en restauración. Nunca en mis cuatro décadas de ministerio, esta enseñanza práctica ha fallado en lograr su cometido. Cuando la Escritura se mezcla con obediencia, resulta un elixir de sanidad.

Días de gloria

El derrumbe de un muro

Entonces Felipe, descendiendo a la ciudad
de Samaria, les predicaba a Cristo.

Hechos 8:5

¿Hay alguna muralla que divida su mundo? Usted se encuentra en un lado. ¿Y en el otro? El adolescente tatuado. El jefe adinerado. El inmigrante con el acento difícil de entender. O los samaritanos fuera de Jerusalén.

Hablando de una muralla, antigua y alta. "Los judíos—como Juan escribió en su Evangelio—rechazan todo trato con los samaritanos" (Juan 4:9, NTV).

No obstante, Jesús jugó con un conjunto de reglas distinto. Pasó la mejor parte del día en el terreno de una mujer samaritana (Juan 4:1–26). Pasó de largo el tabú cultural como si fuera un perro dormido en la entrada. A Jesús le encanta derribar las murallas.

Por eso es que envió a Felipe a Samaria (Hecho 8:5–7, 12). Y cuando la ciudad irrumpió en avivamiento, tanto los hombres como las mujeres fueron bautizados. Pedro y Juan escucharon acerca de la respuesta y viajaron a Samaria para confirmarlo. "Entonces les imponían las manos, y recibían el Espíritu Santo" (vv. 15–17).

Pero, ¿por qué los samaritanos no recibieron el Espíritu Santo cuando fueron bautizados por primera vez? ¿Para qué retrasar el don?

Sencillo. Para celebrar la caída de un muro. El evangelio, por primera vez, estaba quebrando un prejuicio antiguo. Dios marcó el momento con algo parecido a un desfile con nubes de confeti. Tendió el tapete de bienvenida y envió a sus apóstoles a verificar el avivamiento e imponerle manos a los samaritanos. Que toda duda sea removida: Dios acepta a todas las personas.

Más allá de tu vida

Una oportunidad

*De modo que si alguno está en Cristo, nueva criatura es; las
cosas viejas pasaron; he aquí todas son hechas nuevas.*

2 Corintios 5:17

Considere a la mujer samaritana. Para el momento en que Jesús se encontró con ella, era la versión del primer siglo de una vida en picada. Cinco exmaridos y media docena de niños, cada uno con el aspecto de un papá diferente. Décadas de una vida libertina la habían dejado tatuada y marginada y viviendo con un novio que pensaba que la boda era una pérdida de tiempo.

Los chismosos meneaban sus lenguas hablando de ella. ¿De qué otra manera podemos explicar su aparición a medio día en el pozo? Las demás mujeres llenaban sus cubos al amanecer, pero esta mujer lo hacía a medio día, prefiriendo, supongo, el calor del sol, al calor de sus burlas.

Si no fuera por la aparición de un Forastero, su historia se podría haber perdido en las arenas samaritanas. Pero Él entró en su vida con la promesa de agua interminable y sed apagada. Él no se sintió ofendido por su pasado. Justo lo opuesto. Le ofreció una oportunidad, un comienzo fresco, una cuenta nueva. Ella aceptó su oferta. Lo sabemos por lo que sucedió después: "Muchos samaritanos de esa aldea creyeron en Jesús, porque la mujer había dicho: "¡Él me dijo todo lo que hice en mi vida!"" (Juan 4:39, NTV).

La mujer marginada se convirtió en la mujer con el mensaje. Nadie más le dio una oportunidad. Jesús le dio la oportunidad de toda una vida. Él vino por personas como ella. Vino por personas como usted y yo.

Días de gloria

Dios entre las ondas

¿Por qué te abates, oh alma mía,
y te turbas dentro de mí?
Salmo 42:5

El escritor del Salmo 42 estaba triste y desanimado. Las luchas de la vida amenazaban con hundirlo y tomar otra victoria. Pero en el momento justo, el escritor tomó esta decisión: "Espera en Dios; porque aún he de alabarle [...] Me acordaré, por tanto, de ti desde la tierra del Jordán, y de los hermonitas, desde el monte de Mizar" (vv. 5–6).

Hay determinación en esas palabras: "Aun he de alabarle...Me acordaré". El escritor tomó una decisión deliberada para tratar su alma abatida con pensamientos de Dios. *Adondequiera que vaya, te recordaré.*

En su caso el versículo diría: "Desde la unidad de cuidado intensivo al cementerio, de la fila del desempleo al juzgado, me acordaré de ti".

No hay nada fácil en esto. Las dificultades se abalanzan sobre nosotros como lluvia en una tormenta eléctrica. Encontrar a Dios en medio de las olas exigirá cada rastro de disciplina que usted pueda reunir. Pero el resultado vale la pena el esfuerzo. Además, ¿realmente quiere meditar en su miseria? Recitar sus problemas, ¿lo convertirá en una mejor persona? No. Pero cambiar su mentalidad sí.

"Así que no se angustien ni tengan miedo" (Juan 14:27, NTV). En lugar de ello, *sumerja su mente en pensamientos de Dios.*

Días de gloria

Haga temblar a Satanás

La oración eficaz del justo puede mucho.
Santiago 5:16

La mayoría de nosotros luchamos con la oración. Nos olvidamos de orar, y cuando recordamos hacerlo, nos apresuramos con oraciones con palabras vacías. Nuestra mente flota a la deriva; nuestros pensamientos se esparcen como una parvada de codornices. ¿Por qué esto? La oración requiere un esfuerzo mínimo. No se prescribe un lugar específico. No se requiere una vestimenta en particular. Sin embargo, uno pensaría que estamos luchando con un puerco engrasado.

Hablando de puercos, Satanás busca interrumpir nuestras oraciones. Nuestra batalla con la oración no es completamente nuestra culpa. El diablo conoce las historias; fue testigo del ángel en la celda de Pedro y el avivamiento en Jerusalén. Él sabe lo que sucede cuando oramos. "Las armas que usamos no son las del mundo, sino que son poder de Dios capaz de destruir fortalezas" (2 Corintios 10:4, DHH).

A Satanás no le preocupa cuando Max escribe libros o prepara sermones, pero sus huesudas rodillas tiemblan cuando Max ora. Satanás no tartamudea ni tropieza cuando usted camina por las puertas de la iglesia o asiste a las reuniones de comité. Pero las paredes del infierno se sacuden cuando una persona con un corazón sincero y una confesión fiel dice: "Oh, Dios, cuán grande eres".

Satanás evita que usted y yo oremos. Trata de colocarse entre nosotros y Dios. Pero huye como perro asustado cuando avanzamos. Así que hagámoslo.

Más allá de tu vida

Una oración... para acercarme más a Cristo

*Pues todo hijo de Dios vence a este mundo de maldad,
y logramos esa victoria por medio de nuestra fe.*
1 Juan 5:4, NTV

Hijo de Dios, no hay nada que haya enfrentado o que vaya a enfrentar que tú no hayas enfrentado, soportado y conquistado. Y maravilla de maravillas, acudes corriendo a mí cuando necesito tu ayuda. Vengo a ti ahora. Acércate a mí, Jesús. En tu nombre, amén.

On Calvary's Hill [En el Calvario]

El que mueve montañas

Bendito el varón que confía en Jehová,
y cuya confianza es Jehová.

Jeremías 17:7

Cuando los problemas vienen a nosotros, podemos estresarnos y molestarnos o podemos confiar en Dios.

"Pongan la mira (la mente) en las cosas de arriba" (Colosenses 3:2, NBLH). Cuando los gigantes están en la tierra, cuando las dudas se agolpan en su mente, vuelva sus pensamientos a Dios. Sus mejores pensamientos son los pensamientos de Dios.

¡Él está por encima de todo este desastre!

Él es "Altísimo sobre toda la tierra" (Salmo 83:18).

El salmista preguntó: "¿Quién en el firmamento se puede comparar al Señor? ¿Quién entre los hijos de los poderosos es como el Señor?" (Salmo 89:6, LBLA).

El dolor no aqueja a Dios.

La economía no lo desconcierta.

El clima no lo perturba.

Las elecciones no lo definen.

Las enfermedades no lo infectan.

La muerte no lo puede reclamar.

Él es "poderoso para hacer todas las cosas mucho más abundantemente de lo que pedimos o entendemos" (Efesios 3:20).

Fije menos su vista en la montaña y más en el que mueve las montañas. Pondere en la santidad de Dios. Deje que su esplendor lo deje atónito y que lo inspire.

Días de gloria

¿Una palmada sobre el hombro o un zapateado?

Hijo mío, no menosprecies la disciplina del Señor,
ni te desanimes cuando te reprenda;
porque el Señor disciplina al que ama,
y azota a todo el que recibe como hijo.
Hebreos 12:5–6, NVI

¡Despierta! Eso es lo que le estaba diciendo Dios realmente a Saúl. A Saúl, el primer rey de Israel, lo consumían los celos. Estaba siendo ensombrecido por David, el hijo más joven de una familia de pastores. David hacía todo mejor que Saúl: cantaba mejor, impresionaba más a las mujeres, incluso mató a los gigantes a los que Saúl les tenía miedo. Pero en lugar de celebrar las habilidades dadas por Dios de David, Saúl se volvió cada vez más hostil. Dios, en lo que parecía ser un esfuerzo por despertar a Saúl de su neblina de celos, reclutó la ayuda de su siervo involuntario, Satanás. "Aconteció al otro día, que un espíritu malo de parte de Dios tomó a Saúl, y él desvariaba en medio de la casa" (1 Samuel 18:10).

Observe un principio solemne: hay momentos en los que los corazones se vuelven tan duros y los oídos tan sordos que Dios nos entrega a enfrentar las consecuencias de nuestras decisiones.

Tan drástico como pudiera parecer, Dios de hecho permitirá que la persona experimente el infierno sobre la tierra, con la esperanza de despertar su fe. Un amor santo toma la difícil decisión de soltar al hijo a las consecuencias de su rebelión.

Recuerde: la disciplina debe dar como resultado misericordia, no miseria. Algunos santos son despertados por una palmada sobre el hombro, mientras que otros necesitan un zapateado sobre la cabeza. Cada vez que Dios necesita un zapateado, Satanás recibe el llamado.

Para estos tiempos difíciles

Prueba

Cuando me ponga a prueba,
saldré tan puro como el oro.
Job 23:10, NTV

A Satanás le encanta probar a los santos. Escuche la advertencia que Jesús le da a Pedro: "¡Simón, Simón! Mira que Satanás ha pedido sacudirlos a ustedes como un campesino sacude la paja de los granos de trigo. Pero he orado para que no pierdas tu fe. Cuando vuelvas a mí, ayuda a tus hermanos a ser más fuertes" (Lucas 22:31–32, PDT).

A Satanás quizá le guste probar a los santos, pero observe quién está en control. Aunque Satanás tenía un plan, tenía que obtener permiso. "Se me ha dado toda autoridad en el cielo y en la tierra", explicó Jesús (Mateo 28:18, NVI), y esta es la prueba. El lobo no puede llegar a las ovejas sin el permiso del Pastor, y el Pastor solamente permitirá el ataque, si en el largo plazo, el dolor valdrá la pena lo que se gane con él.

Jesús estaba permitiendo que Pedro experimentara una prueba para que pudiera fortalecer a sus hermanos. Posiblemente Dios esté haciendo lo mismo con usted. Su dificultad, su enfermedad, su conflicto lo están preparando para ser una voz de ánimo para sus hermanos. Todo lo que necesita recordar es:

Ustedes no han pasado por ninguna tentación que otros no hayan tenido. Y pueden confiar en Dios, pues él no va a permitir que sufran más tentaciones de las que pueden soportar. Además, cuando vengan las tentaciones, Dios mismo les mostrará cómo vencerlas, y así podrán resistir (1 Corintios 10:13, TLA).

Vuélvase a Él.

Para estos tiempos difíciles

El poder de la confesión

Examíname, oh Dios, y conoce mi corazón;
pruébame y conoce mis pensamientos;
y ve si hay en mí camino de perversidad,
y guíame en el camino eterno.
Salmo 139:23–24

Probablemente su oración necesita sondear más profundo que las simples transgresiones de hoy. Debajo de la epidermis de las obras de hoy se encuentran las acciones sin resolver de años pasados. Al igual que el rey David, usted ha tomado una decisión estúpida tras otra. Se quedó cuando se debía ir, miró cuando debía desviar la mirada, sedujo cuando se debía abstener, hirió cuando debía ayudar, negó cuando debía confesar.

Hable con Dios acerca de estas cuchillas escondidas del pecado y la culpa. Acuda a Él como lo haría con un médico confiable. Explíquele el dolor, y revisen la transgresión juntos. Dele la bienvenida a sus sondeos y su toque sanador. Y, esto es importante, confíe en la habilidad de Dios de recibir su confesión más que en su capacidad de hacerla. Ay, ese indómito perfeccionista que habita dentro de nosotros. Hace surgir dudas gangrenosas: "¿Fue sincera mi confesión? ¿Suficiente? ¿Olvidé algún pecado?".

Por supuesto que sí. ¿Quién entre nosotros conoce todas nuestras violaciones? ¿Quién de nosotros ha sentido suficiente remordimiento por nuestros fracasos? Si la limpieza de la confesión dependiera del confesor, todos estamos hundidos, porque ninguno de nosotros hemos confesado de manera precisa o adecuada. El poder de la confesión yace no en la persona que la hace, sino en Dios que la escucha.

Gracia

Una herramienta en las manos de Dios

Al orgullo le sigue la destrucción;
a la altanería, el fracaso.
Proverbios 16:18, NVI

Dios usa a Satanás. Así es. El Rey de todo usa al rey del mal para sus propios propósitos. ¿Cómo? Por medio de refinar a los fieles.

Incluso el más manso entre nosotros ha tenido la tendencia a tener un concepto más alto de sí. Aparentemente, el apóstol Pablo lo hizo. Su currículum era impresionante: una audiencia personal con Jesús, participar en visiones celestiales, ser un apóstol escogido por Dios, ser autor de una parte de la Biblia. Pocos podían competir con sus logros. Y probablemente él lo sabía. Posiblemente Pablo comenzó a darse palmadas en la espalda. Dios, quien amaba a Pablo y que odia el orgullo, protegió a Pablo de pecar. Y usó a Satanás para hacerlo.

"Así que, para impedir que me volviera orgulloso, se me dio una espina en mi carne, un mensajero de Satanás para atormentarme" (2 Corintios 12:7, NTV).

No se nos habla acerca de la naturaleza de la espina, pero se nos dice su propósito: mantener humilde a Pablo. También se nos dice su origen: un mensajero de Satanás. El mensajero podría haber sido un dolor, un problema o una persona que tiene dolor. No lo sabemos, pero, por favor, observe lo siguiente que dice Pablo:

Tres veces le rogué al Señor que me la quitara; pero él me dijo: "Te basta con mi gracia, pues mi poder se perfecciona en la debilidad" (vv. 8–9, NVI).

Satanás y sus fuerzas fueron simplemente una herramienta en las manos de Dios para fortalecer a un siervo.

Para estos tiempos difíciles

Vestido de bondad

En gran manera me gozaré en Jehová, mi alma se
alegrará en mi Dios; porque me vistió con vestiduras
de salvación, me rodeó de manto de justicia.

Isaías 61:10

En la cruz, Cristo se envolvió alrededor de nosotros y sintió toda la fuerza de la caída. Tomó el nada relajado castigo del culpable. Murió, no en semejanza a un pecador, sino como pecador; en nuestro lugar. Su sacrificio es suficiente. Nuestros méritos no lo mejoran. Nuestros tropiezos no lo disminuyen. El sacrificio de Cristo es una obra total, incesante y terminada.

"Todo se ha cumplido", anunció Jesús (Juan 19:30, NVI). Su oración de abandono fue seguida de un clamor de logro. No fue: "Ha comenzado", ni: "Queda inaugurada", ni: "Es una obra en progreso". No: "Todo se ha cumplido".

¿Existen mejores noticias? De hecho, sí. Hay más. Él es "nuestra justificación" (1 Corintios 1:30, NVI).

Dios no simplemente remueve nuestros fracasos; ¡nos viste de la bondad de Cristo! "Porque todos los que han sido bautizados en Cristo se han revestido de Cristo" (Gálatas 3:27, NVI).

Ese sí es un guardarropa que vale la pena llevar.

La historia de Dios, tu historia

Una oración…
para ver la luz de Dios

*No se pondrá jamás tu sol, ni menguará tu luna; porque Jehová
te será por luz perpetua, y los días de tu luto serán acabados.*

Isaías 60:20

*Padre, tienes el poder para controlar el sol y la luna. Tú eres la luz
eterna.*

*Ayúdame a ver una luz al final de mi túnel. Algunas veces ape-
nas y puedo recordar a qué es semejante o cómo se siente tener gozo
simple. Ayúdame a enfocarme en ti incluso en la oscuridad.*

*Apoya a mis amigos a medida que batallan con pérdidas y ten-
taciones. Cuando estas pruebas aquejan a los que amo, me siento
indefenso. ¿Podrías mostrar tu luz en su vida?*

*Gracias, Dios, que eres nuestra roca y nuestro sanador y que tú le
pondrás fin a nuestro duelo. En el nombre de la Luz eterna, amén.*

40 oraciones simples que brindan paz y descanso

Mayo

Esta no es mi casa

En el hogar de mi Padre, hay lugar más que suficiente.
Si no fuera así, ¿acaso les habría dicho que voy a prepararles
un lugar? Cuando todo esté listo, volveré para llevarlos,
para que siempre estén conmigo donde yo estoy.

Juan 14:2–3, NTV

Usted nació equipado por el cielo con un hambre por su morada celestial. ¿Necesita una prueba?

Considere sus preguntas. Las preguntas acerca de la muerte y el tiempo, la trascendencia y la relevancia. Al parecer los animales no hacen las preguntas que nosotros hacemos. Los perros aúllan a la luna, pero nosotros la contemplamos. ¿Cómo llegamos aquí? ¿Para qué estamos aquí? ¿Somos la idea de alguien o el accidente de algo? ¿Por qué estamos en este planeta?

Hacemos preguntas acerca del dolor. Las palabras *leucemia* e *hijo* no deberían aparecer en el mismo enunciado. Y la guerra. ¿Por qué los conflictos no pueden resolverse mediante grabaciones y telegramas? Y el sepulcro. ¿Por qué el guion entre las fechas de una lápida es tan pequeño? Algo nos dice que esto no está bien, que no es bueno ni justo. Esta no es mi casa.

¿Desde cuándo tenemos estas interrogantes? ¿Quién puso estos pensamientos en nuestra cabeza? ¿Por qué nosotros, como los conejos, no podemos estar felices con zanahorias y reproduciéndonos? Porque, según Jesús, todavía no estamos en casa.

La historia de Dios, tu historia

Un objetivo inamovible

Toda la Escritura es inspirada por Dios,
y útil para enseñar, para redargüir, para corregir,
para instruir en justicia, a fin de que el hombre de Dios sea
perfecto, enteramente preparado para toda buena.
2 Timoteo 3:16–17

La clave para el crecimiento espiritual no es una asistencia mayor a la iglesia o participar en actividades espirituales. La gente no crece en Cristo porque esté ocupada en la iglesia. Crece en Cristo cuando lee y confía en su Biblia.

¿Desea crecimiento? Métase en la Biblia. Medite en ella de día y de noche. Piense y vuelva a pensar en la Palabra de Dios. Permita que sea su guía. Conviértala en la autoridad máxima de su vida.

No establezca su curso conforme a las opiniones de otras personas o las sugerencias de la cultura. Si usted lo hace así, cometerá el error que cometió el hijo del granjero. El padre envió al muchacho a preparar el campo, recordándole que arara líneas rectas. "Elige un objeto en el lado opuesto del campo, y ara directo hacia él".

Más tarde cuando el padre revisó el avance del muchacho, no podía encontrar un solo surco que estuviera derecho. Cada surco estaba disparejo y ondulante.

—Creo haberte pedido que eligieras un objeto y que araras hacia él —dijo el papá.

—Así lo hice —respondió el muchacho—, pero el conejo no dejaba de saltar.

Una línea recta, como una buena vida, requiere un objetivo que no se mueva. Ponga su mirada en los principios inamovibles de Dios. Que la Palabra de Dios sea la palabra de autoridad en su mundo.

Días de gloria

Majestad inesperada

El Rey les responderá:
"Les aseguro que todo lo que hicieron por uno de mis
hermanos, aun por el más pequeño, lo hicieron por mí".
Mateo 25:40, NVI

A las 7:51 a.m. del 12 de enero de 2007, un joven músico tomó su posición contra una pared en la estación de metro de Washington, D.C. Abrió un estuche de violín, sacó el instrumento, echó unos pocos dólares y moneda menuda en el estuche como dinero semilla y comenzó a tocar.

Tocó los siguientes cuarenta y tres minutos. Ejecutó seis piezas clásicas. Durante ese tiempo pasaron 1097 personas. Echaron dinero que sumó el total de $32.17 dólares. De las 1097 personas, siete—solamente siete—se quedaron a escuchar más de sesenta segundos. Y de los siete, uno—solo uno—reconoció al violinista Joshua Bell.

Tres días antes de su aparición en el metro, Bell llenó la Sala Sinfónica de Boston. Sus talentos pueden exigir $1,000 dólares el minuto. Ese día en la estación del metro, apenas ganó lo suficiente para comprar un par de zapatos barato.

Pero nadie esperaba majestad en un contexto semejante. Un bolero estaba a un costado, un quiosco en el otro. Este era un día de trabajo. ¿Quién tenía tiempo de notar la belleza en medio del ajetreo? La mayoría no.[10]

La mayoría de nosotros caeremos en cuenta un día que tampoco lo hicimos. Desde la perspectiva del cielo, miraremos en retrospectiva estos días—estos días ajetreados y llenos de actividades—y nos daremos cuenta: *Ese era Jesús tocando el violín. Ese era Jesús llevando ropa andrajosa. Ese era Jesús en el orfanato... en la cárcel... en la casucha de cartón. La persona que estaba necesitando mi ayuda era Jesús.*

¿Qué podemos hacer por Jesús?

Más allá de tu vida

Su sermón

De hecho, considero que en nada se comparan los sufrimientos
actuales con la gloria que habrá de revelarse en nosotros.
Romanos 8:18, NVI

Si Jesús lo sana instantáneamente, alábelo.

Si todavía está esperando que lo sane, confíe en Él. Su sufrimiento es su sermón.

Mi amigo Jim ha batallado con una condición muscular durante mucha de su vida adulta. La atrofia afecta su habla y deteriora su andar. Pero no disminuye su fe ni borra su sonrisa. Un domingo en particular les habíamos pedido a los miembros que se estacionaran en la parte trasera del estacionamiento para que le dejaran los lugares más cercanos a los invitados. Al llegar, vi a Jim. Se había estacionado en el rincón más distante e iba caminando hacia el santuario. *No habíamos pensado en que tú te estacionaras lejos*, quería decirle.

Su vida es un ejemplo. Le pido a Dios que sane el cuerpo de Jim. Pero hasta que lo haga, Dios lo está usando para inspirar a personas como yo. Dios hará lo mismo por usted. Él usará su lucha para cambiar a otros.

Dios puede usar su sufrimiento como su sermón.

Antes del amén

Las grandes noticias de la Biblia

Pues el ángel del Señor es un guardián; rodea
y defiende a todos los que le temen.

Salmo 34:7, NTV

¿Sabía que Dios está peleando por usted? ¿Que "con nosotros está Jehová nuestro Dios para ayudarnos y pelear nuestras batallas" (2 Crónicas 32:8)? ¿Que "nuestro Dios peleará por nosotros" (Nehemías 4:20)? ¿Que el Señor peleará en contra de los que combaten en su contra (Salmo 35:1)?

Dios pelea por usted. Permita que esas cuatro palabras penetren por un momento.

Dios. El Director General, Presidente, Rey, Gobernante Supremo, Monarca Absoluto, Zar, Emperador y Rajá de toda la historia. Tiene toda injerencia y brinda protección. Es impecablemente perfecto, incansablemente fuerte e incuestionablemente capaz. Es interminablemente gozoso, sabio y dispuesto. Y Él...

Pelea. Despliega ángeles y manda el clima. Enfrenta Goliats y deja cementerios vacantes. Pelea...

Por. Por su salud, su familia, su fe y su restauración. ¿Están las probabilidades en su contra? ¿Está el entrenador en su contra? ¿Está el gobierno en su contra? Por supuesto que es algo difícil. Pero Dios pelea por...

Usted. ¡Sí, usted! Usted del pasado sórdido. Usted el de la frente cada vez más amplia. Usted con el papá ausente. Usted con la espalda enferma, el que tiene problemas de crédito o un mal empleo. Él pelea no solo por los ricos, hermosos o religiosos. Él pelea por los usted del mundo. ¿Es usted un *usted*?

Las grandes noticias de la Biblia no son que usted pelee por Dios, sino que Dios pelea por usted. Y saber esto—saber que su Padre pelea por usted—es una fuente sin paralelo de empoderamiento.

Días de gloria

Arriésguese a ser sincero

Y cuando estéis orando, perdonad, si tenéis algo contra
alguno, para que también vuestro Padre que está en
los cielos os perdone a vosotros vuestras ofensas.
Marcos 11:25

Tarde en la noche. Hora de dormir. La almohada lo llama. Al igual que su conciencia culpable. Un encuentro con un compañero de trabajo se volvió algo desagradable más temprano en el día. Hubo un intercambio de palabras. Se hicieron acusaciones. Se establecieron posiciones. Se insultaron. Un comportamiento de pésimo gusto por triplicado. Usted lleva un poco, si no es que casi toda, la culpa.

La antigua versión de usted podría haber suprimido la discusión. La hubiera zambutido en un sótano ya repleto de conflictos sin resolver. La pelea podría haberse desarrollado en amargura y haber envenenado otra relación. Pero usted no es la antigua versión de usted. Usted sabe que tiene otras opciones. Ha sido comprado con la sangre, ha recibido gracia, sus pies han sido lavados y Cristo vive dentro suyo. Usted puede arriesgarse a ser sincero con Dios. Es tiempo de confesar delante de Aquel que murió para perdonarlo.

Usted le dice a la almohada que espere, y entra a la presencia de Jesús. "¿Podemos hablar acerca de la discusión de hoy? Siento haber reaccionado en la forma en la que lo hice. Fui cortante, criticón e impaciente. Tú me has dado tanta gracia. Yo di tan poca. Por favor, perdóname".

Listo, ¿no se siente eso mejor? No se requiere un lugar especial. No se requiere un canto o una veladora. Solo una oración. La oración con toda probabilidad lo instará a disculparse y la disculpa muy posiblemente preservará la amistad y protegerá un corazón. Incluso podría colgar un letrero en la pared de su oficina: "La gracia sucede aquí".

Gracia

Una oración...
porque el Señor lo ama

Aunque era Dios, no consideró que el ser igual a Dios fuera algo a lo cual aferrarse. En cambio, renunció a sus privilegios divinos; adoptó la humilde posición de un esclavo y nació como un ser humano. Cuando apareció en forma de hombre, se humilló a sí mismo en obediencia a Dios y murió en una cruz como morían los criminales.
Filipenses 2:6–8, NTV

Misericordioso Señor, que nada me puede separar de tu amor va más allá de mi comprensión...o que tú amas lo que ves cuando me ves. Que tú, mi Hacedor y Dios, murieras por mí es una maravilla. Gracias por abrir el camino de vuelta a ti, para siempre. En el nombre de Jesús, amén.

In the Manger [En el pesebre]

Los niños escogidos

Pero a todos los que creyeron en él y lo recibieron,
les dio el derecho de llegar a ser hijos de Dios.
Juan 1:12, NTV

Los niños adoptados son niños escogidos.

Ese no es el caso con los niños biológicos. Cuando el médico entregó a Max Lucado a Jack Lucado, mi papá no tenía opción de zafarse. No había resquicio legal. No había decisión que tomar. No podía devolverme al médico y pedir un hijo mejor parecido o más inteligente. El hospital lo obligó a llevarme a casa.

Pero si usted fuera adoptado, sus padres lo hubieran escogido. Los embarazos sorpresa suceden. ¿Pero las adopciones sorpresa? Nunca he escuchado de una. Sus padres podrían haber escogido un género, color o linaje diferente. Pero lo eligieron a usted. Ellos lo querían en su familia.

Usted objeta: "Sí, pero si hubieran podido ver el resto de mi vida, seguramente hubieran cambiado de opinión". Ese es mi punto exactamente.

Dios vio nuestra vida entera desde el principio hasta el fin, del nacimiento a la carroza, y a pesar de lo que vio, aun así, quedó convencido de "adoptarnos como miembros de su familia al acercarnos a sí mismo por medio de Jesucristo. Eso es precisamente lo que él quería hacer, y le dio gran gusto hacerlo" (Efesios 1:5, NTV).

Sino que ahora hemos "recibido el espíritu de adopción, por el cual clamamos: ¡Abba, Padre! […] Y si somos hijos, somos también herederos; herederos de Dios y coherederos con Cristo" (Romanos 8:15, 17, RVC).

Realmente es así de sencillo.

Gracia

¿Quién está afectando su *swing*?

De repente, se levantó en el lago una tormenta
tan fuerte que las olas inundaban la barca.
Pero Jesús estaba dormido.
Mateo 8:24, NVI

A los niños les encanta columpiarse. No hay nada igual. Echar los pies al cielo, inclinándose tanto hacia atrás que todo se ve de cabeza. Los árboles parecen girar, el estómago salta a su garganta. Ah, columpiarse...

De chico yo solo confiaba en ciertas personas para que empujaran mi columpio. Podían hacerme girar, voltearme, detenerme. ¡Me encantaba! Pero si un extraño empujaba mi columpio me resistía.

No es divertido cuando su columpio está en manos de un extraño.

¿Recuerda cuando Jesús paró la tormenta en Mateo 8? Esta tormenta no era una suave lluvia primaveral. Era lo suficientemente atemorizante como para asustar hasta las cachas (o las túnicas) a una docena de discípulos; incluso a pescadores veteranos como Pedro. Así que corrieron para despertar a Jesús.

¿Corrieron a hacer qué? ¿Jesús estaba dormido? ¿Cómo es que siquiera podía dormir durante una tormenta?

Sencillo. Sabía quién estaba empujando el columpio.

Vivimos en un mundo tormentoso. Adondequiera que veo, suceden tormentas privadas. Muertes en la familia, matrimonios tirantes, corazones quebrantados, noches solitarias. Debemos recordar quién está empujando el columpio. Debemos poner nuestra confianza en Él. No va a dejar que salgamos volando.

¿Quién empuja su columpio? En las manos correctas, usted puede encontrar paz... incluso en la tormenta.

En el yunque

Testigos improbables

*Los llevarán ante gobernadores y reyes para
dar testimonio a ellos y a los gentiles.*
Mateo 10:18, NVI

No parecen la gran cosa. El alto en el rincón; ese es Pedro. Galilea
engrosó su acento. Las redes de pescar engrosaron sus manos. La
necedad engrosó su cabeza.

Y sus compinches: Andrés, Jacobo y Natanael. Nunca había
viajado más lejos que una caminata de siete días lejos de casa. Sin
educación formal. De hecho, ¿qué es lo que tienen? ¿Humildad?
Competían por un puesto en el gabinete. ¿Teología sana? Pedro le
dijo a Jesús que se olvidara de la cruz. ¿Sensibilidad? Juan quería
chamuscar a los gentiles. ¿Lealtad? Cuando Jesús fue arrestado,
huyeron.

Sin embargo, véalos seis semanas después, apiñados en el segundo piso de una casa en Jerusalén, preguntándose qué tenía en mente
Jesús con su comisión final: "Me seréis testigos".

Ustedes personas sin educación y sencillas serán mis testigos.
Ustedes—quienes una vez clamaron a mí en la barca y dudaron de
mí en el Aposento Alto—serán mis testigos.

Ustedes irán a la cabeza de un movimiento que hará explosión
en Jerusalén y se derramará hasta los confines de la Tierra. Ustedes
serán parte de algo tan poderoso, controversial y alucinante que
en dos milenios a partir de hoy un autor pelirrojo en la mediana
edad escribirá esta pregunta en su portátil:

¿Jesús todavía lo hace? ¿Sigue usando personas ordinarias como
sus testigos?

¡Lo puede apostar! La única pregunta real es: ¿testificará?

Más allá de tu vida

Dios puede hacer maravillas

Al que puede hacer muchísimo más que todo lo que podamos imaginarnos o pedir, por el poder que obra eficazmente en nosotros, ¡a él sea la gloria en la iglesia y en Cristo Jesús por todas las generaciones, por los siglos de los siglos! Amén.

Efesios 3:20–21, NVI

La gracia es que Dios entre a su mundo con una chispa en su mirada y una oferta que es difícil de resistir. "Quédense quietos un rato. Puedo hacer maravillas con este desastre suyo".

Crea esta promesa. Confíe en ella. Aférrese como un percebe a cada esperanza y pacto. Imite a Rut y póngase a trabajar. Vaya a su versión del campo de trigo, y póngase a trabajar. No es momento de inactividad o desaliento. Quítese la ropa de luto. Tome algunos riesgos; tome la iniciativa. Usted nunca sabe lo que pueda suceder. Usted quizá participe en traer a Cristo al mundo.

Gracia

Vivir como un hijo de Dios

*Nosotros sabemos cuánto nos ama Dios y hemos
puesto nuestra confianza en su amor.*

1 Juan 4:16, NTV

Jamás alcanzamos suficiente edad como para no necesitar el amor de un padre. Fuimos diseñados para recibirlo. ¿Puedo hablarle un poco acerca de ese amor? Lea con atención. Las palabras que le doy son palabras de Dios. Recíbalas lentamente. No las filtre, resista, minimice o desvíe. Solamente recíbalas.

Hijo mío, te quiero en mi nuevo Reino. He dispersado tus ofensas como las nubes matutinas, tus pecados como la bruma de la mañana. Te he redimido. La transacción está sellada; el asunto quedó arreglado. Yo, Dios, he tomado mi decisión. Escojo que seas parte de mi familia para siempre.

Que estas palabras establezcan en su corazón una confianza profunda, satisfactoria, que apague todo temor de que Dios nunca lo va a dejar ir. Usted le pertenece.

Vivir como hijo de Dios es saber, en este mismo instante, que usted es amado por su Hacedor no porque usted trata de agradarlo y haya tenido éxito, ni en que haya fracasado en agradarlo y se haya disculpado, sino porque Él quiere ser su padre. Nada más. Todos sus esfuerzos por ganar su afecto no son necesarios. Todos sus temores de perder su afecto son innecesarios. Usted no puede hacer que lo quiera más de lo que pueda convencerlo de abandonarlo. La adopción es irreversible. Acepte su lugar como hijo adoptivo de Dios.

Gracia

Una genialidad

Ya no hay judío ni griego;
no hay esclavo ni libre; no hay varón ni mujer,
sino que todos ustedes son uno en Cristo Jesús.
Gálatas 3:28, RVC

Considere la genialidad del plan de Dios. La primera generación de cristianos era un polvorín de culturas y trasfondos contrastantes. Por lo menos quince nacionalidades habían escuchado el sermón de Pedro el Día de Pentecostés. Los judíos estaban en el mismo sitio con los gentiles. Los hombres estaban adorando con las mujeres. Esclavos y amos por igual iban en pos de Cristo. ¿Puede la gente de tan variados trasfondos y culturas llevarse bien entre sí?

Hoy nos preguntamos lo mismo. ¿Pueden los hispanos vivir en paz con los anglos? ¿Pueden los demócratas encontrar terreno en común con los republicanos? ¿Puede una familia cristiana llevar una amistad civil con la pareja musulmana calle abajo? ¿Pueden las personas que difieren llevarse bien?

La iglesia primitiva sí lo logró y sin la ayuda de templos, edificios eclesiásticos, clero o seminarios. Lo hicieron a través del mensaje más claro de todos (la cruz) y la herramienta más sencilla de todas (el hogar).

El plan de paz de Dios = una genialidad.

Más allá de tu vida

Una oración...
por ser rescatado

Pero te confesé mi pecado, y no te oculté mi maldad.
Me dije: "Voy a confesar mis transgresiones al Señor",
y tú perdonaste mi maldad y mi pecado.

Salmo 32:5, NVI

Padre, Dios, tú me redimes de mi pecado. Te lo has llevado lejos de mí. Tú eres perfecto amor.

Ayúdame a medida que busco encontrar dignidad. Me siento tan indigno de ser amado en ocasiones, necesito tu ayuda para descubrir donde se encuentra mi verdadera dignidad.

Sé la fuerza de aquellos de tus hijos que no creen que su pecado ha sido resuelto y que están caminando con un peso innecesario sobre sus hombros.

¿Cómo puedo agradecerte por tu sacrificio? ¿Cómo puedo expresar mi gratitud por mi libertad? Mis palabras no parecen ser suficiente, pero te agradezco que me hayas sanado y rescatado. Te lo pido en el nombre de Jesús, amén.

40 oraciones simples que brindan paz y descanso

Desempaque

Sin embargo, cuando se cumplió el tiempo establecido,
Dios envió a su Hijo, nacido de una mujer y sujeto a la ley.
Dios lo envió para que comprara la libertad
de los que éramos esclavos de la ley,
a fin de poder adoptarnos como sus propios hijos.

Gálatas 4:4–5, NTV

¿Cuestiona usted su lugar en la familia de Dios? ¿Teme su rechazo inminente? Qué me dice de luchar con preguntas cargadas de duda: *¿Realmente estoy en la familia de Dios? ¿Y si Dios cambia de opinión? ¿Y si revierte su aceptación?* El Señor sabe que tiene razones para hacerlo. Proseguimos solamente para retroceder. Renovamos nuestra determinación solamente para tropezar de nuevo. Nos preguntamos: *¿Me echará Dios?*

Los novios lo hacen. Los empleadores lo hacen. Los entrenadores corren jugadores del equipo. Los maestros expulsan estudiantes de la escuela. Los padres dan a luz niños que abandonan en la estación de autobuses. ¿Cómo sabemos que Dios no va a hacer lo mismo? ¿Y si Dios cambia de opinión acerca de nosotros? Después de todo, Él es santo y puro, y nosotros somos cualquier cosa excepto eso. ¿Será seguro desempacar?

Dios respondió esta pregunta en la cruz. Cuando Jesús murió, la suerte celestial fue echada para siempre a su favor y el mío. Él declaró para que todos escucharan: "Este hijo es mi hijo. Mi pacto nunca cambiará".

Desempaque.

Días de gloria

¿Qué te parece, Dios?

Oren por todo. Díganle a Dios lo que necesitan y
denle gracias por todo lo que él ha hecho.
Filipenses 4:6, NTV

Consulte a Dios en todo. Siempre. De inmediato. Rápidamente. Viva con un oído hacia el cielo. Mantenga la línea abierta hacia Dios.

"¿Viene esta oportunidad de ti, Dios?".

"Dios, ¿estás tú en esta aventura?".

"¿Debería tomar este camino, Dios?".

En cada decisión. En cada encrucijada. Reconózcalo, escúchelo, pregúntele: "¿Viro a la derecha o a la izquierda?". "Fíate de Jehová de todo tu corazón, y no te apoyes en tu propia prudencia. Reconócelo en todos tus caminos, y él enderezará tus veredas" (Proverbios 3:5-6).

Nuestra relación con Dios es exactamente eso, una relación. Su invitación es clara y simple: "Busquen Mi rostro" (Salmo 27:8, NBLH). ¿Y nuestra respuesta? "Tu rostro, Señor, buscaré" (v. 8, NBLH). Permanecemos en Él y Él permanece con nosotros. Él concede sabiduría conforme la necesitamos.

Así que no tenga temor de decir: *¿Qué te parece, Dios?*

Días de Gloria

Un oasis de gracia

Acéptense mutuamente, así como Cristo los
aceptó a ustedes para gloria de Dios.
Romanos 15:7, NVI

La cruz de Cristo crea un pueblo nuevo, un pueblo que no está obstaculizado por el color de la piel o los conflictos familiares. Una nueva ciudadanía, que no está basada en ancestros comunes o geografía, sino en un Salvador en común.

Mi amigo Buckner Fanning experimentó esto de primera mano. Él era un marine durante la Segunda Guerra Mundial, apostado en Nagasaki tres semanas después de haber tirado la bomba atómica. ¿Se puede imaginar a un joven soldado estadounidense entre el escombro y los restos de la ciudad demolida? El soldado conquistador no sentía victoria, sino pena por los que estaban sufriendo a su alrededor.

En lugar de enojo y venganza, Buckner encontró un oasis de gracia. Al estar patrullando las angostas calles, se topó con una iglesia metodista. El joven marine se abrió paso entre el escombro, inseguro de cómo sería recibido. Más o menos quince japoneses estaban colocando sillas y removiendo escombro. Cuando el estadounidense uniformado entró, se detuvieron y lo voltearon a ver.

Él solo conocía una palabra en japonés. Y la escuchó. *Hermano.* "Me dieron la bienvenida como a un amigo", relata Buckner. Le ofrecieron un asiento. En ese momento en silencio, la enemistad de sus naciones y el sufrimiento por la guerra fue hecho a un lado mientras un cristiano servía a otro el cuerpo y la sangre de Cristo.

Un hermano le dio la bienvenida al otro. Aceptado. Abrazado. Somos un nuevo pueblo, una nueva familia creada en Cristo.

Más allá de tu vida

Apile algunas piedras

Cuando mañana preguntaren vuestros hijos a sus padres,
y dijeren: ¿Qué significan estas piedras?
declararéis a vuestros hijos, diciendo:
Israel pasó en seco por este Jordán.
Porque Jehová vuestro Dios secó las aguas del Jordán
delante de vosotros, hasta que habíais pasado.
Josué 4:21–23

¿El secreto para sobrevivir en territorio enemigo? *Recordar…*

Recordar lo que Dios ha hecho. Registre sus proezas en sus memorias. Dios sabe que necesitamos recordar. Por eso es que les pidió a los israelitas que apilaran algunas piedras. Para que pudieran rememorar y ver y recordar.

Algunos años atrás mi hija Andrea me recordó esta verdad. Yo la estaba llevando en el coche a la escuela media una mañana y notó que yo estaba ansioso.

—¿Por qué estás tan callado, Papá?

Le dije que estaba preocupado por cumplir con la fecha de entrega de un libro.

—¿Qué no has escrito otros libros?

—Sí.

—¿Cuántos?

En ese punto la respuesta era quince.

—¿Alguna vez has fallado una fecha de entrega?

—No.

—Entonces, ¿Dios ya te ha ayudado quince veces?

—Sí.

—Si te ha ayudado quince veces distintas, ¿no crees que te va a ayudar esta vez?

Traducción: Recuerda lo que Dios ha hecho, Papá.

Días de gloria

Salvación no ganada

*Si hubieran sido elegidos por sus buenas acciones,
entonces el regalo del generoso amor de Dios
no sería de verdad un regalo.*
Romanos 11:6, PDT

La mayoría de la gente abraza la suposición de que Dios salva a las personas buenas. Así que, ¡sea bueno! Sea moral. Sea honesto. Sea decente. Rece el rosario. Guarde el sábado. Cumpla sus promesas. Ore cinco veces al día en dirección al oriente. Manténgase sobrio. Pague impuestos. Obtenga insignias de mérito.

Sin embargo, a pesar de todo lo que se dice acerca de ser bueno, todavía nadie puede responder la pregunta fundamental: ¿qué nivel de bueno es lo suficientemente bueno? Extraño. Nuestro destino eterno se encuentra en riesgo, sin embargo, nos sentimos más confiados con las recetas para hacer lasaña que con los requisitos de entrada al cielo.

Dios tiene una mejor idea: "Ustedes fueron salvos gracias a la generosidad de Dios porque tuvieron fe. No se salvaron a sí mismos, su salvación fue un regalo de Dios" (Efesios 2:8, PDT). No aportamos nada. Cero. Al contrario de la insignia al mérito del scout, la salvación del alma no se gana. Es un obsequio. Nuestros méritos no merecen nada. La obra de Dios se merece todo.

Gracia

La historia interminable de Dios

Oí una potente voz que provenía del trono y decía:
"¡Aquí, entre los seres humanos, está la morada de Dios!
Él acampará en medio de ellos, y ellos serán su pueblo;
Dios mismo estará con ellos y será su Dios…".
Apocalipsis 21:3, NVI

¿Quién puede entender lo que Dios está haciendo? Estos días sobre la Tierra pueden parecer muy difíciles: estropeados por el conflicto, entristecidos por la separación. Peleamos, contaminamos, discriminamos y matamos. Las sociedades sufren de innumerables feudos, pequeñas posibles dinastías. *¿A qué va a llegar este mundo?*, nos preguntamos.

La respuesta de Dios: a un gran Día.

En ese gran Día toda la historia será consumada en Cristo. Él asumirá su posición "sobre todo principado y autoridad y poder y señorío, y sobre todo nombre que se nombra, no sólo en este siglo, sino también en el venidero" (Efesios 1:21). Y Él, el Autor de todo, cerrará el libro sobre esta vida y abrirá el libro para la siguiente y comenzará a leernos su historia interminable.

La historia de Dios, tu historia

Una oración... para
mantenerse en el camino de Dios

Y por cuanto sois hijos, Dios envió a vuestros corazones
el Espíritu de su Hijo, el cual clama: ¡Abba, Padre!

Gálatas 4:6

Abba, gracias por enviar un ayudador para dirigir mis pasos. Tú sabes todo y me guiarás en tu voluntad.

Ayúdame a conocer tu voluntad. Ayúdame en el camino que has establecido para mí. Dame el deseo de mantenerme fiel a ese camino, y perdóname por las veces que ya me he alejado de ti.

Te pido que estés con mis amigos y familiares que están en alguna encrucijada y que no saben qué hacer. Que tu Espíritu los guíe y que haga que la mejor decisión sea clara.

Gracias por preocuparte por los detalles de mi vida, por no creer que cualquier petición es demasiado pequeña. Te pido esto en el nombre de Jesús, amén.

40 oraciones simples que brindan paz y descanso

Sus mejores días

Ustedes bien saben que ninguna de las buenas
promesas del Señor su Dios ha dejado
de cumplirse al pie de la letra.
Todas se han hecho realidad,
pues él no ha faltado a ninguna de ellas.

Josué 23:14, NVI

No necesita cruzar el Jordán o el mar Rojo; usted necesita lograr terminar la semana. Usted no está enfrentando Jericó o un gigante, sino está enfrentando rechazo o una pena. Los enemigos no lo acosan, pero ¿la enfermedad, el desánimo y el peligro? Sin control. Se pregunta si tiene lo que se necesita para enfrentar el día de mañana.

Usted se puede identificar con el pequeño amigo desinflado que vi en la terminal del aeropuerto. Él y su familia iban camino a la playa para una semana de arena y sol. Todo en la expresión del papá decía: "¡Apresúrense!". La sala de abordar era su campo de fútbol americano y él estaba determinado a anotar un *touchdown*.

¿Podrá el pequeño mantener el ritmo?, me pregunté. Mamá podría. Los hermanos mayores podrían. ¿Pero el chiquito? Tenía cinco años, seis máximo. Trataba de mantener el paso de sus padres, pero no podía.

Justo en medio de la trifulca, se rindió. Dejó caer su maleta al piso, se sentó sobre ella y gritó: "¡No los puedo alcanzar!".

¿Se identifica?

Algunas veces el desafío simplemente es demasiado. Usted quiere mantener el paso. Lo intenta. No es que no lo intente. La vida tiene una manera de sacarnos la vida.

Cuando se quede sin ganas de pelear, recuerde que las promesas de Dios son suyas para que las reclame. La Palabra de Dios lo desafía a creer que sus mejores días quedan delante de usted. Dios le promete una Tierra Prometida.

Días de gloria

Neutralice a Satanás

Acérquense a Dios, y él se acercará a ustedes.
Santiago 4:8, RVC

No enfrente a Satanás por medio de enfrentar a Satanás. Enfrente a Satanás mediante enfrentar a Dios.

No se obsesione con el diablo. No necesita dominar la jerarquía del infierno. No necesita desenredar el rompecabezas de los principados. No le preste atención a ese bueno para nada. Dele una mirada al diablo y mantenga la vista en Cristo.

Es verdad, hay una guerra allá afuera. Pero la guerra ya fue ganada. "De esa manera, desarmó a los gobernantes y a las autoridades espirituales. Los avergonzó públicamente con su victoria sobre ellos en la cruz" (Colosenses 2:15, NTV).

Satanás es un ángel caído al que le queda poco tiempo.

No le permita meterse con sus Días de Gloria. Neutralícelo.

Recuerde lo que Dios ha hecho. Enfrente el futuro por medio de recordar el pasado.

Recuerde a quién le pertenece usted. Usted no es quien solía ser. Usted es hijo de Dios.

Días de gloria

La definición del pecado

No queremos que él sea nuestro rey.

Lucas 19:14, NTV

Jesús nos dio la definición de pecado en un párrafo:

"Un hombre de la nobleza fue llamado a un país lejano para ser coronado rey y luego regresar. Antes de partir, reunió a diez de sus siervos y dividió entre ellos cinco kilos de plata, diciéndoles: "Inviertan esto por mí mientras estoy de viaje"; pero sus súbditos lo odiaban y enviaron una delegación tras él a decir: "No queremos que él sea nuestro rey"…" (Lucas 19:12–14, NTV)

Pecar es declarar: "Dios, no quiero que seas mi Rey. Prefiero un reino sin rey. O, mejor aún, un reino en el que yo sea el rey.

La palabra que usa la Biblia para esto es *pecado*. El pecado no es un lapsus del que nos arrepentimos o un tropiezo ocasional. El pecado ataca el castillo, reclama el trono de Dios y desafía su autoridad. El pecado grita: "¡Quiero dirigir mi propia vida, gracias!". El pecado le dice a Dios que se vaya, que se pierda y que no vuelva. El pecado es insurrección del más alto orden, y usted es un insurgente. Al igual que yo.

Mas. Esa maravillosa palabra… "*mas*, Dios muestra su amor para con nosotros, en que siendo aún pecadores, Cristo murió por nosotros" (Romanos 5:8).

Cristo murió para liberar al insurgente, a usted y a mí.

Gracia

Lo que el diablo teme

Oren en el Espíritu en todo momento,
con peticiones y ruegos. Manténganse alerta y
perseveren en oración por todos los santos.

Efesios 6:18, NVI

El diablo teme la oración. Imagine esta escena. Se sentó en la parte trasera de la sala durante una sesión de estrategia. Una docena de demonios se reunieron para escuchar el informe sobre la vida de un santo particularmente firme.

"No va a tropezar—se quejó el diablillo responsable de su destrucción—. No importa lo que haga, no le da la espalda a Dios".

El consejo comenzó a ofrecer sugerencias.

—Quítale la pureza —dijo uno.

—Ya lo intenté —respondió el demonio—, pero es demasiado moral.

—Quítale la salud —instó otro.

—Lo hice, pero se rehusó a quejarse o murmurar.

—Quítale sus pertenencias.

—¿Están bromeando? Le he arrancado al hombre cada centavo en su posesión. Y aun así todavía se regocija.

Durante unos momentos nadie habló. Finalmente, desde la parte trasera de la habitación, vino la grave y mesurada voz de Satanás mismo. Todo el consejo volteó mientras el ángel caído se levantaba sobre sus pies. Su rostro pálido se encontraba escondido por la capucha. Una larga capa cubría su cuerpo. Levantó su mano huesuda e hizo esta sugerencia.

—Debes quitarle lo más importante.

—¿Qué es eso? —preguntó el subordinado.

—Debes quitarle su oración.

Antes del amén

¡Fuera manos!

*Dios es el que nos mantiene firmes en Cristo,
tanto a nosotros como a ustedes.
Él nos ungió, nos selló como propiedad suya
y puso su Espíritu en nuestro corazón,
como garantía de sus promesas.*

2 Corintios 1:21–23, NVI

Jesús prometió una nueva vida a la que no se pudiera renunciar ni fuera apagada. "El que oye mi palabra, y cree al que me envió, tiene vida eterna; y no vendrá a condenación, mas ha pasado de muerte a vida" (Juan 5:24). Los puentes son quemados y la transferencia es completada. Las crestas y los valles continúan, pero nunca nos descalifican. Las subidas y bajadas pueden marcar nuestros días, pero nunca nos proscribirán de su Reino. Jesús remata nuestras vidas con gracia.

Todavía más, Dios reclama el derecho sobre nosotros. "Y nos identificó como suyos al poner al Espíritu Santo en nuestro corazón como un anticipo que garantiza todo lo que él nos prometió" (2 Corintios 1:22, NTV). Usted ha hecho algo similar: grabó su nombre en un anillo valioso, grabó su identidad en una herramienta o iPad. Los vaqueros hierran al ganado con el fierro del rancho. Marcar declara propiedad. Por medio de su Espíritu, Dios nos marca. Los que podrían querer arrebatarnos son repelidos por la presencia de su nombre. Satanás es ahuyentado con la declaración: *Quita tus manos de encima. ¡Este hijo es mío! Eternamente, Dios.*

Gracia

Cuando oramos

El Señor está cerca de todos los que le invocan,
de todos los que le invocan en verdad.
Salmo 145:18, LBLA

Cuando los hijos de Israel fueron a la batalla en contra de los amalecitas, Moisés prefirió la montaña de oración por encima del valle de la batalla (Éxodo 17:8–13). Los israelitas ganaron.

Cuando Abraham se enteró de la destrucción inminente de Sodoma y Gomorra "se quedó de pie frente al Señor" en lugar de correr a las ciudades a advertirles (Génesis 18:22, NVI)

Los consejeros le informaron a Nehemías que Jerusalén estaba en ruinas. Él estableció un fundamento de oración antes de establecer un fundamento de piedra (Nehemías 1:4).

Las cartas de Pablo contienen más solicitudes de oración que peticiones de dinero, posesiones o consuelo.

Y Jesús. Nuestro Jesús que oraba.

Se despertaba temprano para orar (Marcos 1:35).

Despedía a la gente para orar (Mateo 14:23).

Ascendía a la montaña para orar (Lucas 9:28).

Elaboró un modelo de oración para enseñarnos a orar (Mateo 6:9–13).

Limpió el templo para que otros pudieran orar (Mateo 21:12–13).

Entró a un huerto para orar (Lucas 22:39–46).

Jesús sumergió sus palabras y su obra en oración. Suceden cosas poderosas cuando hacemos lo mismo.

Más allá de tu vida

Una oración... para escuchar la voz de Dios

Un grande y poderoso viento que rompía los montes,
y quebraba las peñas delante de Jehová;
pero Jehová no estaba en el viento.
Y tras el viento un terremoto;
pero Jehová no estaba en el terremoto.
Y tras el terremoto un fuego;
pero Jehová no estaba en el fuego.
Y tras el fuego un silbo apacible y delicado.
1 Reyes 19:11–12

Gran Dios del universo, Rey de los judíos, gracias porque me estás hablando en maneras que solo yo puedo entender. Ayúdame a aprender a escuchar tu voz en tu Palabra y en todas las demás maneras en las que hablas. En el nombre de Jesús, amén.

On Calvary's Hill [En el Calvario]

Enfrente las
murallas de Jericó

Mira que te mando que te esfuerces y seas valiente;
no temas ni desmayes, porque Jehová tu Dios
estará contigo en dondequiera que vayas.

Josué 1:9

Murallas altas. Costados protegidos. Josué y sus soldados nunca habían enfrentado un desafío como ese. Habían peleado batallas en el desierto, pero nunca habían combatido una ciudad fortificada. Nunca habían avanzado en esta manera antes.

Probablemente usted esté enfrentando un desafío diferente a cualquiera que haya enfrentado antes. Se cierne en el horizonte como un furioso Jericó. Imponente. Fuerte. Es ancestral, con murallas anchas e impenetrables. Es el mayor desafío de su vida.

Al igual que Josué, usted lo puede ver.

Como Josué, debe enfrentarlo.

Y, como Josué, no tiene que enfrentar Jericó solo.

Cierto día Josué, que acampaba cerca de Jericó, levantó la vista y vio a un hombre de pie frente a él, espada en mano. Josué se le acercó y le preguntó:

—¿Es usted de los nuestros, o del enemigo?

—¡De ninguno! —respondió—. Me presento ante ti como comandante del ejército del Señor (Josué 5:13–14, NVI).

El mensaje para Josué es inconfundible. *Jericó podrá tener sus murallas, pero, Josué, tú tienes más. Tienes a Dios. Él está contigo.*

¿No es eso lo que todos necesitamos? ¡Necesitamos saber que Dios está cerca! Nunca estamos solos. En nuestra hora más oscura, en nuestras preguntas más profundas, el Señor de los ejércitos nunca nos deja.

Días de gloria

Los planes de Dios son mejores

Porque mis pensamientos no son vuestros pensamientos,
ni vuestros caminos mis caminos, dijo Jehová.
Como son más altos los cielos que la tierra,
así son mis caminos más altos que vuestros caminos,
y mis pensamientos más que vuestros pensamientos.
Isaías 55:8–9

Dios usa las puertas cerradas para hacer avanzar su causa.

Cerró el vientre de la joven Saraí para que pudiera mostrar su poder a la anciana Sara.

Cerró la puerta del palacio para Moisés el príncipe para que pudiera abrir los grilletes a través de Moisés el libertador.

Exilió a Daniel de Jerusalén para poder usar a Daniel en Babilonia.

Y Jesús. Sí, incluso Jesús conoció el desafío de una puerta bloqueada. Cuando solicitó un libramiento para la cruz, Dios dijo que no. Le dijo que no a Jesús en el huerto de Getsemaní para que pudiera decirnos que sí en las puertas del cielo.

La meta de Dios es la gente. Va a levantar una tormenta para mostrar su poder. Lo va a mantener fuera de Asia para que pueda hablar en Lidia. Lo va a poner en prisión para que le pueda hablar al carcelero. *No es que sus planes sean malos, sino que los planes de Dios son mejores.*

Su puerta atrancada no significa que Dios no lo ame. Sino justo lo opuesto. Es prueba de que lo ama.

La historia de Dios, tu historia

Su piloto ha hablado

Confíen en el Señor para siempre,
porque el Señor es una Roca eterna.
Isaías 26:4, NVI

Mi vuelo a Houston fue demorado debido a las tormentas. Aterrizamos en el momento justo en el que el último vuelo a San Antonio estaba programado para salir. Mientras nos dirigíamos a la puerta, estaba revisando mi reloj, pensando en hoteles, preparándome para llamar y contarle a Denalyn acerca de mi demora, quejándome por mi mala suerte.

Entonces en los altavoces se escuchó una promesa. "Este es el piloto. Sé que muchos de ustedes tienen conexiones. Relájense. Van a llegar a tiempo a ellas. Estamos deteniendo sus aviones. Tenemos un lugar para ustedes".

Bueno, pensé, *no lo habría dicho si no fuera real.* Así que decidí confiar en su promesa.

Me relajé. Esperé mi turno para bajar del avión y puse mi mirada en la sala de abordar. Marché por los pasillos con confianza. ¿No me había dado el piloto una promesa?

Otras personas en el aeropuerto no fueron tan afortunadas. Estaban en pánico. Los viajeros estaban agitados, pálidos y preocupados.

Qué mal que su piloto no les había hablado. O posiblemente lo hizo y ellos no lo escucharon.

Su piloto le ha hablado. ¿Lo va a oír? No, o sea, ¿lo va a escuchar *en serio*? Permita que sus promesas se establezcan sobre usted como la calidez de un día de verano. Cuando todos y todo a su alrededor le dice que entre en pánico, escoja el camino de la paz. En este mundo de promesas rotas, hágase un favor: tómese de las promesas de Dios.

Días de gloria

Junio

La tragedia de los odres viejos

Y nadie echa vino nuevo en odres viejos;
de otra manera, el vino nuevo rompe los odres,
y el vino se derrama, y los odres se pierden;
pero el vino nuevo en odres nuevos se ha de echar.

Marcos 2:22

Nunca olvidaré a Steven. Sus veintitrés años habían sido difíciles para él, su brazo estaba marcado con cicatrices de la aguja y su muñeca marcada con cicatrices de la navaja. Su orgullo era su puño, y su debilidad era su chica.

La respuesta inicial de Steve al amor fue hermosa. Conforme íbamos revelando la historia de Jesús ante él, su cara endurecida se iba ablandando y sus ojos oscuros chispeaban.

Pero su novia no quería recibir nada de eso. Cualquier cambio que Steve hacía era rápidamente suprimido, pues ella maniobraba astutamente para hacerlo regresar a sus viejos hábitos. Le pedimos que la dejara. Él estaba intentando poner vino nuevo en un odre viejo.

Luchó varios días intentando decidir qué hacer. Finalmente, llegó a una conclusión. No podía dejarla.

La vez última que vi a Steve, lloró...incontrolablemente. La profecía de Jesús era verdad. Al poner su vino nuevo en un odre viejo, el vino nuevo se perdió.

Piense por un minuto. ¿Tiene algún odre que necesite ser desechado? Quizá el suyo sea un viejo placer: comida, ropa, sexo. O un viejo hábito, como el chisme o decir malas palabras. O posiblemente, como Steve, una antigua relación. El arrepentimiento significa cambio. Y los cambios significan purificar el corazón de cualquier cosa que no pueda coexistir con Cristo.

Usted no puede poner nueva vida en una vieja forma de vivir. Porque así ocurre la tragedia inevitable. La vida nueva se pierde.

Sobre el yunque

Sanidad gloriosa

Alabado sea el Dios y Padre de nuestro Señor Jesucristo,
Padre misericordioso y Dios de toda consolación.
2 Corintios 1:3, NVI

¡Si usted está enfermo, clame a Jesús!

Él lo sanará: al instante, gradualmente o en la gloria.

Él puede sanarlo *instantáneamente*. Una palabra suya era suficiente para expulsar a los demonios, sanar la epilepsia y resucitar a los muertos. Él podría hacer esto por usted.

O Él puede sanarlo *gradualmente*. Este es el caso del hombre ciego de Betsaida, a quien Jesús sanó en etapas (Marcos 8:22–26).

Y no se olvide de la historia de Lázaro. Para el momento en que Jesús llegó al cementerio, Lázaro había estado en la tumba cuatro días. Pero Jesús lo llamó a que saliera. ¿Jesús sanó a Lázaro? Sí, dramáticamente, pero no inmediatamente (Juan 11:1–44).

Sin embargo, nuestra mayor esperanza es nuestra sanidad *gloriosa*. En el cielo Dios restaurará nuestros cuerpos a su esplendor original. "Pero sabemos que cuando él se manifieste, seremos semejantes a él" (1 Juan 3:2). Dios cambiará su sepulcro en un útero del cual usted nacerá con un cuerpo perfecto en un mundo perfecto. Mientras tanto manténgase orando. *Padre, tú eres bueno. Necesito ayuda. Sáname.*

Antes del amén

Él tiene cuidado de usted

Le despertaron, y le dijeron:
Maestro ¿no tienes cuidado que perecemos?
Marcos 4:38

Que grito tan honesto, un grito obstinadamente doloroso. Yo he hecho esa misma pregunta, ¿usted no? Se ha gritado incontables veces...

Una madre que llora sobre un niño que nació muerto. Un esposo a quien le es arrancada su esposa en un trágico accidente. Las lágrimas de un niño de ocho años que caen sobre el ataúd de su papá. Y el lamento pregunta:

"¿Dios, no tienes cuidado de mí?", "¿por qué *yo?*", "¿por qué *mi amigo?*", "¿por qué *mi negocio?*".

Esta es la pregunta de todos los tiempos. Una pregunta que ha hecho literalmente toda persona que ha caminado en este planeta.

Mientras los vientos soplaban y el mar rugía, los discípulos impacientes y asustados le gritaron su miedo a Jesús mientras Él dormía: "Maestro, ¿no tienes cuidado que perecemos?".

Él podría haber continuado dormido. Podría haberles dicho que se callaran. Podría haber mencionado su inmadurez... Pero no lo hizo.

Con toda la paciencia que solamente alguien que cuida de otros tiene, contestó la pregunta. Calló la tormenta para que así los discípulos estremecidos no pudieran perderse la respuesta. Jesús contestó de una vez por todas al dilema de dolor del hombre: ¿Dónde está Dios cuando sufro?

Escuchando y sanando. Ahí es donde él está. Él tiene cuidado de usted.

Sobre el yunque

Una oración... porque Jesús cruzó el abismo

Una gran sima está puesta entre nosotros y vosotros, de manera que los que quisieren pasar de aquí a vosotros, no pueden, ni de allá pasar acá.

Lucas 16:26

Gran Dios del cielo, gracias por encontrar una manera a través de Jesús para cruzar el abismo que me separaba de ti... para siempre. Yo estaba muerto en mis pecados y errores. Permaneceré bajo la sombra de la cruz donde he encontrado seguridad. En el nombre de Jesús, amén.

On Calvary's Hill [En el Calvario]

Del oriente al occidente, Dios lo quiere a usted

*Tan lejos de nosotros echó nuestras transgresiones
como lejos del oriente está el occidente.*
Salmo 103:12, NVI

¿Qué tan lejano está el oriente del occidente? Más y más lejos a cada momento. Si viaja hacia el oriente usted puede dar varias vueltas alrededor del mundo y nunca llegar al occidente. Si viaja al occidente podría, si lo desea, mantener indefinidamente un curso occidental. No sucede así con las otras dos direcciones. Si va al norte o al sur, usted eventualmente llegará al Polo Norte o al Sur y cambiará de dirección. Pero el oriente y el occidente no tienen puntos de inflexión.

Tampoco Dios. Cuando él envía sus pecados al oriente y a usted al occidente, puede estar seguro de algo: él no lo ve a usted en sus pecados. Su perdón es irreversible. "No nos trata conforme a nuestros pecados ni nos paga según nuestras maldades" (Salmo 103:10, NVI).

Destaque esta verdad: cuando Dios lo ve, Él ve a su Hijo, no su pecado. Dios "borra tus transgresiones y no se acuerda más de tus pecados" (Isaías 43:25, NVI). Sin periodo de prueba. Sin excepción. Sin retroceso.

Él hizo su diligencia debida. Vio sus acciones secretas y escuchó sus pensamientos no hablados. Las mentiras, los deseos, los anhelos; Él los conoce todos. Dios evaluó su vida desde el primer día hasta el último, desde el peor momento hasta el mejor y tomó su decisión.

"Quiero a ese hijo en mi Reino".

Usted no puede convencerlo de lo contrario.

La historia de Dios, tu historia

Marine su mente

*Tal vez el Señor esté conmigo y
los expulsaré como el Señor ha dicho.*
Josué 14:12, LBLA

Cuando Caleb recibió su porción de la tierra prometida, todavía
había trabajo por hacer y enemigos por expulsar. En Josué 14:6–12,
Caleb habló con Josué sobre las luchas que vendrían. Tome un
momento para leer sus palabras. ¿Qué nombre aparece y reaparece
en las palabras de Caleb? El Señor. ¡Hay nueve referencias al Señor!
¿Quién estaba en la mente de Caleb? ¿Quién estaba en el corazón
de Caleb? Había centrado su mente en el Señor.

¿Y usted? ¿Qué énfasis revelaría la transcripción de sus pensamientos? ¿El Señor? O: ¿el problema, el problema, el problema, el
problema? ¿La economía, la economía? ¿El que me hirió, el que
me hirió?

El pueblo de Dios no niega la presencia de los problemas. Los
siervos como Caleb no son ingenuos, sino que sumergen su mente
en pensamientos de Dios.

Imagine dos tazones de cocina. Uno contiene agua limpia y
fresca. El segundo contiene ácido de batería. Tome una manzana
y córtela por la mitad. Coloque una mitad de la manzana en el recipiente de agua limpia. Coloque la otra mitad en el recipiente con
ácido de batería. Deje cada una en su tazón respectivo unos cinco
minutos y retire las dos mitades. ¿Cuál de las dos desea comerse?
Su mente es la manzana. Dios es el agua clara. Los problemas son
el ácido de batería. Si marina su mente en sus problemas, ellos
eventualmente corroerán y corromperán sus pensamientos. Pero
los pensamientos de Dios preservarán y renovarán sus actitudes.
Caleb fue diferente porque él había empapado su mente en Dios.

Días de gloria

El que gobierna
las olas y los corazones

Y levantándose, reprendió al viento, y dijo al mar:
Calla, enmudece.
Y cesó el viento, y se hizo grande bonanza.

Marcos 4:39

Increíble. Jesús no canta un mantra o mueve una varita mágica. Ningún ángel es llamado; no se necesita ayuda. Las rugientes aguas se convierten en un calmado mar, al instante. Calma inmediata. Ni siquiera una onda. Ni una gota de agua. Sin una ráfaga. ¿La reacción de los discípulos? "Entonces temieron con gran temor, y se decían el uno al otro: ¿Quién es éste, que aun el viento y el mar le obedecen?" (Marcos 4:41).

Ellos nunca habían conocido a un hombre como este. Las olas eran sus súbditos, y los vientos eran sus siervos. Y eso solo fue el comienzo de lo que sus compañeros de viaje serían testigos. Antes de terminar, ellos verían peces saltar a la barca, demonios zambullirse en cerdos, lisiados convertirse en bailarines y cadáveres transformarse en gente viva que respira.

Ellos nunca habían visto tal poder, tal gloria. No había necesidad de explicarles este versículo: "Porque tuyo es el reino, y el poder, y la gloria, por todos los siglos" (Mateo 6:13).

De hecho, dos de estos pescadores rescatados declaran su autoridad más claramente. Escuche a Juan: "Mayor es el que está en ustedes que el que está en el mundo" (1 Juan 4:4, RVC). Escuche a Pedro: "Ahora Cristo ha ido al cielo. Él está sentado en el lugar de honor, al lado de Dios" (1 Pedro 3:22, NTV).

Es justo que los discípulos declaren su autoridad. Es justo que nosotros hagamos lo mismo. Y cuando lo hacemos, lo declaramos sin duda: el que gobierna el universo gobierna nuestros corazones.

Para estos tiempos difíciles

El fuerte arraigo de las fortalezas

Fijemos nuestra mirada en Jesús,
pues de él procede nuestra fe
y él es quien la perfecciona.
Hebreos 12:2, DHH

Todos tenemos fortalezas en nuestra vida. El apóstol Pablo utilizó el término para describir una mentalidad o una actitud. "Porque las armas de nuestra milicia no son carnales, sino poderosas en Dios para la destrucción de *fortalezas*, derribando argumentos y toda altivez que se levanta contra el conocimiento de Dios" (2 Corintios 10:4–5, énfasis añadido). Una fortaleza es una convicción, una perspectiva o una creencia que intenta interferir con la verdad.

¿Una fortaleza tiene un fuerte arraigo en usted?

Dios nunca me perdonará (la fortaleza de la culpabilidad).

Nunca podré perdonar a esa persona (la fortaleza de resentimiento).

No merezco ser amado (la fortaleza del rechazo).

Nunca podré recuperarme (la fortaleza de la derrota).

Debo ser bueno, o Dios me rechazará (la fortaleza del desempeño).

Soy tan bueno como luzco (la fortaleza de la apariencia).

Mi valor es igual al de mis posesiones (la fortaleza del materialismo).

Pero no tenemos que vivir a la sombra de estas fortalezas que nos roban el gozo. Nuestras armas provienen de Dios y tienen "poder divino para derribar fortalezas" (v. 4, NVI).

¿No es eso lo que queremos? ¡Anhelamos ver nuestras fortalezas derribadas, convertidas en escombros de una vez por todas, por siempre y para siempre, *ka-bum!* ¿Cómo es que sucede esto?

Manteniendo a Dios en el centro de nuestra vida.

Días de gloria

Señales de tráfico y el perdón

Por amor de tu nombre, oh Jehová,
perdonarás también mi pecado,
que es grande.

Salmo 25:11

Nosotros apreciamos el perdón, ¿no es así? Una tarde, hace algunos días, iba por una carretera rural al sur de Texas pensando acerca del perdón. La conozco bien. Y ahora conozco al policía que supervisa la carretera.

Y ahora él me conoce. Miró mi licencia de conducir.

—Su nombre me es familiar. ¿No es usted un ministro aquí en San Antonio?

—Sí, señor.

—¿Va camino a un funeral?

—No.

—¿Es una emergencia?

—No.

—Usted conducía muy rápido.

—Lo sé.

—Le voy a decir lo que haré. Le voy a dar una segunda oportunidad.

Suspiré.

—Gracias. Y gracias por darme una ilustración para un sermón acerca del perdón.

Dios ha colocado sus señales de tráfico por todas partes. En el universo, en la Escritura, incluso en nuestros corazones. Sin embargo, nosotros persistimos en hacer caso omiso de sus indicaciones. Pero Dios no nos da lo que merecemos. Él ha empapado su mundo en gracia. Dios nos ofrece segundas oportunidades, así como un comedor comunitario ofrece comidas a todo el que pida.

Y eso lo incluye a usted.

Más allá de tu vida

Una conversación

Porque todo aquel que pide, recibe;
y el que busca, halla;
y al que llama, se le abrirá.

Mateo 7:8

La oración, para la mayoría de nosotros, no es un asunto de un retiro de meses o incluso de una hora de meditación. La oración es conversar con Dios mientras conducimos al trabajo o mientras esperamos una cita o antes de interactuar con un cliente. La oración puede ser esa voz interna que dirige la acción externa.

Algo es muy seguro: Dios le enseñará a orar. No piense ni por un minuto que Él está fulminándolo con la mirada a la distancia con los brazos cruzados y con el ceño fruncido, esperando a que usted organice su vida de oración. Es justo lo opuesto. "He aquí, yo estoy a la puerta y llamo; si alguno oye mi voz y abre la puerta, entraré a él, y cenaré con él, y él conmigo" (Apocalipsis 3:20).

Jesús lo espera en el pórtico. Está parado en el umbral. Él golpea... y llama. Espera que usted abra la puerta. Orar es abrirla. La oración es la mano de la fe en la manija de la puerta de su corazón. Los dispuestos tiran de ella. La feliz bienvenida a Jesús: "Entra, oh Rey. Entra".

Hablamos. Él escucha. Él habla. Nosotros escuchamos. Esta es la oración en su forma más pura. Dios cambia a su pueblo a través de esos momentos.

Antes del amén

Una oración... para recordar el poder de Dios

*Con la ayuda de Dios, haremos cosas poderosas,
pues él pisoteará a nuestros enemigos.*
Salmo 60:12, NTV

Padre, tu puedes destruir al ejército más fuerte, mover montañas y crear la Tierra de la nada. Tu fuerza y tu amorosa bondad no tienen fin.

Recuérdame ahora tu poder. Soy muy rápido para correr hacia un amigo por ayuda y después sentirme decepcionado. Sé mi fortaleza en todas las situaciones.

Algunas veces mis amigos vienen a mí buscando ayuda, pero solo tú eres la respuesta a sus problemas. Ayúdalos a que seas tú al que siempre busquen primero.

Gracias por estar de nuestro lado y pelear por nosotros. En el nombre de Cristo, amén.

40 oraciones simples que brindan paz y descanso

Confía en el Padre

Fíate de Jehová de todo tu corazón,
y no te apoyes en tu propia prudencia.
Reconócelo en todos tus caminos,
y él enderezará tus veredas.
Proverbios 3:5–6

En nuestra casa teníamos un juego llamado "Damas y Caballeros". Los participantes incluían a tres hijas en edad preescolar y un "muy feliz por jugar" padre. Las hijas estaban recién bañadas, en pijamas y listas para volar del sofá al sillón reclinable. El padre estaba contento de servir como maestro de ceremonias, guardián y catapulta.

"Damas y caballeros", le anunciaba a la audiencia de una persona: Denalyn, quién se preguntaba por qué teníamos que hacer acrobacias antes de dormir. "Damas y caballeros, las chicas Lucado ahora volarán por los aires".

La sala de estar se convertía en una feria, y yo era el látigo humano. Sujetaba a las niñas boca abajo y las columpiaba alrededor como si fueran muñecas de trapo. Les encantaba. Ellas nunca cuestionaron mi buen juicio o mi fuerza. Su mamá sí. Un pediatra lo hubiera hecho. Pero nunca en el ciclo de miles de subidas y bajadas mis hijas me dijeron: "¿Estás seguro de que sabes cómo hacerlo?".

Ellas nunca pensaron que las soltaría. *Papá dice que él puede, entonces él puede. Papá dice que lo hará, entonces lo hará.* Ellas confiaban en mí totalmente. Después de todo, yo era su padre.

Oh que confiáramos en el nuestro.

Días de gloria

Gracia radicalmente sublime

*Si decimos que no tenemos pecado,
nos engañamos a nosotros mismos
y no hay verdad en nosotros;
pero si confesamos nuestros pecados,
podemos confiar en que Dios, que es justo, nos perdonará
nuestros pecados y nos limpiará de toda maldad.*

1 Juan 1:8–9, DHH

Confesión. La palabra evoca muchas imágenes, y no todas son positivas. Interrogatorios en la trastienda. Tortura china de agua. Aceptando nuestros coqueteos delante de un sacerdote que está sentado del otro lado de una cortina negra. Caminar por el pasillo de la iglesia y llenar una tarjeta. ¿Es esto lo que Juan tenía en mente?

La confesión no es decirle a Dios lo que no sabe. Eso es imposible.

La confesión no es quejarse. Si yo simplemente recito mis problemas y repito mis aflicciones, estoy lloriqueando.

La confesión no es culpar. Señalar a otros sin señalarme se siente bien, pero esto no promueve la sanidad.

La confesión es mucho más que eso. La confesión es una confianza radical en la gracia. Una proclamación de nuestra confianza en la bondad de Dios. "Lo que hice estuvo mal—reconocemos—, pero tu gracia es mayor que mi pecado, así que lo confieso". Si nuestro entendimiento de la gracia es pequeño, nuestra confesión será pequeña: reacia, vacilante, cubierta de excusas y calificativos, llena de temor al castigo. Pero mucha gracia genera una confesión honesta.

La confesión sincera despeja el camino para la radicalmente sublime gracia de Dios.

Gracia

Lo que Dios hará

Estamos atribulados en todo, mas no angustiados;
en apuros, mas no desesperados; perseguidos,
mas no desamparados; derribados, pero no destruidos.

2 Corintios 4:8–9

Tal vez Dios y la oración son todo lo que usted tiene. Usted se enfrenta a batallas. Desaliento, engaño, derrota, destrucción, muerte. Ellos rugen en su mundo como una banda de motociclistas infernales. Su objetivo es perseguirlo para que vuelva al desierto del pecado.

No le dé ni una pulgada de oportunidad. Responda en oración; una honesta, continua y audaz oración.

Usted es miembro de la familia de Dios. Usted viene delante de Dios no como un extraño sino como un heredero.

Acérquese confiadamente a su trono. Eleve sinceramente sus peticiones delante de Él no por lo que ha logrado, sino por lo que Cristo ya ha hecho. Jesús derramó su sangre por usted. Usted puede derramar su corazón delante de Dios.

Jesús dijo que, si tiene fe, usted puede decirle a una montaña que se quite y se eche al mar (Marcos 11:23, NTV).¿Cuál es su montaña? ¿Cuál es el mayor desafío de su vida? Clame a Dios por su ayuda. ¿Hará Él lo que usted desea? No puedo decir eso, pero esto sí: Él hará lo que es mejor.

Días de gloria

¿Carga o bendición?

*Ninguna condenación hay
para los que están en Cristo Jesús.*
Romanos 8:1

¿La culpa lo está afligiendo? Si es así, considere esta promesa: "Sus pecados los han manchado como con tinta roja; pero yo los limpiaré. ¡Los dejaré blancos como la nieve!" (Isaías 1:18, TLA). Dios se especializa en remover la culpa. Él puede hacer lo que nadie más puede: extraer hasta la última marca de su alma.

Cuando las personas vienen a Dios mediante la fe en Jesús, ellas reciben la mayor de las bendiciones: gracia por todos sus pecados. Jesús emite un perdón por cada acto de rebelión. Esta gracia es un regalo. No nos la ganamos. No podemos perderla. Pero si podemos olvidarla. Si no tenemos cuidado, podemos llegar a estar cargados de culpa.

Entienda: la culpa es idea de Dios. Él la usa de la misma manera en que los ingenieros utilizan los vibradores en una carretera. Cuando nos estamos desviando fuera de nuestro carril, nos guían de regreso al camino. La culpa hace lo mismo. Nos alerta a las discrepancias entre lo que somos y lo que Dios desea. Insta el arrepentimiento y la renovación. En dosis adecuadas, la culpa es una bendición. Sin embargo, en dosis no supervisadas, la culpa es una carga insoportable. No podemos llevarla.

Pero Dios sí puede. Así que, adelante, désela.

Antes del amén

Escrito en el Libro

Tenía un muro grande y alto con doce puertas [...]
y nombres inscritos, que son los de las
doce tribus de los hijos de Israel [...]
Y el muro de la ciudad tenía doce cimientos,
y sobre ellos los doce nombres
de los doce apóstoles del Cordero.
Apocalipsis 21:12, 14

Dios grabó los nombres de los hijos de Jacob en sus puertas. Más pelagatos que reverendos. Sus reportes de actividades diarias incluyen historias de asesinato en masa (Génesis 34), incesto (38:13–18) y traición fraternal (37:17–28). Se comportaban más como los que van a las 3:00 a. m. a un club nocturno que al santuario de la fe. Sin embargo, Dios talló sus nombres en las puertas de la Nueva Jerusalén.

¿Y nos hemos atrevido a mencionar los nombres de los cimientos? Pedro, el apóstol que salvó su propio pellejo en vez del de su Salvador. Santiago y Juan, que competían por asientos VIP en el cielo. Estos fueron los discípulos que les dijeron a los niños que dejaran a Jesús en paz (Lucas 18:15), quienes le dijeron a Jesús que dejara que los hambrientos se las arreglaran solos (Mateo 14:15) y decidieron dejar a Jesús solo para enfrentar su crucifixión (Mateo 26:36–45). Sin embargo, sus nombres aparecen en los cimientos.

¿Y el suyo? No está grabado en la puerta, pero está escrito en el Libro del Cordero. No con lápiz que se pueda borrar, sino con sangre que no será removida. No hay necesidad de mantener feliz a Dios; Él está satisfecho. No hay necesidad de pagar el precio; Jesús ya lo pagó.

La historia de Dios, tu historia

El botón de guardar

En tus mandamientos meditaré;
consideraré tus caminos.
Salmo 119:15

Deseamos saber si la Biblia marca una diferencia. ¿Funciona? ¿Las enseñanzas de la Biblia nos cambian? Solamente hay una manera de descubrirlo. Hacer clic en el botón Guardar.

Todos sabemos cuál es el botón Guardar. Yo sí y reprobé computación. Qué gran satisfacción ocurre cuando, habiendo creado un documento, nos desplazamos hacia arriba y presionamos el botón Guardar.

El clic le da otra forma al paisaje del disco duro. Las palabras en la pantalla descienden al corazón de la máquina. Mientras las palabras se limiten a la pantalla, son vulnerables y quedan expuestas al cursor irascible. Vive a la altura de su nombre [en inglés "cursor" se parece a la palabra para "uno que maldice"]. Maldecimos al pequeño monstruo mientras se engulle nuestro duro trabajo. Pero una vez que lo guardamos, nuestro trabajo queda seguro.

¿Está usted haciendo clic en el botón Guardar con la Escritura? Guardamos la verdad cuando deliberada y conscientemente permitimos que lo que hemos oído se vuelva parte de quiénes somos. Jesús dijo: "Y conocerán la verdad, y la verdad los hará libres" (Juan 8:32, RVC). A medida que conocemos (guardamos) la verdad, la verdad nos hace libres de la culpabilidad, el miedo, la ira. La verdad guardada produce un impacto que le da forma y configura de nuevo el corazón. Solamente cuando usted permite que la verdad de la Escritura sea la autoridad en su vida puede usted saber si funciona.

Días de gloria

Una oración...
como hijo de Dios

*Pues ustedes no han recibido un espíritu que los esclavice
nuevamente al miedo, sino que han recibido el espíritu
de adopción, por el cual clamamos:¡Abba, Padre!*
Romanos 8:15, RVC

*Padre, me has hecho tu hijo a través de tu Espíritu. En tu bondad
me adoptaste y me libraste del pecado y de la muerte.*

*Recuérdame hoy lo que significa ser tu hijo y ser libre de esa ley.
Es muy fácil para mí vivir mi día bajo mis propios términos. Ayúdame a vivir a la luz de tu gracia.*

*Te pido por mi familia y mis amigos. Ayúdales a experimentar
tu amor como su Padre y a sentir su herencia en tu Espíritu.*

*Gracias por aceptarme como soy, pero no me dejes igual.
En el nombre de Jesús, amén.*

40 oraciones simples que brindan paz y descanso

Como un niño

Pero Jesús dijo: Dejad a los niños venir a mí, y no se lo impidáis; porque de los tales es el reino de los cielos.

Mateo 19:14

Jesús nos invita a acercarnos a Dios en la manera en que un niño se acerca a su papá.

¿Y cómo se acercan los niños a sus papás? Fui al patio de una escuela para averiguarlo.

Escuché peticiones: "Papi, ¿puede Tommy ir a casa conmigo?". Escuché preguntas: "¿Vamos a casa?". Y escuché emoción: "¡Papi, mira lo que hice!".

Esto fue lo que no escuché: "Oh Padre, es muy amable de tu parte conducir el coche hasta mi lugar de educación y proveerme de transporte local". No escuché formalidad o vocabulario impresionante. Escuché a los niños que estaban felices de ver a sus papás y ansiosos de hablar.

Dios nos invita a acercarnos a Él en la misma manera. ¡Qué alivio! Como somos unos debiluchos en la oración tememos estar "orando mal". ¿Cuál es la etiqueta y el código de vestir para la oración? ¿Y si nos arrodillamos en lugar de estar de pie? ¿Y si decimos las palabras equivocadas o utilizamos el tono equivocado?

¿Cuál es la respuesta de Jesús? "De cierto les digo, que si ustedes no cambian y se vuelven como niños, no entrarán en el reino de los cielos" (Mateo 18:3, RVC). *Sea como los niños pequeños.* Despreocupados. Llenos de alegría. Juguetones. Confiados. Curiosos. Emocionados. Olvide la grandeza; busque la pequeñez. Confíe más; sea menos arrogante. Haga muchas peticiones y acepte todos los regalos. Vaya a Dios en la manera en que un niño va con su papá.

Antes del amén

Nuestra herencia

Alabado sea Dios, Padre de nuestro Señor Jesucristo,
que nos ha bendecido en las regiones celestiales
con toda bendición espiritual en Cristo.
Efesios 1:3, NVI

Cuando usted nació en Cristo, fue colocado en la familia real de Dios. "Mas a cuantos lo recibieron, a los que creen en su nombre, les dio el derecho de ser hijos de Dios" (Juan 1:12, NVI). Como usted es una parte de la familia, tiene acceso a las bendiciones familiares. A todas. "En Cristo también fuimos hechos herederos" (Efesios 1:11, NVI).

¿Sorprendido? Y no ha escuchado nada todavía. En otro pasaje el apóstol Pablo describió el valor de su patrimonio: "El Espíritu mismo da testimonio a nuestro espíritu, de que somos hijos de Dios. Y si hijos, también herederos; herederos de Dios y coherederos con Cristo" (Romanos 8:16–17).

Somos coherederos con Cristo. ¡Compartimos la misma herencia que Cristo! Nuestra parte no es una miseria. No heredamos las sobras. No vestimos ropa de segunda mano. No fuimos abandonados en el frío con los primos lejanos. En las tradiciones de la época de Pablo, el primogénito recibía una doble porción mientras que el resto se repartía entre los demás hermanos. No es así con Cristo. "Porque como Jesús es, así somos nosotros en este mundo" (1 Juan 4:17, PDT). ¡La porción de Cristo es nuestra porción!

¡Todo lo que Él tiene, nosotros también lo tenemos!

Días de gloria

Simples cambios de aceite

Jesús dijo:
—Eso es imposible para los hombres,
pero no para Dios.
Para Dios todo es posible.
Marcos 10:27

Cuando tenía quince años, heredé el coche familiar Rambler de mi hermano mayor. No era bonito, pero era mío.

—Debes mantener el tanque con gasolina —me aconsejó mi papá.

—Sí, ya lo sé.

—Los neumáticos con aire.

—Sí, ya lo sé.

—¿Podrás cambiarle el aceite al coche y mantenerlo limpio?

—Por supuesto que puedo —mentí. Mi ineptitud salió a la luz el siguiente sábado. Era hora de cambiarle el aceite al Rambler.

—¿Quieres que te ayude? —me preguntó mi papá.

Debí haberle dicho que sí. En lugar de ello pasé una hora buscando la charola del aceite y otra hora más luchando con el tapón. Finalmente retiré el tapón, drené el aceite, salí arrastrándome de debajo del vehículo y vertí cinco cuartos (4,7 litros) de aceite nuevo. Y finalmente terminé. O eso pensaba. Mi papá me estaba esperando en la cochera.

—¿Terminaste todo?

—Terminé todo.

—Entonces, ¿qué es eso?

Señaló hacia un río de aceite que corría por la rampa de entrada hacia la calle: aceite limpio. Había olvidado colocar de nuevo el tapón.

—Hijo, yo me gano la vida haciendo estas cosas. Lo que es difícil para ti es sencillo para mí. Déjame ayudarte. Soy mecánico. Y, además, soy tu papá.

Esto es lo que pienso: nuestros desafíos más difíciles son simples cambios de aceite para Dios.

Antes del amén

Aquél que escucha la oración

Cuando ustedes oren, no usen muchas palabras,
como hacen los que no conocen verdaderamente a Dios.
Ellos creen que, porque hablan mucho,
Dios les va a hacer más caso.

Mateo 6:7, TLA

Jesús les restó importancia a las palabras en las oraciones. Nosotros tendemos a hacer lo contrario. Entre más palabras mejor. Entre *mejores* sean las palabras es mejor.

El vocabulario puede impresionar a la gente, pero no a Dios. No hay ningún panel de jueces angelicales con tarjetas con números. "Qué bien, Lucado, esa oración fue de diez. ¡Dios de seguro la escuchará!". "Ay no, Lucado, obtuviste un dos esta mañana. Ve a casa y practica". Las oraciones no son calificadas según su estilo.

Así como un niño feliz no puede dar un "mal-abrazo", un corazón sincero no puede hacer una "mala-oración". El cielo sabe, que la vida tiene ya suficientes cargas sin la carga de orar correctamente. Si la oración depende de cómo oro, entonces estoy hundido. Pero si el poder de la oración depende de la Persona que oye la oración, y el que oye la oración es mi Papá, entonces tengo esperanza.

La oración es realmente así de sencilla. Resista la tentación de complicarla. No se enorgullezca de hacer oraciones bien elaboradas. No se disculpe por hacer oraciones incoherentes. No juegue. No encubra sus errores. Solo sea honesto con Dios. Suba a su regazo. Dígale todo lo que está en su corazón. O no diga nada en absoluto. Solo eleve su corazón al cielo y declare: *Padre... Papi...*

Y a veces "Papi" es todo lo que podemos llegar a decir. Estrés. Temor. Culpa. Aflicción. Exigencias por todos lados. Todo lo que podemos llegar a decir es un lastimero: "Padre". Y si es así, eso es suficiente.

Antes del amén

Nuestro defensor

¿Quién condenará? Cristo Jesús es el que murió, e incluso resucitó, y está a la derecha de Dios e intercede por nosotros.

Romanos 8:34, NVI

Hace muchos años, prediqué mi primer sermón. Ningún sermón es perfecto. Pero ¿el primer sermón de un predicador? No hago ningún esfuerzo por defender el mío. En un esfuerzo por decirlo todo, dije muy poco.

Pero, aun así, no merecía la crítica del pastor. Después del servicio me invitó a su estudio para una autopsia. Saltó sobre el sermón como un halcón sobre una rata. Al final de la arenga, me sentí como un cachorro regañado.

Escondí mi cola entre las patas y caminé arrastrando los pies hacia donde mi papá me estaba esperando en su coche. Mientras yo relataba la reunión con el pastor, su cara enrojeció y apretó con sus manos el volante del coche. Me dejó en casa y me dijo: "Regresaré pronto".

Al día siguiente me enteré del resto de la historia. Mi padre se había estacionado en la rampa de entrada de la casa del pastor. Pronto se encontraba frente al predicador dándole una fuerte reprimenda y exigiéndole una explicación acerca de la reunión.

El predicador me llamó al día siguiente y me pidió perdón.

De nuevo, no estoy defendiendo el sermón. Pero fue maravilloso que mi padre me haya defendido.

¿Perdón? ¿Usted desearía poder decir lo mismo? ¿Le encantaría que alguien se apresurara a defenderlo?

Oh, querido hijo del cielo, ¡Dios ya lo ha hecho!

Días de gloria

Lo que hace un padre

Verán su rostro.

Apocalipsis 22:4

Usted verá el rostro de Dios.

Dejemos que esto penetre. *Usted verá el rostro de Dios.* Usted mirará a los ojos a Aquél que siempre ha visto; contemplará la boca del que manda la historia. Y si hay algo más asombroso que el momento de ver su rostro, es el momento en el que Él toca el suyo. "Él les enjugará toda lágrima de los ojos" (Apocalipsis 21:4, NVI).

Dios tocará sus lágrimas. No flexionará sus músculos o mostrará su poder. Los reyes inferiores podrían comportarse en una manera ostentosa o dar un discurso de victoria. Pero no Dios. Él prefiere frotar su mejilla con su pulgar como diciendo: "Ya, ya…no más lágrimas".

¿No es eso lo que un padre hace?

La historia de Dios, tu historia

Una oración...
para escuchar y seguir

Sígueme y sé mi discípulo.
Mateo 9:9, NTV

Príncipe de paz, la voz del enemigo ha sido fuerte sobre mi vida, y he sido engañado para creer todo tipo de mentiras. Háblame ahora, Señor, y haz que tu voz sea clara como el cristal. Que no se diga de mi vida que casi te escuché y que casi te seguí. ¡Te seguiré! En el nombre de Jesús, amén.

On Calvary's Hill [En el Calvario]

Dios lo dijo. Créelo

*Dichosos los que escuchan
la palabra de Dios, y la obedecen.*

Lucas 11:28, RVC

Dios le prometió a Josué: "Harás prosperar tu camino y tendrás éxito" (Josué 1:8, LBLA). Este es el único lugar en el Antiguo Testamento donde las palabras *prosperar* y *éxito* se encuentran juntas. Esta es una promesa acentuada. Si usted se alinea con la Palabra de Dios puede esperar prosperidad y éxito.

No tiemble. Josué 1:8 no es garantía de una jubilación anticipada. La promesa de la Biblia de prosperidad *de vez en vez* incluye dinero, pero mucho más a menudo se refiere a riqueza en espíritu, alma y cuerpo. Dios prospera al líder con nuevas habilidades, al trabajador con dormir bien, al profesor con más paciencia, a la madre con un afecto más profundo, a los ancianos con una esperanza mayor. La fluidez en las Escrituras conduce a la riqueza espiritual.

La orden de Dios fue suficiente para Josué.

No titubeó. No tuvo sus reservas. A diferencia de Sara, quien dijo: "Estando yo tan vieja" (Génesis 18:12, PDT). A diferencia de Moisés, quien dijo: "No tengo facilidad de palabra" (Éxodo 4:10, NTV). A diferencia de los discípulos que dijeron: "No tenemos aquí sino cinco panes y dos peces" (Mateo 14:17). Otros se resistieron al llamado de Dios, pero Josué no. Dios lo dijo. Él lo creyó.

Haga lo mismo. Aprenda una lección de Josué.

Días de gloria

La maravilla de una segunda oportunidad

Cuando lo hicieron, encerraron una gran cantidad de peces, de modo que sus redes se rompían.

Lucas 5:6, NBLH

Allá en una barca de pesca, vacío y agotado, Pedro descubrió la maravilla de la segunda oportunidad de Dios. Un día Jesús utilizó su barca como estrado. La multitud en la playa era tan grande que Jesús necesitaba una distancia de colchón. Así que predicó desde la barca de Pedro. Entonces le dijo a Pedro que lo llevara a pescar.

El candidato a apóstol no tenía ningún interés. Estaba cansado; había pescado toda la noche. Estaba desanimado; no había pescado nada. Tenía sus dudas. ¿Qué sabía Jesús de pescar? Pedro se sentía consciente de sí mismo. Había personas llenando la playa. ¿Quién quiere fracasar en público?

Pero Jesús insistió. Y Pedro cedió: "En tu palabra echaré la red" (Lucas 5:5).

Este fue un momento de la verdad para Pedro. Él estaba diciendo: "Voy a intentarlo una vez más, a tu manera". Cuando lo hizo, la pesca fue tan grande que la barca casi se hunde. A veces solo necesitamos intentarlo de nuevo con Cristo en la barca.

Los fracasos son fatales solo si fallamos en aprender de ellos.

Días de gloria

Agradezca a Dios por todo

*Dad gracias en todo, porque esta es la voluntad
de Dios para con vosotros en Cristo Jesús.*
1 Tesalonicenses 5:18

Leí acerca de un abogado que ganó un caso para su cliente. Los dos hombres celebraron con una agradable cena. Al final de la comida, el cliente le entregó al abogado una cartera fina de cuero marroquí.

—Por favor acepte esto como muestra de mi agradecimiento.

El abogado se resistió.

—No, no puedo conformarme con una cartera. Mi tarifa es de $500 dólares.

El cliente miró al abogado y se encogió de hombros.

—Lo que tú digas.

Abrió la cartera y extrajo dos billetes de $500. Volvió a meter uno y le dio al abogado la cartera.

No sea demasiado rápido en su valoración de los dones que Dios le ha dado. Dele las gracias. Momento a momento. Día a día. Agradezca a Dios por todo.

Antes del amén

No hay futuro en el pasado

Humíllense delante del Señor, y él los exaltará.
Santiago 4:10, NVI

Todos tropiezan. La diferencia está en la respuesta. Algunos tropiezan para caer en el foso de la culpa. Otros tropiezan para caer en los brazos de Dios. Los que encuentran gracia lo hacen porque andan "conforme al Espíritu" (Romanos 8:4). Oyen la voz de Dios. Toman la decisión deliberada de levantarse y confiar en la gracia de Dios.

El hijo pródigo lo hizo. Decidió: "Me levantaré e iré a mi padre" (Lucas 15:18).

¿Recuerda su historia? Al igual que usted, era miembro de la familia. Tal vez al igual que usted, derrochó sus posesiones en una vida salvaje y malas decisiones. Su camino topó con pared en un chiquero.

Un día estaba tan hambriento que la bazofia que comían los cerdos olía a solomillo. Se inclinó sobre el comedero, olfateó y salivó. Estaba a punto de degustarla cuando algo dentro de él despertó. *Esperen un segundo. ¿Qué estoy haciendo revolcándome en el barro, rozándome con los puercos?* Entonces tomó una decisión que cambió su vida para siempre. "Me levantaré e iré a mi padre".

¡Usted puede hacer eso! Tal vez no pueda resolver todos sus problemas o desenredar todos sus nudos, pero puede levantarse e ir a su padre.

Levántese y dé el paso. Incluso el apóstol Pablo tuvo que tomar esta decisión. "Olvido el pasado y fijo la mirada en lo que tengo por delante" (Filipenses 3:13, NTV).

No hay futuro en el pasado. No puede cambiar el ayer, pero puede hacer algo con respecto a mañana. *Ponga el plan de Dios a funcionar.*

Días de gloria

Dios todavía está en su trono

¿Pero qué puede hacer el hombre honrado cuando son socavados los cimientos? El Señor está en su santo templo; el Señor tiene su trono en el cielo.

Salmo 11:3–4, RVC

Cuando todo lo bueno se desmorona, ¿qué puede hacer la gente buena? ¿No es nuestra la pregunta de David? Cuando la enfermedad invade, los matrimonios fracasan, los niños sufren y la muerte ataca, ¿qué debemos hacer?

Curiosamente, David no contesta su pregunta con una respuesta. La responde con una declaración: "El Señor está en su santo templo; el Señor tiene su trono en el cielo".

Su punto es inconfundible: Dios no se ve afectado por nuestras tormentas. Él no se inmuta por nuestros problemas. Él no se atemoriza por estos problemas. Él está en su santo templo. Está en su trono en el cielo.

Los edificios se pueden caer, las carreras pueden desmoronarse, pero Dios no. Los restos y los escombros nunca lo han desalentado. Dios siempre ha convertido la tragedia en triunfo.

En nuestros momentos más difíciles quizá veamos lo que vieron los seguidores de Cristo en la cruz. El sacrificio de la inocencia. La bondad asesinada. La torre fuerte del cielo perforada. Los apóstoles tenían que preguntarse, *Cuando todo lo bueno se desmorona, ¿qué puede hacer la gente buena?*

Dios respondió a su pregunta con una declaración. Con el estruendo de la tierra y el rodamiento de la roca, les recordó: "El Señor está en su santo templo; el Señor tiene su trono en el cielo".

Y, hoy, debemos recordar: Todavía lo está. Todavía está en su templo, aún está en su trono, todavía está en control. Lo que hizo entonces, todavía lo va a hacer.

Para los momentos difíciles

Julio

Enséñanos a orar

Aconteció que estaba Jesús orando en un lugar,
y cuando terminó, uno de sus discípulos le
dijo: Señor, enséñanos a orar.

Lucas 11:1

Los primeros seguidores de Jesús le solicitaron: "Enséñanos a orar".

¿Quizá su interés tenía algo que ver con las promesas asombrosas, anonadantes que Jesús le añadió a la oración? "Pidan, y se les dará" (Mateo 7:7, NVI). "Si ustedes creen, recibirán todo lo que pidan en oración" (Mateo 21:22, NBD).

Y estableció un atractivo ejemplo de oración. Jesús oraba antes de comer. Oraba por los niños. Oraba por los enfermos. Jesús incluso desaparecía para dedicar toda la noche a la oración. Estoy pensando en una ocasión en particular. En el periodo de unas horas batalló con la tristeza, el estrés, las exigencias y las necesidades. Merecía descansar toda la noche. No obstante: "Después de despedirse de la gente, subió a las colinas para orar a solas" (Marcos 6:46).

Aparentemente era la decisión correcta. Porque cuando una tormenta explotó sobre el mar de Galilea, Jesús caminó sobre el agua como si fuera el césped de un parque y la tormenta una brisa primaveral.

¿Cree que los discípulos conectaron ese poder con la oración? "Señor, enséñanos a orar *así*. Enséñanos a encontrar fuerzas, a expulsar el temor a desafiar tormentas en oración".

¿Y usted? Los discípulos enfrentaron olas furiosas y una tumba acuosa. Usted enfrenta clientes furiosos, una economía turbulenta, mares embravecidos de estrés y tristeza.

"Señor —todavía pedimos—, enséñanos a orar".

Antes del amén

Una oración... para que Cristo ame a través de su corazón

Hágase conmigo conforme a tu palabra.
Lucas 1:38

Oh Señor, vive en mí. Que tu amor lata en y a través de mi corazón. Que tú hables a través de mi voz. Jesús, sé la fuerza de mi alma y el fuego que purga los agravios de mis deseos. Lléname con tu gran gracia abundante. En el nombre de Jesús, amén.

In the Manger [En el pesebre]

Cristo en usted

Todo aquel que confiese que Jesús es el
Hijo de Dios, Dios permanece en él, y él en Dios.
1 Juan 4:15

Pablo dijo: "Ya no vivo yo, mas vive Cristo en mí" (Gálatas 2:20). Cuando la gracia sucede, Cristo entra. "Cristo en vosotros, la esperanza de gloria" (Colosenses 1:27).

Durante muchos años no vi esta verdad. Creía en todas las demás preposiciones: Cristo *por* mí, *conmigo*, *delante de* mí. Y yo sabía que estaba trabajando *al lado de* Cristo, *bajo* Cristo, *con* Cristo. Pero nunca me imaginaba que Cristo estaba *en* mí.

Ninguna otra religión o filosofía hace tal afirmación. Ningún otro movimiento sugiere la presencia viva de su fundador *en* sus seguidores. ¿Influencia? ¿Enseñanza? ¿Inspiración? Sí. Pero, ¿ocupar? No.

Sin embargo, los cristianos abrazan esta promesa inescrutable. "El plan secreto es Cristo que vive en ustedes" (Colosenses 1:27, PDT). El cristiano es una persona en la que Cristo está sucediendo.

Somos de Jesucristo; le pertenecemos. Pero, además, somos *cada vez más* Él. Él se mueve en nuestras manos y pies y los comanda, toma para sí nuestra mente y lengua. Le da nuevo propósito a malas decisiones y elecciones escuálidas. Poco a poco emerge una nueva imagen. "Porque a quienes Dios conoció de antemano, los destinó también desde el principio a reproducir la imagen de su Hijo, que había de ser el primogénito entre muchos hermanos" (Romanos 8:29, BLPH).

Cristo vive y trabaja y se mueve *en* usted.

Gracia

Silencien las trompetas

Más bien, cuando des a los necesitados,
que no se entere tu mano izquierda de lo que hace la derecha,
para que tu limosna sea en secreto.
Así tu Padre, que ve lo que se hace en secreto, te recompensará.
Mateo 6:3–4, NVI

"¡Mírame! ¡Mírame!", es un llamado usado en el patio de juegos, no en el Reino de Dios. Silencien las trompetas. Cancelen el desfile. Suficiente con presumir que conoce a personas famosas. Si vienen felicitaciones, con toda cortesía, desvíelas antes de creérselas. Asesine el deseo de ser notado. Avive el deseo de servir a Dios.

Escuche el consejo de Cristo: "Primero lava el interior de la taza y del plato, y entonces el exterior también quedará limpio" (Mateo 23:26, NTV). Enfóquese en el interior y el exterior se cuidará de sí mismo. Exprese sus motivos delante de Dios a diario, cada hora. "Examíname, oh Dios, y conoce mi corazón; pruébame y conoce los pensamientos que me inquietan. Señálame cualquier cosa en mí que te ofenda y guíame por el camino de la vida eterna" (Salmo 139:23–24, NTV).

Haga cosas buenas. Simplemente no lo haga para ser notado. Usted puede ser demasiado bueno para su propio bien, ¿me entiende?

Más allá de tu vida

Derecho a la cima

Y dos ciegos que estaban sentados junto al camino,
cuando oyeron que Jesús pasaba, clamaron, diciendo:
¡Señor, Hijo de David, ten misericordia de nosotros!
Mateo 20:29–30

Tres años de alimentar, sanar y enseñar habían elevado a Jesús a estatus de estrella de rock. La gente lo amaba. Arrostró a las autoridades. Les ordenaba a los cadáveres y decía como se tenían que hacer las cosas. Era del pueblo, con gran corazón y héroe local.

La multitud lo estaba acompañando a Jerusalén para celebrar la Pascua. Y entonces escucharon este clamor: "¡Señor, Hijo de David, ten misericordia de nosotros!". La multitud volteó y vio a los dos ciegos. Lamentable. Esta era una marcha de victoria, un día de triunfo. Jesús tenía una misión importante. La gente podría haber dejado a los ciegos a un lado del camino.

¿Le suena familiar? Pero los ciegos trajeron su problema con Jesús. No preguntaron por Pedro o por Juan. Se fueron directamente a la cima. Clamaron a Jesús. Persistente, personal y apasionadamente: "Necesito ayuda. Sáname".

Por esto es que usted necesita hacer lo mismo. La meta de Dios para usted es su restauración completa. "Nosotros oramos para que Dios mismo, el Dios de paz, los purifique completamente para que pertenezcan sólo a él. También pedimos para que todo su ser: *su espíritu, su alma y su cuerpo* permanezcan siempre sin mancha para cuando el Señor Jesucristo regrese" (1 Tesalonicenses 5:23, PDT).

Dos ciegos fueron restaurados por completo porque llevaron sus problemas directo a la cima. ¿No debería usted hacer lo mismo?

Antes del amén

Valió la pena

Nadie tiene mayor amor que este,
que uno ponga su vida por sus amigos.
Juan 15:13

Piense por un minuto en las personas de su mundo. ¿Qué piensan de su compromiso con ellos? ¿Cómo calificarían su fidelidad? ¿Su lealtad alguna vez vacila? ¿Tiene alguna persona con la que su "contrato" sea no negociable?

Una vez, dos amigos estaban peleando juntos en una guerra. El combate era feroz y muchas vidas estaban siendo tomadas. Cuando uno de los dos jóvenes soldados cayó herido y no podía regresar a la trinchera, el otro salió para hacerlo volver en contra de las órdenes de su oficial. Volvió mortalmente herido, y su amigo, al que había cargado de vuelta estaba muerto.

El oficial miró al soldado moribundo, meneó la cabeza y dijo: "No valió la pena".

El joven, que alcanzó a escuchar el comentario, sonrió y dijo: "Pero valió la pena, señor, porque cuando llegué con él me dijo: 'Jim, sabía que vendrías'".

Haga que sus relaciones sean lo mejor. Siga el consejo de Benjamín Franklin: "Sea lento en escoger amigos y sea todavía más lento en dejarlos".

Sobre el yunque

Los problemas suceden

¿Quién es el que vence al mundo,
sino el que cree que Jesús es el Hijo de Dios?
1 Juan 5:5

Usted nunca tendrá una vida libre de problemas. Jamás. Usted nunca se quedará dormido en las alas de este pensamiento: *Asombroso, hoy vino y se fue sin problemas en el mundo.* Este encabezado jamás aparecerá en el periódico: "Solamente tenemos buenas noticias que reportar".

Usted quizá sea electo presidente de Rusia. Quizá descubra una manera de enviar pizza por correo electrónico y volverse multimillonario. Quizá sea llamado de las gradas como bateador emergente cuando su equipo se encuentre abajo en la final de la Serie Mundial, conecte un jonrón y que su cara aparezca en la cubierta de *Sports Illustrated*.

No es probable. Pero es posible.

¿Pero una existencia libre de problemas, sin dificultades, con el cielo azul para navegar sin contratiempos? Ni siquiera medite en ello.

Los problemas suceden. Les suceden a las personas ricas, a las personas atractivas, a las personas preparadas, a las personas sofisticadas. Les suceden a las personas retiradas, a las personas solteras, a las personas espirituales y a las personas seculares.

Pero no todas las personas ven los problemas en la misma manera. Algunas personas son vencidas por los problemas. Otros vencen los problemas. Algunas personas terminan amargadas. Otras terminan mejor que antes. Algunas personas enfrentan sus desafíos con temor. Otras con fe.

Usted no puede elegir tener problemas o no. Pero si puede elegir qué va a hacer con ellos. Escoja la fe.

Días de gloria

Dios lo guarda siempre

*Ustedes confían en Dios, y por eso él los protege con su poder,
para que puedan ser salvados tal y como está
planeado para los últimos tiempos.*
1 Pedro 1:5, TLA

Cuando Dios se hizo carne, peleó por su alma. Cuando Jesús enfrentó al diablo en el desierto, peleó por su paz. Cuando defendió al abandonado, ¿no lo estaba defendiendo a usted? Cuando murió en la cruz por sus pecados, peleó por su salvación. Cuando dejó al Espíritu Santo para guiarlo, fortalecerlo y consolarlo, estaba peleando por la vida de usted.

Si no toma en cuenta esta verdad bien podría comprar una tienda cómoda en el desierto; porque va a pasar un largo tiempo allí. Pero si lo cree verá las nubes comenzar a abrirse.

Crea esto:

El Señor te protegerá de todo mal; el guardará tu alma. El Señor guardará tu salida y tu entrada desde ahora y para siempre (Salmo 121:7–8, LBLA).

Siempre.

Días de gloria

Una oración...para servir

*Porque el Hijo del Hombre no vino para ser servido,
sino para servir, y para dar su vida en rescate por muchos.*
Marcos 10:45

*Oh Señor, que oportunidad maravillosa has desplegado delante
de mí; una oportunidad para marcar una diferencia para ti en un
mundo desesperadamente sufriente. Ayúdame a ver las necesidades
que tú quieres que vea, a reaccionar en una manera que te honre
y a bendecir a otros por medio de servirlos alegremente con expresiones prácticas de tu amor. Ayúdame a ser las manos y los pies de
Jesús, y por medio de tu Espíritu dame la fuerza y la sabiduría que
necesito para cumplir con tu plan para mí en mi propia generación.
Te lo pido en el nombre de Jesús, amén.*

Más allá de tu vida

Sea Moisés

Así que recomiendo, ante todo, que se hagan plegarias,
oraciones, súplicas y acciones de gracias por todos,
especialmente por los gobernantes y por todas las autoridades,
para que tengamos paz y tranquilidad,
y llevemos una vida piadosa y digna.
1 Timoteo 2:1–2, NBD

A nosotros de hecho "nos sentó con Cristo Jesús en el cielo" (Efesios 2:6, BLPH). Usted no tiene un lugar en la Suprema Corte o en la Casa de Representantes. Usted tiene uno mucho más estratégico; usted tiene un asiento en el gobierno de Dios. Al igual que un legislador usted representa un distrito. Usted habla de parte de su familia, vecindario o equipo de "softball". Su esfera de influencia es su región. A medida que crece en fe, su distrito se expande. Dios le da la carga de la preocupación por los huérfanos, tierras distantes o personas en necesidad. Usted responde a estos impulsos con oración. *Padre… necesitan ayuda.*

Usted es Moisés en su callejón sin salida. Moisés en su fuerza de trabajo. Moisés en su aula. Usted le ruega a Dios a favor de otras personas.

La oración de intercesión no es aeronáutica. Reconoce nuestra incapacidad y la capacidad de Dios. Venimos con manos vacías, pero con grandes esperanzas. ¿Por qué? Porque Dios "es poderoso para hacer todas las cosas mucho más abundantemente de lo que pedimos o entendemos" (Efesios 3:20). Él "suplirá todo lo que les falte, conforme a sus riquezas en gloria en Cristo Jesús" (Filipenses 4:19, RVC). Cuando Dios da, el da un regalo que está "apretado, sacudido para que haya lugar para más, desbordante y derramado sobre el regazo" (Lucas 6:38, NTV)

Tome su lugar a los pies de Jesús. Levante su mundo en oración. Sea Moisés hoy.

Antes del amén

El ingrediente faltante

Mejores son dos que uno; porque tienen mejor paga de su trabajo.
Porque si cayeren, el uno levantará a su compañero;
pero ¡ay del solo! que cuando cayere,
no habrá segundo que lo levante.
Eclesiastés 4:9–10

¿Y si el ingrediente faltante para cambiar el mundo es trabajar en equipo?

Les aseguro que si dos de ustedes se ponen de acuerdo, aquí en la tierra, para pedirle algo a Dios que está en el cielo, él se lo dará. Porque allí donde dos o tres de ustedes se reúnan en mi nombre, allí estaré yo (Mateo 18:19–20, TLA).

Esta es una promesa asombrosa. Cuando los creyentes están de acuerdo, Jesús lo nota, se presenta y escucha nuestras oraciones.

¿Y cuando los creyentes están en desacuerdo? Cuando los obreros dividen, son los que sufren los que sufren más.

Ya han sufrido lo suficiente, ¿no cree? La iglesia de Jerusalén encontró una manera de trabajar unida. Encontraron terreno común en la muerte, sepultura y resurrección de Cristo, y, como lo hicieron, las vidas fueron cambiadas.

A medida que usted y yo lo hagamos, sucederá lo mismo.

Más allá de tu vida

La estrategia

*Si permanecéis en mí, y mis palabras permanecen en
vosotros, pedid todo lo que queréis, y os será hecho.*
Juan 15:7

Mi amigo Greg Pruett es un ingeniero, lingüista y traductor bíblico
entrenado. Pero su aportación más significativa podría ser en el
área de la "oración extrema". En su libro que lleva ese título narra
cómo regresó de Guinea, África Occidental, para tomar el papel
de presidente de los Pioneer Bible Translators. Era 2008. La gran
recesión estaba succionándoles dólares a la economía y confianza al
pueblo. El informe financiero del ministerio indicaba una caída libre
hacia la insolvencia. Greg no tenía experiencia en liderar una organización como esa. No tenía un lugar tangible donde cortar gastos.
Los recursos eran pocos y los donadores estaban desapareciendo.

Greg solo conocía una respuesta: la oración. "Allí fue cuando
comencé a aprender a no orar con respecto a mis estrategias, sino
a hacer de la oración *la* estrategia".[11]

En julio le escribió una carta de media página a sus compañeros
de trabajo en todo el mundo, llamándolos a orar. Los instó a venir
delante del trono de Dios con peticiones específicas y valientes.
Lo hicieron. Greg describe el resultado:

Cuando vi el reporte de fin de año, supe que Dios había escuchado nuestras oraciones… Quería encontrar tendencias para explicar
cómo funcionó, para que lo hiciéramos de nuevo. Nunca pude […]
Solo sé que [Dios] proveyó. Y todo lo que tenía era Dios y oración.[12]

Greg hizo de la oración *la* estrategia para sus necesidades, y Dios
respondió. Él hará lo mismo por usted.

Días de gloria

Siga avanzando

Finalmente, dejen que el gran poder
de Cristo les dé las fuerzas necesarias.
Efesios 6:10, TLA

"Por eso, obedezcan a Dios. *Háganle frente al diablo*, y él huirá de ustedes" (Santiago 4:7, TLA). Él huirá. *Debe* huir. No se le permite estar en el lugar donde Dios es alabado. Solo siga alabando y avanzando.

"Pero Max, he estado caminando mucho tiempo", dice usted.

Sí, así lo parece. Así también les debió haber parecido a los hebreos. Josué no les dijo cuántos viajes tendrían que hacer alrededor de la muralla de Jericó. Solo seguían avanzando.

Nuestro Josué tampoco nos lo dijo. A través de Pablo, Jesús nos insta a estar "firmes y constantes, creciendo en la obra del Señor siempre, sabiendo que vuestro trabajo en el Señor no es en vano" (1 Corintios 15:58).

Siga avanzando. Por todo lo que usted sabe quizá este sea el día en el que las murallas caerán. Quizá se encuentre a pasos de un momento como este.

…aconteció que cuando el pueblo hubo oído el sonido de la bocina, gritó con gran vocerío, y el muro se derrumbó. El pueblo subió luego a la ciudad […] y la tomaron (Josué 6:20).

Los mismos muros que los mantenían fuera se convirtieron en los escalones sobre los cuales treparon.

Por cierto, viene una gran sacudida a este mundo también. Nuestro Josué, Jesús, va a dar la señal, y sonará la trompeta. Él reclamará cada botín y repelerá, de una vez por todas, a cada demonio.

Hasta que lo haga, siga avanzando y creyendo.

Es solamente cuestión de tiempo antes de que su Jericó sea derribada.

Días de gloria

La unidad es importante

*Hagan todo lo posible por mantenerse unidos en
el Espíritu y enlazados mediante la paz.*

Efesios 4:3, NTV

El Cuerpo de Cristo —su Iglesia— ha sido conocida por comportarse mal. El cerebro descarta al corazón (los académicos descartan a los adoradores). Las manos critican a las rodillas (las personas de acción critican a las personas de oración). Los ojos rehúsan colaborar con los pies (los pensadores visionarios no trabajarán con los obreros constantes).

Un caso claro de motín en el cuerpo.

Y si dijere la oreja: Porque no soy ojo, no soy del cuerpo, ¿por eso no será del cuerpo? Si todo el cuerpo fuese ojo, ¿dónde estaría el oído? Si todo fuese oído, ¿dónde estaría el olfato? Mas ahora Dios ha colocado los miembros cada uno de ellos en el cuerpo, como él quiso. (1 Corintios 12:16–18).

Los primeros cristianos con toda seguridad se rieron de estas imágenes verbales. ¿Y si todo el cuerpo fuera ojo? Si ustedes fueran una colección de globos oculares, ¿cómo podrían funcionar? "Ni el ojo puede decir a la mano: No te necesito" (v. 21).

No podemos decir: "No te necesito". La megaiglesia necesita a la iglesia más chica. El liberal necesita al conservador. El pastor necesita al misionero. La cooperación es más que una buena idea, es un mandamiento: "Esfuércense por mantener la unidad del Espíritu mediante el vínculo de la paz" (Efesios 4:3, NVI). Hay "un solo rebaño y un solo pastor" (Juan 10:16, NVI). La unidad es importante para Dios.

Más allá de tu vida

Dios está a cargo

Engrandeced a Jehová conmigo,
y exaltemos a una su nombre.

Salmo 34:3

Nos hace el doble de bien pensar en Dios que pensar en cualquier otra persona o en cualquier otra cosa. Dios quiere que comencemos y terminemos nuestras oraciones pensando en Él. Entre más nos enfocamos allá arriba, más nos inspiramos acá abajo.

Magnifique. Cuando usted magnifica un objeto, lo amplía para poder entenderlo. Cuando magnificamos a Dios hacemos lo mismo. Ampliamos nuestra conciencia de Él para que lo podamos entender más. Eso es exactamente lo que sucede cuando adoramos: quitamos nuestros pensamientos de nosotros mismos y los ponemos en Dios. El énfasis está en Él.

Me encanta la manera en que se traduce la frase final del Padrenuestro en la versión en inglés de la Biblia, *The Message* (Mateo 6:13):

¡Tú estás a cargo!
¡Puedes hacer lo que quieras!
¡Estás ardiendo en hermosura!
Sí. Sí. Sí.

¿Podría ser más simple que eso? ¡Dios está a cargo!

Para estos tiempos difíciles

Una oración...
Porque Jesús llevó tus espinas

Y le vistieron de púrpura, y poniéndole una corona tejida de espinas, comenzaron luego a saludarle: ¡Salve, Rey de los judíos!
Marcos 15:17–18

Oh Señor, ¿cómo puedo alguna vez agradecerte lo suficiente por dar toda tu vida para que fuera besado por el perdón? Llevas las espinas de mis acusaciones y fuiste atravesado por mi rechazo. Me regocijo de que hoy pueda seguir tus pasos. En el nombre de Jesús, amén.

In the Manger [En el pesebre]

Un nuevo usted

Dios también le dijo a Abraham:
Cumple con mi pacto, tú y toda tu descendencia,
por todas las generaciones […]
Circuncidarán la carne de su prepucio,
y ésa será la señal del pacto entre nosotros.

Génesis 17:9–11, NVI

La circuncisión del Antiguo Testamento fue una separación simbólica del pasado. Ocho días después del nacimiento de cada varón debía ser apartado simbólicamente. El acto declaraba una nueva identidad. Ya no era como los paganos que no conocían a Dios. Era un hijo del pacto. "Ya no eres quién eras. Eres mío". No más esclavos, sino libres. No más en cautiverio sino liberados.

¿El mensaje de Dios a los hebreos? Recuerda de quién eres.

¿El mensaje de Dios para nosotros? Recuerda de quién eres.

En un sentido todos los creyentes han sido circuncidados. Esto quizá sea nuevo para usted. "Cuando ustedes llegaron a Cristo, fueron 'circuncidados', pero no mediante un procedimiento corporal. Cristo llevó a cabo una circuncisión espiritual, es decir, les quitó la naturaleza pecaminosa" (Colosenses 2:11, NTV).

Cristo removió la vieja naturaleza. Lo separó del poder del pecado y de la muerte. ¿Las viejas tentaciones, lujurias y anhelos? Lo separó de su poder cuando usted le dio su corazón a Cristo. Esto no se puede declarar con demasiada frecuencia o con demasiada claridad. Usted no es la persona que solía ser. Su antiguo ser ya no existe. La vida antigua es privada de poder. Cuando Cristo murió, usted murió. Cuando Cristo fue sepultado, usted fue sepultado. Cuando Cristo se levantó de los muertos, usted se levantó con Él.

Usted es un nuevo usted.

Días de gloria

Personas hospitalarias

Porque donde están dos o tres congregados en mi
nombre, allí estoy yo en medio de ellos.
Mateo 18:20

Puede llamarnos una sociedad veloz, una sociedad eficiente, pero no puede llamarnos una sociedad personal. Nuestra sociedad está configurada para el aislamiento. Utilizamos audífonos cuando hacemos ejercicio. Nos comunicamos por correo electrónico y mensaje de texto. Nuestro lema es: "Te dejo en paz. Me dejas en paz".

No obstante, Dios quiere que su pueblo sea una excepción. Deje que todos los demás se vayan por el camino de las computadoras y los teclados. Los hijos de Dios serán el pueblo hospitalario.

Mucho antes de que la Iglesia tuviera púlpitos y bautisterios, tenía cocinas y comedores. "Los creyentes, compartían el mismo propósito, cada día solían dedicar mucho tiempo en el área del templo y comían juntos *en las casas*. Compartían la comida con sencillez y alegría" (Hechos 2:46, PDT, énfasis añadido).

Incluso una lectura casual del Nuevo Testamento revela a la casa como la herramienta primaria de la Iglesia: "...al amado Filemón, colaborador nuestro [...] y a la iglesia que está en tu casa" (Filemón 1:1–2). "Saludad a Priscila y a Aquila [...] Saludad también a la iglesia de su casa" (Romanos 16:3, 5).

No es de extrañar por qué el anciano debía ser "hospedador" (1 Timoteo 3:2). El principal lugar de reunión de la Iglesia era la casa.

Más allá de tu vida

Hacer música hermosa

Firme está, oh Dios, mi corazón;
¡voy a cantarte salmos, gloria mía!
Salmo 108:1, NVI

Algunos niños en Cateura, en las afueras de Asunción, Paraguay, están haciendo música con residuos. Otras orquestas afinan sus violonchelos de arce o sus tubas de bronce. No esta banda. Ellos tocan las sonatas de Beethoven con cubos de plástico, palanganas y tubos de desagüe.

De su lado de Asunción, los residuos son el único cultivo que cosechar. Los pepenadores separan y venden residuos por centavos la libra (o el kilogramo). Muchos de ellos han tenido el mismo destino que los residuos; han sido echados fuera y desechados.

Pero ahora, gracias a don Cola Gómez, están haciendo música.

Gómez es un trabajador de los residuos y carpintero. Él nunca había visto, escuchado o tenido en sus manos un violín en su vida. Sin embargo, cuando alguien le describió el instrumento, este artesano no instruido llevó una lata de pintura y una charola de horno a su taller e hizo un violín. Su siguiente instrumento fue un violonchelo. Elaboró el cuerpo a partir de un barril de petróleo he hizo los clavos de afinación de un cepillo para el cabello, el tacón de un zapato y una cuchara de madera.

Gracias a su Stradivarius, la chatarra recibe un agasajo y también los niños que viven entre ella. Desde el día en que su historia apareció en las noticias han sido instruidos por maestros, aparecido en programas en televisión nacional y han salido en una gira mundial. Han sido llamados la Armónica del Relleno Sanitario y también la Orquesta Reciclada de Cateura.[13]

También podríamos llamarlos una imagen de la gracia de Dios.

Días de gloria

Los diálogos de apertura

En su angustia clamaron al Señor,
y él los salvó de su aflicción.
Envió su palabra para sanarlos,
y así los rescató del sepulcro.
¡Que den gracias al Señor por su gran amor!
Salmo 107:19–21, NVI

Algunos de ustedes viven en cuerpos tan maltratados por el camino: les duelen las rodillas, se les ha apagado la vista, la piel les cuelga. Otros salieron del vientre en una travesía cuesta arriba. Aunque no tengo respuestas fáciles para su lucha, le imploro que vea su desafío a la luz de la historia de Dios. Vea estos días en la Tierra simplemente como el diálogo de apertura de su epopeya arrolladora. Parémonos con Pablo sobre la promesa de eternidad.

Es por esto que nunca nos damos por vencidos. Aunque nuestro cuerpo está muriéndose, nuestro espíritu va renovándose cada día. Pues nuestras dificultades actuales son pequeñas y no durarán mucho tiempo. Sin embargo, ¡nos producen una gloria que durará para siempre y que es de mucho más peso que las dificultades! Así que no miramos las dificultades que ahora vemos; en cambio, fijamos nuestra vista en cosas que no pueden verse. Pues las cosas que ahora podemos ver pronto se habrán ido, pero las cosas que no podemos ver permanecerán para siempre (2 Corintios 4:16–18, NTV).

Su sufrimiento no es el final de la historia. Es la escena de apertura de la saga de Dios.

La historia de Dios, tu historia

Territorio enemigo

El Señor mismo peleará por ustedes.
Éxodo 14:14, NTV

La idea de un diablo real les parece a muchas personas como extraña o anticuada. La tendencia popular actual es echarle la culpa de los problemas a la genética, los gobiernos y los ambientes. No obstante, la Biblia presenta un enemigo de nuestra fe real y presente. Su nombre es Satanás. Algunos lo llaman el diablo. Otros lo llaman Belcebú, Belial, el adversario, el tentador, el maligno, el acusador, el príncipe de los demonios, el príncipe de este mundo o el príncipe de la potestad del aire. Sin importar el nombre que usted escoja, él es el enemigo y es real.

No es un personaje lindo e inofensivo de las caricaturas. No es una contraparte oscura e imaginaria del Conejo de Pascua. Es el ángel caído invisible y vigoroso llamado Lucifer, quien codició el alto lugar que solo Dios puede ocupar. Se rebeló y desobedeció y quiere que usted y yo hagamos lo mismo. "Su enemigo el diablo anda por ahí como un león rugiente buscando a quién devorar" (1 Pedro 5:8, PDT).

Cualquier persona que se ha atrevido acercarse a Dios ha sentido el ataque de Satanás.

Satanás incita, aparta, persuade, ata, enceguece y gobierna.

Tiene un objetivo: "…hurtar y matar y destruir" (Juan 10:10).

Satanás lo tiene en la mira. Usted se encuentra en territorio enemigo. Pero la batalla no es suya solamente. Dios pelea por usted.

Días de gloria

"Abba"

*Y ustedes no recibieron un espíritu que de nuevo los
esclavice al miedo, sino el Espíritu que los adopta como
hijos y les permite clamar: "¡Abba! ¡Padre!".*

Romanos 8:15, NVI

Jesús nos enseñó a comenzar nuestras oraciones diciendo: "Padre nuestro que estás en los cielos" (Mateo 6:9). Pero más específicamente: "*Abba* nuestro que estás en los cielos". "*Abba*" es un término coloquial, del pueblo, tierno, íntimo, la palabra más cálida del arameo para "padre".[14]

Abba es *Papi*. El término se dirige a nuestro orgullo. Otros saludos permiten un aire de sofisticación. Como pastor conozco esto bien. Hace más grave el tono de voz y se hace una pausa para efecto dramático. "Oh Santo Señor…", permito que las palabras reverberen a lo largo del universo mientras yo, el pontífice de la petición, pontificio mi oración.

"Dios, tú eres mi Rey, y yo soy tu príncipe".

"Dios, tú eres el Maestro y yo tu juglar".

"Dios, tú eres el Presidente, y yo tu embajador".

Pero Dios prefiere este saludo: "Dios, tú eres mi Papi, y yo soy tu hijo".

Esta es la razón: es difícil lucirse y llamar a Dios "Papi" al mismo tiempo.

Antes del amén

Una oración...
por luz y gozo

*No temáis; porque he aquí os doy nuevas de
gran gozo, que será para todo el pueblo.*

Lucas 2:10

*Padre, te agradezco que no tienes problemas para atravesar las
paredes tras las que algunas veces me oculto. Te doy la bienvenida
a que vengas con tu perdón y a que traigas tu luz y tu gozo en mi
vida. En el nombre de Jesús, amén.*

On Calvary's Hill [En el Calvario]

¿Importo?

Pues todos ustedes son hijos de Dios
por la fe en Cristo Jesús.
Gálatas 3:26, NTV

En la oscuridad atacó al "Hombre" con *H* mayúscula, porque este no era un hombre común. A lo largo de la noche los dos pelearon hasta que el Hombre decidió terminar el asunto de una vez por todas. Con un golpe seco en la cadera, el Hombre dejó a Jacob contorsionándose. La sacudida aclaró la visión de Jacob y se dio cuenta: *Me estoy metiendo con Dios.* Se asió del Hombre y se aferró a Él por su querida vida. "No te dejaré, si no me bendices", insistió (Génesis 32:26).

¿Cómo lo debemos interpretar? Dios en el barro. Una lucha cuerpo a cuerpo hasta el final. Extraño. ¿Pero la parte de la petición de bendición? Esa parte si la entiendo. Jacob estaba preguntando: "¿Dios, te importo?".

Yo haría la misma pregunta. Si tuviera un encuentro cara a cara con el Hombre, me aventuraría a preguntar: "¿Sabes quién soy? En el panorama general de las cosas, ¿cuento para algo?".

Hay tantos mensajes que nos dicen que no. Somos despedidos del trabajo, rechazados por la escuela. Todo desde el acné al Alzheimer nos deja sintiéndonos como la chica sin pareja del baile de graduación.

Reaccionamos. Validamos nuestra existencia con un remolino de actividades. Hacemos más, compramos más, logramos más. Como Jacob, luchamos. Todas nuestras luchas, supongo, son meramente la formulación de esta pregunta: "¿Importo?".

Toda la gracia, creo, es la respuesta definitiva de Dios: "Se bendito mi hijo. Te acepto. Te he adoptado en mi familia".

Usted le importa a Dios.

Gracia

Tómele la Palabra a Dios

Cuando él dice una cosa, la realiza.
Cuando hace una promesa, la cumple.
Números 23:19, DHH

Necesitamos aprender a tomarle la Palabra a Dios.

Suena bastante sencillo, especialmente cuando se está navegando suavemente. Pero en medio de una tormenta, incluso los discípulos de Jesús necesitaban un recordatorio. En una ocasión les dijo: "Crucemos al otro lado" (Marcos 4:35, NVI). Lo hicieron. No obstante, en camino al otro lado del Mar de Galilea, su barca encontró una "fuerte tormenta" (v. 37, NVI). El cielo se abrió y cubos de agua cayeron y las olas amenazaban con voltear la barca. Los discípulos recurrieron a Jesús ¡y lo encontraron dormido! Le gritaron: "¿No te importa que nos ahoguemos?" (v. 38, NVI). Jesús se despertó, se levantó, le ordenó a la tormenta que se callara y luego les dijo a los discípulos: "¿Todavía no tienen fe?" (v. 40, NVI).

¡Qué reprensión tan asombrosa! El mar estaba embravecido; el agua estaba agitada. ¿Por qué los reprendió Jesús?

Sencillo. No le tomaron la palabra. Él dijo que iban a pasar al otro lado. Él no dijo: "Vamos al centro del lago a ahogarnos". Jesús había declarado el resultado. Pero cuando vino la tormenta, los discípulos escucharon el rugir del viento y olvidaron su palabra.

Vienen tormentas a su camino. Los vientos aullarán, su barca será sacudida y usted tendrá una decisión que tomar. ¿Escuchará a Cristo o a la crisis? ¿Escuchará las promesas de la Escritura o el ruido de la tormenta? ¿Le tomará la Palabra a Dios?

Días de gloria

Atravesar las paredes

El que tenga sed, venga; y el que quiera,
tome gratuitamente del agua de la vida.
Apocalipsis 22:17, NBD

Dios envió a Felipe en una misión transcultural.

Un ángel del Señor habló a Felipe, diciendo: Levántate y ve hacia el sur, por el camino que desciende de Jerusalén a Gaza [...] Entonces él se levantó y fue. Y sucedió que un etíope [...] volvía sentado en su carro, y leyendo al profeta Isaías (Hechos 8:26–28).

Había paredes que separaban a Felipe del eunuco. El etíope tenía la piel oscura; Felipe la piel clara. El viajero era lo suficientemente rico como para viajar. ¿Y quién era Felipe sino un simple refugiado, expulsado de Jerusalén?

Pero Felipe no titubea. "Le anunció las buenas nuevas acerca de Jesús [...] y dijo el eunuco: —Mire usted, aquí hay agua. ¿Qué impide que yo sea bautizado?" (vv. 35–36).

No es una pregunta insignificante.

¿Qué hubiera pasado si Felipe hubiera dicho: "Perdón, pero no recibimos personas de su tipo"?

Pero Felipe, miembro fundador del equipo de demolición de la intolerancia, atravesó la pared y lo invitó: "Felipe le dijo: 'Si crees de todo corazón, puedes ser bautizado'. Y el eunuco respondió: 'Creo que Jesucristo es el Hijo de Dios'" (v. 37, RVC).

Lo siguiente que vemos es que el eunuco sale de las aguas del bautismo silbando "Jesús me ama", cuando Felipe ya está en su siguiente misión, y la iglesia tiene su primer convertido no judío.

Más allá de tu vida

El cardiocirujano

*Mas Dios muestra su amor para con nosotros,
en que siendo aún pecadores,
Cristo murió por nosotros.*

Romanos 5:8

La gracia es como si Dios fuera un cirujano cardiólogo, que abre su pecho, remueve su corazón—tan envenenado como está con orgullo y dolor—y lo reemplaza con el suyo propio. En lugar de pedirle que usted cambie, Él genera el cambio. ¿Limpia usted su vida para que Él lo acepte? No, Él lo acepta y comienza a limpiarlo. Su sueño no es solamente llevarlo al cielo, sino llevar el cielo a usted. ¡Qué gran diferencia! ¿No puede perdonar a su enemigo? ¿No puede enfrentar el mañana? ¿No puede perdonar su pasado? Cristo puede, y está en acción, moviéndolo agresivamente de una vida sin gracia a una vida definida por la gracia. Los dones recibidos por gracia que dan de gracia. Personas perdonadas que perdonan a otros. Profundos suspiros de alivio. Tropiezos en abundancia, pero casi nada de desaliento.

La gracia tiene que ver todo con Jesús. La gracia vive porque Él vive, opera porque Él está en acción e importa porque Él importa. Le dio una fecha de caducidad al pecado e hizo su danza de victoria en un cementerio. Ser salvo por gracia es ser salvo por Él, no por una idea, doctrina, credo o membresía a una iglesia, sino por Jesús mismo, quien va a llevar velozmente al cielo a cualquiera que por lo menos asiente con su cabeza.

Gracia

Hazlo otra vez, Señor

*Padre nuestro que estás en el cielo,
santificado sea tu nombre, venga tu reino, hágase
tu voluntad en la tierra como en el cielo.*
Mateo 6:9–10, NVI

Estimado Señor:

Todavía esperamos que despertaremos. Todavía esperamos que abriremos un ojo dormilón y pensaremos: *Qué sueño tan horrible.*

Estamos tristes, Padre. Así que venimos a ti. No te pedimos tu ayuda; te rogamos que nos ayudes. No solicitamos; imploramos. Hemos leído los relatos. Hemos cavilado en las historias, y ahora te suplicamos: "Hazlo otra vez, Señor. Hazlo otra vez".

¿Recuerdas a José? Lo rescataste del foso. ¿Y a Sara? ¿Recuerdas sus oraciones? Las escuchaste. ¿Y a Josué? ¿Recuerdas sus temores? Lo inspiraste. ¿Las mujeres en la tumba? Resucitaste su esperanza. ¿Las dudas de Tomás? Te las llevaste. Hazlo otra vez, Señor. Hazlo otra vez.

Sobre todo, haz de nuevo lo que hiciste en el Calvario. Después de que tu Hijo estuvo tres días en un agujero oscuro, convertiste el viernes más oscuro en el domingo más brillante. Hazlo otra vez, Señor. Convierte este Calvario en Pascua.

Que tu misericordia esté sobre todos los que sufren. Danos la gracia para que podamos perdonar y fe para que podamos creer.

Y mira bondadosamente a tu Iglesia. Durante dos mil años la has usado para sanar a un mundo que sufre.

Hazlo otra vez, Señor. Hazlo otra vez.

Por medio de Cristo, amén.[15]

Para estos tiempos difíciles

Seguridad

Cuando veáis el arca del pacto de Jehová vuestro Dios […]
saldréis de vuestro lugar y marcharéis en pos de ella.
Josué 3:2–3

Cuando Dios dijo: "Marchen en pos de ella [del arca]", estaba diciendo: "Síganme".

Mientras los israelitas se preparaban para cruzar el Jordán, Dios fue a la cabeza mostrándoles el camino. No los soldados. No Josué. Ni los ingenieros y sus planes ni las Fuerzas Especiales y su equipo. Cuando vino el momento de atravesar aguas que no se podían pasar, el plan de Dios fue simple: confíen en mí.

El pueblo lo hizo. Unas bandas escogidas de sacerdotes caminaron hacia el río. Cargando el arca se abrieron paso pulgada a pulgada hacia el Jordán.

La Escritura no esconde su temor: los pies de los sacerdotes fueron "mojados" a la orilla del agua (Josué 3:15). No corrieron, no se echaron un clavado ni se zambulleron en el río. Fue el más pequeño de los pasos, pero con Dios el paso de fe más pequeño puede activar el milagro más poderoso. Al tocar el agua, se detuvo la corriente. Y todo Israel cruzó sobre tierra seca (v. 17).

Si Dios podía convertir un río furioso en una alfombra roja, entonces: "Ten cuidado, Jericó. ¡Aquí vamos!". Como les había dicho Josué: "En esto [en el cruce] conoceréis que el Dios viviente está en medio de vosotros" (v. 10). ¡Los hebreos sabían que no podían perder! Tenían el derecho de celebrar.

Al igual que nosotros.

Para el pueblo de Josué, vino seguridad al estar firmes en tierra seca mirando el Jordán en retrospectiva.

Para nosotros, la seguridad viene cuando nos paramos firmes en la obra terminada de Cristo y miramos la cruz en retrospectiva.

Días de gloria

Una oración... para ayudar

*La religión pura y verdadera a los ojos de Dios Padre
consiste en ocuparse de los huérfanos y de las viudas en
sus aflicciones, y no dejar que el mundo te corrompa.*
Santiago 1:27, NTV

*Querido Señor, tú prometiste que siempre tendríamos a los pobres
con nosotros. Ayúdame a asegurarme de que lo inverso también sea
cierto: que yo esté siempre entre los pobres; ayudando, alentando
y prestando una mano siempre que pueda. Habilítame para amar
al Dios invisible por medio de servir a los pobres muy visibles de mi
rincón del mundo. Ayúdame a ser creativo sin ser condescendiente,
alentador sin ser egoísta e intrépido sin ser imprudente. Que los
pobres te bendigan por mi causa, y que mis esfuerzos de alguna
manera reduzcan el número de pobres. Te lo pido en el nombre de
Jesús, amén.*

Más allá de tu vida

¡Haga algo!

*El Espíritu del Señor está sobre mí, por cuanto me ha
ungido para dar buenas nuevas a los pobres; me ha
enviado a sanar a los quebrantados de corazón.*

Lucas 4:18

El día era especial. Jesús estaba en la ciudad. La gente le pidió que leyera la Escritura y aceptó. Abriendo el rollo hacia el final, leyó: "El Espíritu del Señor está sobre mí, por cuanto me ha ungido para dar buenas nuevas a los pobres; me ha enviado a sanar a los quebrantados de corazón".

Jesús tenía un público objetivo. Los pobres. Los quebrantados de corazón. "Esta es mi misión", declaró Jesús. El Manifiesto Nazaret.

¿No debería ser la nuestra también? Que nuestro manifiesto debería verse como algo así:

Que la iglesia actúe a favor de los pobres. La solución definitiva a la pobreza se encuentra en la compasión del pueblo de Dios.

Que el más brillante entre nosotros nos dirija. "La pobreza —como me dijo Rich Stearns, presidente de Visión Mundial en los Estados Unidos— *es* astronáutica". Las soluciones simples no existen. Necesitamos a nuestra gente más brillante para derribarla.

Indígnese. Lo suficientemente indignado como para responder. La pobreza no es la falta de caridad, sino la falta de justicia. La ira santa podría hacer mucho bien.

Nadie puede hacerlo todo, pero todos pueden hacer algo. Así que salga de su zona de comodidad por el amor de Cristo. Indígnese. ¡Haga algo!

Más allá de tu vida

Agosto

Decida ahora

La persona íntegra enfrenta muchas dificultades,
pero el Señor llega al rescate en cada ocasión.
Salmo 34:19, NTV

Hoy hay voces que lo esperan. En el trabajo, en su comunidad, en la escuela, en la internet. Están esperándolo. Se paran en las encrucijadas de su vida social y familiar. No puede eliminar su presencia. Pero se puede preparar para su invitación.

Recuerde quién es usted; usted es un hijo de Dios. Ha sido comprado por el bien más precioso en la historia del universo: la sangre de Cristo. Usted está lleno del Espíritu del Dios viviente. Usted está siendo equipado para una misión eterna que lo facultará a vivir en la misma presencia de Dios. Usted ha sido apartado para un llamado santo. Usted es suyo.

El diablo no tiene jurisdicción sobre usted. Actúa como si así fuera. Camina con arrogancia y trae la tentación, pero mientras usted lo resista y recurra a Dios, debe huir (Santiago 4:7).

Decida ahora lo que dirá cuando las voces hablen.

Escoja la obediencia. Y al hacerlo puede esperar bendiciones: la bendición de una conciencia limpia, la bendición de dormir bien por la noche, la bendición de la comunión con Dios, la bendición del favor de Dios. No hay garantía para una vida fácil. Es la seguridad de la ayuda de Dios. Y es suya para que la reclame.

Días de gloria

La realidad del pecado

Señor, no me abandones;
Dios mío, no te alejes de mí. Señor de mi
salvación, ¡ven pronto en mi ayuda!
Salmo 38:21-22, NVI

La oración de confesión más conocida vino del rey David, aunque le tomó un tiempo interminablemente largo ofrecerla. Este héroe del Antiguo Testamento dedicó una temporada de su vida a tomar decisiones tontas, idiotas e impías.

Sí, David. El hombre conforme al corazón de Dios permitió que se le endureciera el corazón. Trató de esconder sus malas obras y pagó un precio muy elevado por hacerlo. Más tarde lo describió en esta manera: "Mientras me negué a confesar mi pecado, mi cuerpo se consumió, y gemía todo el día. Día y noche tu mano de disciplina pesaba sobre mí; mi fuerza se evaporó como agua al calor del verano" (Salmo 32:3-4, NTV).

La realidad del pecado reemplazó la euforia del pecado. David supo que su pecado secreto ya no era secreto.

Si usted sepulta el mal comportamiento puede esperar dolor, punto. El pecado sin confesar es como la hoja de un cuchillo alojada en el alma. Uno no puede escaparse de la miseria que genera, a menos que ore como David:

"Señor de mi salvación, ¡ven pronto en mi ayuda!".

Entonces la Gracia vendrá.

Gracia

¿Por qué enfermedad?

Sáname, Señor, y seré sanado;
sálvame y seré salvado,
porque tú eres mi alabanza.
Jeremías 17:14, NVI

¿Por qué nos enfermamos? Por la misma razón por la que todavía pecamos. Este es un mundo caído, y el Reino es un reino venidero. La enfermedad y el pecado acechan nuestro planeta. Pero ni el pecado ni la enfermedad tendrán dominio sobre el pueblo de Dios. El pecado no nos puede condenar. La enfermedad no nos puede destruir. La culpa es desdentada, y la muerte ha perdido su aguijón. De hecho, el mismo pecado y la enfermedad que Satanás trae con el propósito del mal, Dios lo redime para bien. El pecado se vuelve una exhibición de su gracia. La enfermedad se convierte en una demostración de la capacidad de Dios para sanar.

No somos víctimas de moléculas renegadas o células rebeldes. No vivimos bajo el espectro de plagas o emociones incontrolables. Cada fibra molécula y onda cerebral responde a su mandato.

¡Dios está a cargo!

Antes del amén

Alce la vista

Alzaré mis ojos a los montes;
¿De dónde vendrá mi socorro?
Mi socorro viene de Jehová,
que hizo los cielos y la tierra.
Salmo 121:1–2

Dios vendrá a usted. ¿En la forma de un compañero de hospital o Comandante celestial? Posiblemente. O podría venir a través de la palabra de un versículo o de la amabilidad de un amigo. Incluso, Él podría hablarle a través de un libro como este.

Pero esto es bien cierto: Dios viene a su pueblo. "El Señor de los Ejércitos Celestiales está entre nosotros" (Salmo 46:7, NTV). Usted no es la excepción a esta promesa. Su amor incluye a toda la gente.

Y Él está a su favor. "Si Dios está de nuestra parte, ¿quién puede estar en contra nuestra?" (Romanos 8:31, NVI).

¿Está usted enfrentando un desafío nivel Jericó? ¿Está enfrentando murallas que son demasiado altas para pasar o demasiado gruesas para quebrar? ¿Está enfrentando un diagnóstico, una dificultad o una derrota que está evitando que derribe las murallas? Si es así, haga lo que hizo Josué.

"Estando Josué cerca de Jericó, *alzó sus ojos* y vio un varón que estaba delante de él" (Josué 5:13, énfasis mío). Después de que Josué alzó sus ojos vio a Jesús. Mientras nuestros ojos estén solamente en Jericó, no veremos a Jesús. Alce la vista. El Señor, su Ayuda, ya viene.

Días de gloria

Ningún otro Dios

El cielo es mi trono, y la tierra estrado de mis pies [...]
Mi mano hizo todas estas cosas,
y así todas estas cosas fueron, dice Jehová.
Isaías 66:1–2

La mayoría de la gente sufre por tener pensamientos pequeños con respecto a Dios. Al hacer el esfuerzo de verlo como nuestro amigo, hemos perdido su inmensidad. En nuestro deseo de comprenderlo, hemos buscado contenerlo. El Dios de la Biblia no se puede contener. Trajo orden en medio del caos e hizo la creación. Con una palabra hizo que Adán surgiera del polvo y Eva de un hueso. No consultó ningún comité. No buscó consejo.

No tiene igual. "Yo soy Dios, y no hay ningún otro, yo soy Dios, y no hay nadie igual" (Isaías 46:9, NVI). Los reyes más grandes han rendido sus coronas. Alejandro el Grande es un montón de polvo en una tumba. La reina de Inglaterra es llamada su Majestad, no obstante, tiene que comer y bañarse como los demás. La Verdadera Majestad, por otro lado, nunca tiene hambre. Nunca duerme. Nunca ha necesitado atención o ayuda.

Desde el microbio más pequeño a la montaña más grande, "sostiene todo con el gran poder de su palabra" (Hebreos 1:3, NTV).

Tiene autoridad sobre el mundo y tiene autoridad sobre *su* mundo. Nunca es tomado por sorpresa. Y nunca jamás ha pronunciado la frase: "¿Y cómo pasó eso?".

Antes del amén

Una oración...
para seguir a Dios

Bueno y justo es el Señor;
por eso les muestra a los pecadores el camino.
Él dirige en la justicia a los humildes,
y les enseña su camino.
Salmo 25:8–9, NVI

Amado Padre, eres bueno. Tus caminos son perfectos y están sobre los míos. Mereces toda mi obediencia y mi adoración. Eres mi maestro y autoridad a causa de tu bondad.

Humíllame hoy cuando escoja mi camino sobre el tuyo. Utiliza mis momentos de soberbia como una oportunidad de enseñarme y redirigirme.

Muéstrales a mis amigos que tu bondad es más importante que sus deseos. Provéeles ánimo para buscar tu camino bueno y recto.

Gracias por tu instrucción constante y tu preocupación por cada paso de mi vida.

Te pido estas cosas en el nombre de Jesús, amén.

40 oraciones simplese que brindan paz y descanso

El viaje no es nuestro destino

No mirando nosotros las cosas que se ven,
sino las que no se ven; pues las cosas que se ven son
temporales, pero las que no se ven son eternas.
2 Corintios 4:18

Jesús nos dice: "Mas buscad primeramente el reino de Dios" (Mateo 6:33). Esta es su invitación para nosotros. Ponga su corazón en su casa.

En su plan todo trata acerca del Rey y su reino. Él escribió el guion, construyó los platós, dirige a los actores y conoce el acto final: un Reino eterno. "Y el plan es el siguiente: a su debido tiempo, Dios reunirá todas las cosas y las pondrá bajo la autoridad de Cristo, todas las cosas que están en el cielo y también las que están en la tierra" (Efesios 1:10, NTV).

¡Esfuércese por ello!

El viaje a casa es lindo, pero el viaje no es el destino. Los que están contentos con nada más que con el gozo del viaje se están conformando con demasiada poca satisfacción. Nuestro corazón nos dice que hay algo más en esta vida que esta vida. Nosotros, como E.T., levantamos dedos encorvados al cielo. Quizá no sepamos hacia donde señalar, pero sabemos que no debemos llamar este mundo nuestro hogar.

"Dios [. . .] sembró la eternidad en el corazón humano" (Eclesiastés 3:11, NTV).

En la narrativa de Dios, la vida en la Tierra no es más que el principio: la primera letra de la oración del primer capítulo de la gran historia que Dios está escribiendo con su vida.

La historia de Dios, tu historia

Cuando el diablo se acerca

Resistan al diablo,
y él huirá de ustedes.

Santiago 4:7, NVI

Cuando el diablo se acerque, resístalo. "¿Qué estás haciendo aquí? ¡Estoy muerto para ti!". No le dé reposo. No reciba sus mentiras. No secunde sus acusaciones. No se acobarde con sus ataques. Cuando saque a la luz sus errores pasados, dígale a quién le pertenece usted. No tiene recurso para esta verdad. Él sabe quién es usted. Solamente espera que usted no sepa o que se le haya olvidado. Así que pruébele que usted lo sabe y que lo recuerda. Dígale (la mayoría son paráfrasis):

"Fui comprado por precio. Le pertenezco a Dios" (1 Corintios 6:20).

"No tengo un espíritu de temor sino de poder, amor y dominio propio" (2 Timoteo 1:7).

"No puedo separarme del amor de Dios" (Romanos 8:35).

"Puedo encontrar gracia y misericordia en el momento de necesidad" (Hebreos 4:16).

"Todo lo puedo en Cristo que me fortalece" (Filipenses 4:13).

El pueblo de Dios piensa así. Camina con un andar reverente. Vive su herencia. Le muestra al diablo su nuevo nombre en su pasaporte espiritual.

¿El secreto para sobrevivir cuando el diablo se acerque? Recordar. Recuerde lo que Dios ha hecho. Recuerde a quién le pertenece usted.

Días de gloria

Ira santa

*Un hombre que tenía lepra se le acercó,
y de rodillas le suplicó:
Si quieres, puedes limpiarme.
Movido a compasión,
Jesús extendió la mano y tocó al hombre.*

Marcos 1:40–41, NVI

Una noche de la semana pasada estaba en una sala de urgencias. Víctimas de Satanás llenaban los pasillos. Un niño con los ojos hinchados y abultados. Golpeado por su padre. Una mujer con las mejillas amoratadas y hemorragia en la nariz. "Mi novio se emborrachó y me golpeó", dijo llorando. Un anciano inconsciente y borracho en una camilla. Le salía sangre por la boca durante su sueño.

Jesús también vio a las víctimas de Satanás. Un día vio a un leproso…los dedos retorcidos…la piel ulcerada…el rostro desfigurado. Y se enojó de indignación. No era un enojo egoísta o violento. Era una ira santa…una frustración controlada…un disgusto compasivo. Y lo movió…Lo movió a la acción.

Estoy convencido de que el mismo Satanás acecha hoy provocando el hambre en Somalia, la confusión en Medio Oriente, el egoísmo en la pantalla de cine, la apatía de la Iglesia de Cristo.

Y Satanás se ríe entre los moribundos.

Amado Padre,

Que nunca nos volvamos tan "santos", que nunca nos volvamos tan "maduros", que nunca nos volvamos tan "religiosos" que veamos las huellas de Satanás y nos quedemos calmados.

Sobre el yunque

Protección

Así que no temas, porque yo estoy contigo;
no te angusties, porque yo soy tu Dios.
Te fortaleceré y te ayudaré;
te sostendré con mi diestra victoriosa.

Isaías 41:10, NVI

Nadin Khoury tenía trece años, medía cinco pies y dos pulgadas [un metro y cincuenta y siete centímetros] y pesaba, empapado, probablemente cien libras [cuarenta y cinco kilogramos]. Sus atacantes eran más grandes y lo superaban en número siete a uno. Durante treinta minutos lo golpearon y patearon. Nunca tuvo una oportunidad.

Lo arrastraron por la nieve, lo zambutieron en un árbol y, finalmente, lo dejaron suspendido sobre una cerca de hierro forjado de siete pies [dos metros] de altura.

Khoury sobrevivió el ataque y podría haber enfrentado algunos más excepto por la insensatez de uno de sus atacantes. Filmó el ataque y lo subió a YouTube. Los buscapleitos terminaron en la cárcel y su historia llegó a los periódicos.

Un miembro del personal del programa matutino nacional *The View* leyó el relato e invitó a Khoury a aparecer en la transmisión. Mientras el video de la agresión estaba corriendo, su labio inferior temblaba. Al terminar el video, se abrió una cortina y tres hombres inmensos entraron caminando, miembros del equipo de fútbol americano Eagles de Filadelfia.

Khoury, un admirador empedernido, volteó y sonrió. Uno era el receptor All-Pro DeSean Jackson. Jackson se sentó cerca del chico y le prometió: "En cualquier momento que nos necesites, tengo a dos hombres de línea justo aquí". Entonces, frente a los ojos de cualquier matón en los Estados Unidos, le dio al chico su número celular.[16]

¿Quién no querría ese tipo de protección?

Usted la tiene... de parte del Hijo de Dios mismo.

Días de gloria

Él también lava sus pies

Jesús […] se levantó de la cena,
y se quitó su manto, y tomando una toalla, se la ciñó.
Luego puso agua en un lebrillo, y comenzó
a lavar los pies de los discípulos.

Juan 13:3–5

Jesús tocó las partes apestosas y feas de sus discípulos. Sabiendo que provenía de Dios. Sabiendo que a Dios iba. Sabiendo que podía arquear una ceja o carraspear y que todos los ángeles en el universo se pondrían alertas. Sabiendo que toda la autoridad era suya, se cambió el manto por la toalla del siervo, se rebajó a nivel de las rodillas y comenzó a limpiar la mugre, la tierra y lo desagradable que sus pies habían acumulado en el viaje.

Jesús no excluyó a ninguno de sus seguidores, aunque no lo hubiéramos culpado de haberse saltado a Felipe. Cuando les dijo a los discípulos que alimentaran a la multitud de cinco mil hombres hambrientos, Felipe, de hecho, había respondido algo parecido a: "¡Es imposible!" (Juan 6:7). Así que, ¿qué es lo que hace Jesús con alguien que cuestiona sus mandamientos? Aparentemente, lava los pies del que duda.

Santiago y Juan cabildearon puestos a nivel gabinete en el Reino de Cristo. Así que, ¿qué hace Jesús cuando la gente utiliza su Reino para su avance personal? Les acerca un lebrillo.

En unas pocas horas Pedro maldeciría el mismo nombre de Jesús y se apresuraría a esconderse. De hecho, los veinticuatro pies de los "seguidores" de Jesús pronto ahuecarían el ala, dejando a Jesús solo para enfrentar a sus acusadores. ¿Alguna vez se ha preguntado qué hace Dios con los que rompen sus promesas? Lava sus pies.

Gracia

Dele la bienvenida a Dios

Mira que estoy a la puerta y llamo.
Si alguno oye mi voz y abre la puerta,
entraré, y cenaré con él, y él conmigo.
Apocalipsis 3:20, NVI

Cuando invitamos a Dios a nuestro mundo, Él entra. Él trae una multitud de obsequios: gozo, paciencia, resiliencia. Las ansiedades vienen, pero no se quedan. Los temores salen a la superficie y luego se van. Los remordimientos caen en el parabrisas, pero entonces viene el limpiaparabrisas de la oración. El diablo me entrega piedras de culpa, pero yo volteo y se las entrego a Cristo. Estoy terminando mi sexta década, sin embargo, estoy lleno de energía. Estoy más feliz, más saludable y más esperanzado que nunca. Las luchas vienen, por supuesto. Pero también Dios.

La oración no es un privilegio de los devotos, ni el arte de algunos escogidos. La oración es simplemente una conversación sentida entre Dios y su hijo. Mi amigo, Él quiere hablar con usted. Incluso ahora mientras lee estás palabras, Él llama a la puerta. Ábrala. Dele la bienvenida. Que comience la conversación.

Antes del amén

Una oración…
para cubrirme

Por esta causa doblo mis rodillas ante el Padre […]
para que habite Cristo por la fe en vuestros corazones,
a fin de que, arraigados y cimentados en amor,
seáis plenamente capaces de comprender
con todos los santos cuál sea la anchura, la longitud,
la profundidad y la altura,
y de conocer el amor de Cristo,
que excede a todo conocimiento, para que seáis
llenos de toda la plenitud de Dios.
Efesios 3:14–19

Oh Señor, tú eres el amor divino que descendió, y de ti hemos recibido gracia y verdad. Derrama tu amor y misericordia sobre mí y cubre todas las cosas en mi vida: mis heridas y maldad y secretos. Bebo de tu amor para cada una de mis necesidades. En el nombre de Jesús, amén.

In the Manger [En el pesebre]

La gracia da más

*Ningún ojo ha visto, ningún oído ha escuchado,
ninguna mente ha imaginado lo que Dios tiene
preparado para quienes lo aman.*

1 Corintios 2:9, NTV

La gracia va más allá de la misericordia. La misericordia le dio un poco de comida a Rut. La gracia le dio un marido y un hogar. La misericordia le dio al hijo pródigo una segunda oportunidad. La gracia le hizo una fiesta. La misericordia instó al samaritano a vendar las heridas de la víctima. La gracia lo instó a dejar su tarjeta de crédito como pago por el cuidado de la víctima. La misericordia perdonó al ladrón en la cruz. La gracia lo escoltó al paraíso. La misericordia nos perdona. La gracia nos corteja y se casa con nosotros.

Déjeme explicarme. La historia de Rut es una imagen de cómo la gracia sucede en tiempos difíciles. Jesús es su pariente cercano y su redentor.

Él lo divisó a usted en el campo de trigo, desvencijado por la herida. Y ha resuelto cortejar su corazón. Por medio de atardeceres. De la benignidad de Booz. De su providencia. Con susurros de la Escritura. Con el libro de Rut. Incluso con un libro escrito por Max. ¿Marginado y desechado? Otros quizá lo piensen. Usted probablemente lo piense. Pero Dios ve en usted una obra maestra a punto de suceder.

Gracia

Juntos

Pero cuando venga el Espíritu Santo sobre ustedes,
recibirán poder y serán mis testigos tanto
en Jerusalén como en toda Judea y Samaria,
y hasta los confines de la tierra.

Hechos 1:8, NVI

Jesús no emitió misiones individuales. No avanzó uno por uno en la fila e hizo caballero a cada persona. "Serán mis testigos [todos ustedes colectivamente]" (Hechos 1:8, NVI).

Jesús trabaja en comunidad. Por esa razón no encuentra pronombres personales en la descripción más temprana de la iglesia.

Todos los *creyentes* se *dedicaban* a las enseñanzas de los apóstoles, a la comunión fraternal, a participar juntos en las comidas [...] y a la oración. [...]

Todos los *creyentes* se reunían en un mismo lugar y compartían todo lo que tenían. *Vendían sus* propiedades y posesiones y compartían el dinero con aquellos en necesidad. *Adoraban* juntos en el templo cada día, se reunían en casas para la Cena del Señor y *compartían* sus comidas con gran gozo y generosidad (Hechos 2:42–46, NTV, énfasis añadido)

El fragmento contiene solamente sustantivos, verbos y pronombres en plural.

Ningún *yo* o *mí* o *tú*. Estamos juntos en esto. Somos más que seguidores de Cristo, discípulos de Cristo. "Porque formamos parte de su cuerpo" (Efesios 5:30, PDT). "Cristo es la cabeza de la iglesia, que es su cuerpo" (Colosenses 1:18, PDT). Yo no soy su cuerpo; usted no es su cuerpo. Nosotros—juntos—somos su cuerpo.

Más allá de tu vida

El ascenso

Y todo lo que hacéis, sea de palabra o de hecho,
hacedlo todo en el nombre del Señor Jesús,
dando gracias a Dios Padre por medio de él.
Colosenses 3:17

Durante veinte años yo fui el ministro principal de nuestra iglesia. Yo estaba en medio de todo. Yo estaba feliz de desempeñar el papel. Pero era más feliz predicando y escribiendo. Mi mente siempre flotaba hacia el siguiente sermón, la siguiente serie.

A medida que la iglesia incrementó en cantidad, también el personal. Más personal significaba más personas que administrar. Más personas que administrar significaba pasar más tiempo haciendo aquello que no me sentía llamado a hacer.

Me estaba volviendo gradualmente enojón.

Tenía la bendición de tener opciones. Fui igualmente bendecido de tener una iglesia que brindaba flexibilidad. Pasé de ser el ministro principal a ministro de enseñanza.

Cuando me convertí en ministro de enseñanza, algunas personas quedaron confundidas.

"¿No extrañas ser el ministro principal?".

Traducción: ¿Que no te degradaron?

Unos años antes lo hubiera pensado así. Pero he llegado a considerar la definición de Dios de un ascenso: un ascenso no es un movimiento hacia arriba en el escalafón; es un movimiento hacia mi llamado. No permita que alguien lo "ascienda" hacia algo a lo que no fue llamado.

Busque maneras de alinear su trabajo con sus habilidades. Esto puede tomar tiempo. Esto puede requerir prueba y error. Pero no se rinda. No todo tubista tiene las habilidades para dirigir la orquesta. Si usted puede, entonces hágalo. Si no, haga retumbar su tuba con deleite.

Días de gloria

Registros abiertos

Realmente no me entiendo a mí mismo,
porque quiero hacer lo que es correcto pero no
lo hago. En cambio, hago lo que odio.
Romanos 7:15, NTV

Sucede en un instante. En un momento usted está caminando y silbando, al siguiente está sorprendido y cayendo. Satanás retira la cubierta del registro, y una caminata inocente por la tarde se convierte en una historia de terror. Impotente da tumbos, incapaz de recuperar el control.

Tal es el patrón del pecado repentino. ¿Se puede identificar con él?

Nadie que esté leyendo estas palabras está libre de la traición del pecado repentino. Este demonio del infierno puede escalar la pared del monasterio más alto, penetrar la fe más profunda y profanar el hogar más puro.

¿Quiere afilar sus defensas un poco?

Primero, *reconozca a Satanás*. Nuestra guerra no es contra carne y sangre, sino contra Satanás mismo. Llámelo por nombre. Desenmascárelo. Cuando el impulso de pecar asome su fea cabeza, véalo directamente a los ojos y responda a su fanfarronada: "¡Quítate de delante de mí, Satanás!".

Segundo, *reciba el perdón de Dios*. Romanos capítulo 7 es la Proclamación de Emancipación para aquellos de nosotros que tenemos la tendencia de tropezar.

"¡Dios me salvará! Le doy gracias a él por medio de nuestro Señor Jesucristo […] Por lo tanto, ya no hay ninguna condenación para los que están unidos a Cristo Jesús" (Romanos 7:25 y 8:1, NVI).

Amén. Allí está. Para los que están *en* Cristo *no* hay condenación. Absolutamente ninguna. Reclame la promesa. Acepte la limpieza. Eche fuera la culpa. Gloria a Dios. Y … cuídese de los registros abiertos.

Sobre el yunque

La Palabra inspirada

Pero tú debes permanecer fiel a las cosas que se te han enseñado […] Desde la niñez, se te han enseñado las sagradas Escrituras, las cuales te han dado la sabiduría para recibir la salvación que viene por confiar en Cristo Jesús.
2 Timoteo 3:14–15, NTV

¿Podemos creer que "toda la Escritura es inspirada por Dios" (2 Timoteo 3:16)? Esta es la razón por la que pienso que podemos.

Es extraordinaria en composición. Redactada a lo largo de dieciséis siglos por cuarenta autores. Comenzando con Moisés en Arabia y terminada por Juan en Patmos. Escrita por reyes en palacios, pastores en tiendas y prisioneros en cárceles. ¿Podría ser posible que cuarenta escritores, escribiendo en tres idiomas distintos y en varios países distintos, separados entre sí tanto como mil seiscientos años, produjeran un libro con un tema singular a menos que detrás de ellos hubiera una sola mente y un solo diseñador?

Es extraordinaria en durabilidad. Es por sí solo el libro más publicado en la historia. Traducido a por lo menos mil doscientos idiomas.[17] Las Biblias han sido quemadas por los gobiernos y prohibidas en las cortes, pero la Palabra de Dios permanece. La sentencia de muerte se ha escuchado cien veces, pero la Palabra de Dios continúa.

Es extraordinaria en profecía. Más de trescientas profecías cumplidas acerca de la vida de Cristo,[18] fueron todas escritas por lo menos cuatrocientos años antes de que naciera. Imagínese que algo parecido ocurriera el día de hoy. Que encontráramos un libro escrito en 1900 que profetizara dos guerras mundiales, una depresión, una bomba atómica y el asesinato de un presidente y un líder de derechos civiles, ¿no confiaríamos en él?

Días de gloria

Intercesión incesante

Estábamos muertos espiritualmente a causa de nuestras ofensas contra Dios, pero él nos dio vida al unirnos con Jesucristo. Fíjense, ustedes fueron salvos sólo gracias a la generosidad de Dios. Él nos levantó de la muerte junto con Cristo y nos sentó junto a él en el cielo. [...] No se salvaron a sí mismos, su salvación fue un regalo de Dios.

Efesios 2:5–8, PDT

Jesús "ahora está a la derecha de Dios, rogando por nosotros" (Romanos 8:34, TLA). Deje que esto penetre un momento. En la presencia de Dios, en desafío a Satanás, Jesucristo se levanta en su defensa. Toma el papel de un sacerdote. "El gran sacerdote que tenemos reina sobre la casa de Dios. Nos ha limpiado y liberado de toda culpa, y ahora nuestro cuerpo está lavado con agua pura. Entonces acerquémonos a Dios con un corazón sincero, seguros de la fe que tenemos" (Hebreos 10:21–22, PDT).

Una conciencia limpia. Un historial limpio. Un corazón limpio. Libre de acusaciones. Libre de condenación. No solo por nuestros errores del pasado, sino también por los de nuestro futuro.

"Entonces puede salvar para siempre a los que vienen a Dios por medio de él, pues vive para siempre y está listo para ayudarlos cuando se presenten ante Dios" (Hebreos 7:25, PDT). Cristo ofrece intercesión incesante a su favor.

Jesús vence la culpa del diablo con palabras de gracia.

Gracia

Una oración...para
dejar que otros entren

Y como insistieran en preguntarle, se enderezó y les dijo:
El que de vosotros esté sin pecado sea el primero
en arrojar la piedra contra ella.

Juan 8:7

Señor misericordioso, en la Biblia eres llamado "el Dios que me ve",
y sé que tus ojos están siempre sobre mí para guiarme y protegerme
y bendecirme y corregirme. También me has dado ojos. Concédeme
el poder de usarlos para ver verdaderamente. Ayúdame a ver a los
que pones en mi camino; a realmente verlos con todas sus heridas,
sus deseos, sus anhelos, sus necesidades, sus alegrías y sus desafíos.
Mientras abres mis ojos, ínstame a abrir mucho mis brazos para
ofrecer la ayuda y el ánimo que tengo que dar. Te lo pido en el nom-
bre de Jesús, amén.

Más allá de tu vida

Salga de su concha

Pues Dios no nos ha dado un espíritu de temor,
sino un espíritu de poder, de amor y de buen juicio.
2 Timoteo 1:7, DHH

Las conchas de almeja. Todos las usamos. Son mejores que una armadura, gruesas como un carro de combate. Considérelas búnkeres del alma. Dentro no hay hambre ni huérfanos, pobreza o injusticia.

Venimos con nuestras conchas con honestidad. No tenemos el propósito de meter la cabeza en un agujero. Queremos ayudar. Pero los problemas son inmensos, complejos e intensos.

Permita que Dios lo saque de la concha. Y cuando lo haga: "Cada uno debe examinar su propia conducta. Si es buena, podrá sentirse satisfecho de sus acciones, pero no debe compararse con los demás" (Gálatas 6:4, TLA). Trate de comenzar con dos preguntas:

¿Con quién se siente más cómodo? ¿Adolescentes? ¿Drogadictos? ¿Ancianos? Probablemente hable con dificultad con los niños, pero es elocuente con los ejecutivos. Así es como Dios lo ha diseñado. "Dios, en su gracia, nos ha dado dones diferentes para hacer bien determinadas cosas" (Romanos 12:6, NTV).

¿Por quién siente la mayor compasión? Dios no nos pone cargas iguales.[19] Teje nuestro corazón individualmente (Salmo 33:15). ¿Cuándo su corazón se quiebra y su pulso se acelera? ¿Cuándo ve a un indigente? ¿Cuándo viaja al centro de la ciudad?

Es sorprendente lo que sucede cuando salimos de nuestra concha y vamos a trabajar para Dios.

Más allá de tu vida

Abrir puertas cerradas

¿Acaso Dios no les hará justicia a sus elegidos, que día y noche claman a él? ¿Se tardará en responderles?

Lucas 18:7, RVC

Cuando Dios cierra una puerta, necesita estar cerrada. Cuando cierra un camino, necesita estar cerrado. Cuando metió a Pablo y a Silas a la cárcel, Dios tenía un plan para el carcelero. Mientras Pablo y Silas cantaban, Dios sacudió la prisión. "Al instante se abrieron todas las puertas y a los presos se les soltaron las cadenas" (Hechos 16:26, NVI).

Allí va de nuevo Dios, abriendo de un tirón las puertas más seguras de la ciudad. Cuando el carcelero se dio cuenta de lo que sucedió supuso que todos los prisioneros habían escapado. Sacó la espada para quitarse la vida.

Cuando Pablo le dijo que no lo hiciera, el carcelero sacó a los dos misioneros y les preguntó: "¿Señores, ¿qué tengo que hacer para ser salvo?" (v. 30, NVI). Pablo le dijo que creyera. Lo hizo y él y toda su familia fueron bautizados. El carcelero lavó sus heridas y Jesús lavó sus pecados. Dios cerró la puerta de la celda de la cárcel para que pudiera abrir el corazón del carcelero.

¿Podría ser esa puerta cerrada que está enfrentando la manera de Dios de abrir el corazón de alguien?

La historia de Dios, tu historia

Vasos escogidos

Entonces Ananías respondió:
Señor, he oído de muchos acerca de este hombre,
cuántos males ha hecho a tus santos en Jerusalén [...]
El Señor le dijo:
Ve, porque instrumento escogido me es éste.
Hechos 9:13,15

Los vasos escogidos de Dios no siempre son brillantes y dorados. Quizá estén manchados o resquebrajados, rotos o incluso desechados. Quizá sean un Saulo, impulsados por la ira, motivado para herir. Saulo estaba presto para desarraigar y perseguir a los primeros cristianos.

Pero Dios vio posibilidades en Saulo y envió a Ananías a enseñarlo y ministrarlo. ¿Qué va a hacer usted cuando Dios lo envíe a rescatar uno de sus vasos escogidos? ¿Qué va a hacer cuando Dios le muestre a su Saulo? El Saulo que todos los demás han rechazado.

"Ya está demasiado lejos". "Es demasiado dura [...] demasiado adicta [...] demasiado grande [...] demasiado fría". Nadie le dedica una oración a su Saulo. Pero usted está comenzando a darse cuenta de que probablemente Dios está trabajando tras bastidores. Usted comienza a creer.

No resista estos pensamientos.

Por supuesto, nadie cree en la gente más que Jesús. Vio algo en Pedro que valía la pena desarrollar, en la mujer adúltera algo que valía la pena perdonar y en Juan algo que valía la pena controlar.

No se rinda con su Saulo. Cuando otros lo rechacen, dele otra oportunidad. Háblele a su Saulo acerca de Jesús y ore. Y recuerde esto: Dios nunca lo envía adonde no haya estado ya. Para el momento en que usted alcance a su Saulo, quién sabe lo que encontrará.

Más allá de tu vida

Nuestra estrategia de batalla

Pues aunque vivimos en el mundo, no libramos batallas como lo hace el mundo. Las armas con que luchamos no son del mundo, sino que tienen el poder divino para derribar fortalezas.
2 Corintios 10:3–4, NVI

El problema de hoy no es necesariamente el problema de mañana. No se confine suponiendo que es así. Resístase a autoetiquetarse. "Solo soy un preocupón". "El chisme es mi debilidad". "Mi papá era un bebedor y creo que yo seguiré con la tradición".

¡Deje de hacer eso! Estas palabras generan alianzas con el diablo. Le otorgan acceso a su espíritu. No es la voluntad de Dios que viva una vida derrotada, marginada, infeliz y cansada. Haga oídos sordos a las voces antiguas y tome nuevas decisiones. "Las cuerdas me cayeron en lugares deleitosos, y es hermosa la heredad que me ha tocado" (Salmo 16:6). Viva su herencia, no su circunstancia.

Dios ya le ha prometido victoria. Y le ha provisto las armas para la pelea.

Cada batalla, finalmente, es una batalla espiritual. Cada conflicto es una competencia con Satanás y sus fuerzas. Pablo nos instó a estar firmes "contra las acechanzas del diablo" (Efesios 6:11). Satanás no está pasivo ni juega limpio. Está activo y es engañoso. Tiene maquinaciones y estrategias. Como consecuencia, también necesitamos una estrategia. Y Dios nos da una: dejar que Él pelee por nosotros.

Días de gloria

Dios no lo suelta

Por lo cual estoy seguro de que ni la muerte,
ni la vida, ni ángeles, ni principados, ni potestades,
ni lo presente, ni lo por venir, ni lo alto, ni lo profundo,
ni ninguna otra cosa creada nos podrá separar del amor
de Dios, que es en Cristo Jesús Señor nuestro.
Romanos 8:38–39

Muchos cristianos viven con una ansiedad profundamente arraigada con respecto a la eternidad. Ellos *piensan* que son salvos, *esperan* ser salvos, pero siguen dudando, preguntándose: ¿*En* realidad soy *salvo*?

Nuestro comportamiento nos da razones para dudar. Somos fuertes un día, débiles al siguiente. Consagrados una hora, flaqueamos a la siguiente. Creemos y luego tenemos incredulidad.

La sabiduría convencional tira una raya por en medio de estas fluctuaciones. Si se desempeña arriba de esta línea, disfrutará la aceptación de Dios. Pero si se va por debajo de ella, podría esperar una notificación de despido del cielo. En este paradigma la persona se pierde y es salva múltiples veces al día. La salvación se convierte en un asunto de oportunidad. Simplemente espera morir en un buen momento. Nada de seguridad, estabilidad o confianza.

Este no es el plan de Dios. Él traza una línea, por supuesto. Pero la traza debajo de nuestras subidas y bajadas. El lenguaje de Jesús no podía ser más fuerte: "Les doy vida eterna, y nunca perecerán. Nadie puede quitármelas" (Juan 10:28, NTV).

Dios no lo suelta.

Gracia

Encienda el interruptor

Entonces me invocaréis,
y vendréis y oraréis a mí, y yo os oiré.
Jeremías 29:12

Uno de nuestros líderes brasileños en la iglesia me enseñó algo acerca de la oración sincera. Conoció a Cristo durante la estadía de un año en un centro de rehabilitación de drogas. Su terapia incluía tres sesiones de oración al día de una hora.

Le expresé mi asombro y le confesé que mis oraciones eran cortas y formales. Me invitó (¿o me desafió?) a reunirme con él para orar. Nos arrodillamos en el piso de concreto de nuestra pequeña iglesia y comenzamos a hablar con Dios. Cambiaré eso. Yo hablé; él clamó, se lamentó, rogó, persuadió y suplicó. Oró como Moisés.

Cuando Dios determinó destruir a los israelitas por su proeza con el becerro de oro: "Moisés le rogó al SEÑOR su Dios y le dijo: —Oh SEÑOR, ¿por qué vas a descargar tu ira contra tu pueblo, el que tú mismo sacaste de Egipto demostrando tu gran poder? [...] Acuérdate de tus siervos Abraham, Isaac e Israel a los que les juraste en tu nombre y les prometiste" (Éxodo 32:11–13, PDT).

Moisés en el Sinaí no está calmado y callado, con las manos entrecruzadas y una expresión serena. Está de rodillas, levantando las manos, derramando lágrimas.

¡Y Dios lo escuchó! "Entonces el SEÑOR renunció a la idea de hacerle daño a su pueblo" (v. 14, PDT).

Nuestras oraciones apasionadas mueven el corazón de Dios. La oración no cambia la naturaleza de Dios. No obstante, la oración sí cambia el fluir de la historia. Dios ha conectado su mundo para que tenga luz, pero nos llama a encender el interruptor.

Más allá de tu vida

Una oración...
para buscar a Dios

Me buscaréis y me hallaréis,
porque me buscaréis de todo vuestro corazón.
Jeremías 29:13

Padre, quiero estar entre los buscadores que siempre están buscando a Jesús. Que tú has preparado una morada eterna para mí y que quieres que yo esté contigo son las mejores noticias que he escuchado. Prepara mi corazón para encontrarte. En el nombre de Jesús, amén.

In the Manger [En el pesebre]

¿Listo para marchar?

Pido también que les sean iluminados los ojos del corazón para que sepan a qué esperanza él los ha llamado, cuál es la riqueza de su gloriosa herencia.
Efesios 1:18, NVI

Piense en el cristiano que quiere ser. ¿Qué cualidades quiere tener? ¿Más compasión? ¿Más convicción? ¿Más valentía? ¿Qué actitudes quiere descontinuar? ¿Codicia? ¿Culpa? ¿Negatividad interminable? ¿Un espíritu que critica?

Estas son las buenas noticias. Usted puede. Con la ayuda de Dios usted puede cerrar la brecha entre la persona que es y la persona que quiere ser, de hecho, la persona que Dios creó que usted fuera. Usted puede vivir "de gloria en gloria" (2 Corintios 3:18).

Josué y sus hombres hicieron esto. Fueron de la tierra seca a la Tierra Prometida, del maná a las fiestas, de los desiertos áridos a los campos fértiles. Recibieron su herencia (Josué 21:43–45).

Que usted reciba su herencia también es la visión de Dios para su vida. Imagínese el pensamiento. Usted a lo máximo. Usted como fue ideado. Usted como el conquistador de Jericó y gigantes.

Es una vida que puede tomarla si quiere.

Espere ser desafiado. El enemigo no se va a ir sin una pelea. Pero las promesas de Dios pesan mucho más que los problemas personales. La victoria se convierte en, si nos atrevemos a imaginar, una manera de vivir. ¿No es tiempo de que cambie de domicilio del desierto a la Tierra Prometida?

¿Está listo para marchar?

Días de gloria

¿Será usted alguien?

Al Señor busqué en el día de mi angustia.
Salmo 77:2

Cuando los desastres golpean, el espíritu humano responde por medio de extenderle una mano a los afectados. La gente hace fila para donar sangre. Millones de dólares son donados para ayudar a las víctimas y sus familias. Los equipos de rescate trabajan durante horas interminables. Pero el esfuerzo más esencial es acompañado de otro equipo valiente. ¿Su tarea? Guardar y ceñir el mundo con oración. Los que oran mantienen vivas las llamas de las vigilias de la fe. En su mayoría, ni siquiera conocemos sus nombres. Tal es el caso de alguien que oró un día hace mucho tiempo.

Su nombre no es importante. Su aspecto es inmaterial. Su género no tiene importancia. Su título es irrelevante. Es importante no por quién era, sino por lo que hizo.

Acudió a Jesús de parte de un amigo. Su amigo estaba enfermo y Jesús podía ayudar, y alguien necesitaba acudir a Jesús, así que alguien fue. Otros cuidaron del hombre enfermo en otras maneras. Otros trajeron alimentos; otros suministraron tratamiento; y aun otros consolaron a la familia. Cada papel fue crucial. Cada persona fue útil, pero ninguno fue más vital que el que acudió con Jesús.

Juan escribe: "Así que las dos hermanas le mandaron decir a Jesús [*con alguien*]: —Señor, tu estimado amigo Lázaro está enfermo" (Juan 11:3, PDT, énfasis añadido).

Alguien llevó la petición. Alguien recorrió el camino. Alguien fue a Jesús de parte de Lázaro. Y como alguien fue, Jesús respondió.

Para estos tiempos difíciles

Ponga el plan
de Dios a funcionar

No quiero decir que ya llegué a la perfección en todo,
sino que sigo adelante. Estoy tratando de alcanzar esa meta […]
me olvido del pasado y me esfuerzo
por alcanzar lo que está adelante.
Filipenses 3:12–13, PDT

Mi esposa y yo pasamos cinco años en un equipo misionero en Río de Janeiro, Brasil. Nuestros primeros dos años fueron improductivos y fútiles. Los gringos solíamos ser más que los brasileños en la reunión. Lo más frecuente era que volviera a casa frustrado.

Así que le pedimos a Dios otro plan. Oramos y releímos las epístolas. Especialmente nos enfocamos en Gálatas. Se me ocurrió que estaba predicando una gracia limitada. Cuando comparé nuestro mensaje del evangelio con el de Pablo vi la diferencia. Las suyas eran buenas noticias de alto octanaje. Las mías eran legalismo agrio. Así que como equipo decidimos enfocarnos en el evangelio. En mi enseñanza hice mi mejor esfuerzo por proclamar el perdón de pecados y la resurrección de los muertos.

Vimos un cambio inmediato. ¡Bautizamos a cuarenta personas en doce meses! Bastantes personas para una iglesia de sesenta miembros. Dios no había terminado con nosotros. Solamente necesitábamos poner el pasado en el pasado y poner el plan de Dios a funcionar.

No pase otro minuto en el pasado. Pídale a Dios su plan.

Días de gloria

¿Por qué no?

Y recorrió Jesús toda Galilea, enseñando en las sinagogas
de ellos, y predicando el evangelio del reino, y sanando
toda enfermedad y toda dolencia en el pueblo.

Mateo 4:23

Cristo asombró a la gente con su autoridad y claridad. No tenía la mente de un salvaje desquiciado. ¿Un tonto demente? No. ¿Un fraude engañoso? Algunos han dicho eso.

Algunos creen que Jesús maquinó la mayor estratagema de la historia de la humanidad. Si eso fuera verdad, millardos de seres humanos han sido engañados para seguir a un flautista del primer siglo por la orilla de un risco.

¿Deberíamos coronar a Cristo como el mayor fraude en el mundo? No con tanta velocidad. Vea los milagros que realizó Jesús. Los cuatro Evangelios detallan aproximadamente treinta y seis milagros y dan referencias de muchos más. Multiplicó panes y peces, cambió el agua en vino, calmó más de una tormenta, restauró la vista de más de un ciego. Sin embargo, al hacerlo, Jesús nunca hizo espectáculo de sus poderes milagrosos. Nunca buscó la fama o las ganancias. Jesús realizó milagros por dos razones: para probar su identidad y para ayudar a su pueblo.

Si Jesús hubiera sido un fraude o un tramposo, la gente podría haber denunciado los milagros de Cristo. Pero hicieron justo lo opuesto. ¿Se puede imaginar los testimonios? "Si usted fue parte de la multitud que Jesús alimentó, uno de los muertos que levantó o uno de los enfermos que sanó, hable y cuente su historia".

Y sí que hablaron. La iglesia explotó como llamarada sobre una pradera del Oeste de Texas. ¿Por qué? Porque Jesús sanó a la gente.

¿Por qué no lo deja sanarlo a usted?

La historia de Dios, tu historia

Septiembre

La oferta monumental de Dios

Porque también Cristo padeció una sola vez por los
pecados, el justo por los injustos, para llevarnos a Dios.
1 Pedro 3:18

Dios vistió a Cristo con nuestros pecados. *Todos y cada uno de nuestros* pecados.

Engañé a mis amigos.
Le mentí a mi esposa.
Maltraté a mis hijos.
Maldije a Dios.

Como si Jesús lo mereciera los llevó. Nuestros pecados fueron puestos sobre Cristo. "El Señor hizo recaer sobre él la iniquidad de todos nosotros" (Isaías 53:6, NVI). "Cargó con el pecado de muchos" (Isaías 53:12, NVI). Pablo proclamó que Dios hizo a Cristo "pecado por nosotros" (2 Corintios 5:21, NBLH) y se hizo "maldición por nosotros" (Gálatas 3:13, NBLH). Pedro estuvo de acuerdo: "Él mismo [Jesús] llevó (cargó) nuestros pecados en su cuerpo sobre la cruz" (1 Pedro 2:24, LBLA, paréntesis añadido).

Esta es la oferta monumental de Dios. ¿Qué le dice Dios a la mujer que quiere hacer cosas para compensar su culpa? ¿Al hombre que quiere ganarse la salida del pecado? Sencillo: el trabajo ya está hecho. Mi hijo llevó su pecado sobre sí y yo lo castigué allí.

La historia de Dios, tu historia

Un Dios que guarda el pacto

Las palabras de Dios son todas puras;
Dios es el escudo de quienes en él confían.
Proverbios 30:5, RVC

Vivimos en un mundo de palabras que se caen. Promesas rotas. Votos vacíos. Juramentos que se hacen solamente para retractarse de ellos. Se dan seguridades que son ignoradas. Fueron habladas con gran fanfarria. "Siempre te amaré". "Cuente con nosotros para reconocer el buen trabajo". "Hasta que la muerte nos separe".

Pero las palabras tienden a tropezar. Son como hojas de otoño en el viento de noviembre. Usted ha escuchado bastantes.

Pero nunca las escuchará por parte de Dios. En un mundo de palabras caídas, las suyas permanecen. En una vida de promesas rotas, el cumple las suyas. "Dios mío, tú siempre cumples tus promesas y lo has demostrado una y otra vez. Tus promesas son más valiosas que plata refinada" (Salmo 12:6, TLA).

Dios es un Dios que guarda el pacto.

Días de gloria

Una oración...
por ayuda y gracia

Que os ha nacido hoy, en la ciudad de David,
un Salvador, que es CRISTO el Señor.

Lucas 2:11

Padre eterno, tú eres el Dios poderoso. Enviaste a tu hijo y realizaste el sacrificio final, y te mereces toda nuestra alabanza.

Necesito tu ayuda hoy. Soy un pecador y estoy sintiendo el peso de mi pecado. Muéstrame lo que significa el nacimiento de tu Hijo para mí en este momento.

Dale gracia a los que no han aceptado a tu Hijo y que no conocen la libertad que Él da. Déjalos ver que tú eres su amoroso Padre.

Gracias por amarme no solo ayer u hoy, sino siempre, sin importar la profundidad de mi pecado. Estoy agradecido.

En el precioso nombre de tu Hijo, amén.

40 oraciones simples que brindan paz y descanso

Quién es usted

*Hace que todas las cosas
resulten de acuerdo con su plan.*

Efesios 1:11, NTV

¿Cuál es el texto de nuestra vida?

La pregunta no es nueva. Los gurús de la autoayuda, los conductores de los programas de entrevistas y los encabezados de las revistas lo instan a encontrar su narrativa. Pero lo envían en la dirección equivocada. "Busque dentro de usted mismo", dicen. Pero la promesa del autodescubrimiento de queda corta. ¿Puede encontrar el argumento de un libro en un párrafo o escuchar el fluir de una sinfonía en un compás? Para nada. Usted es mucho más que unos días entre el vientre y la tumba.

Su historia mora en la de Dios. Esta es la gran promesa de la Biblia y la esperanza de este libro. "En Cristo, Dios nos había escogido de antemano para que tuviéramos parte en su herencia de acuerdo con el propósito de Dios mismo, que todo lo hace según la determinación de su voluntad. Y él ha querido que nosotros seamos los primeros en poner nuestra esperanza en Cristo, para que todos alabemos su glorioso poder" Efesios 1:11–12, DHH).

Arriba y alrededor de nosotros Dios dirige una epopeya mayor, escrita por su mano, orquestada por su voluntad, develada según su calendario. Y usted es parte de ella. Su vida emerge de la mente más grande y del corazón más benigno en la historia del universo: la mente y el corazón de Dios.

La historia de Dios, tu historia

Arriésguese a creer

*Y nosotros hemos visto y declaramos que el Padre
envió a su Hijo para ser el Salvador del mundo.*
1 Juan 4:14, NVI

El pueblo de Dios se arriesga a creer. Al ser forzado a estar en la encrucijada entre creer y no creer, escoge creer. Con determinación coloca un paso tras el otro en el sendero de la fe. Pocas veces con un salto, casi siempre cojeando. Toman la decisión consciente de dar un paso hacia Dios, de inclinarse a la esperanza, de oír el llamado del cielo. Prosigue hacia las promesas de Dios.

La historia de Josué nos insta a hacer algo semejante. De hecho, uno podría argumentar que el mensaje central del libro de Josué es el encabezado: "Dios cumple sus promesas. Confíe en Él".

Los tres versículos de Josué 21:43–45 son el corazón teológico del libro. El escritor remarca el punto por triplicado. Tres veces en el versículo declara: *Dios hizo lo que dijo que haría.*

1. "De esta manera dio […] toda la tierra que había jurado dar" (v. 43).

2. "Y Jehová les dio reposo […] conforme a todo lo que había jurado a sus padres" (v. 44).

3. "No faltó palabra de todas las buenas promesas que Jehová había hecho […] todo se cumplió" (v. 45).

Aprenda de Josué. Tome el riesgo. Créale a Dios. Él va a hacer todo lo que ha dicho que hará.

Días de gloria

Viva con gratitud

Que el mensaje de Cristo, con toda su riqueza,
llene sus vidas. Enséñense y aconséjense unos a otros con
toda la sabiduría que él da. Canten salmos e himnos y
canciones espirituales a Dios con un corazón agradecido.

Colosenses 3:16, NTV

La solución de Dios para cualquier desafío es esta: un espíritu agradecido. No hay neblina tan gruesa que la luz solar del agradecimiento no pueda disipar. ¿Caso de estudio? Jack Ryan.

Se supone que los pastores no deben tener favoritos, lo sé. Pero Jack siempre ha sido mi favorito. Es un santo de setenta años con el cabello plateado rápido para sonreír y animar a otros.

Había estado ausente durante un tiempo. La enfermedad del corazón le había succionado la fuerza de su cuerpo. Fui a visitarlo.

—Jack —le pregunté—, ¿escuché que no estás bien?

—Oh, Max —corrigió con una sonrisa débil—. Nunca he estado mejor.

—Dicen que no puedes dormir.

—No, no puedo. Pero puedo orar.

Sus ojos danzaron cuando inclinó su cabeza.

—Solo hablo con Jesús, Max. Le digo que lo amo. Le digo: "Gracias". Estos son buenos tiempos para mí. Solo estoy hablando con Jesús.

La mala circulación se había llevado el color de Jack. La enfermedad había minado su vigor. Sus manos temblaban. Sin embargo, uno hubiera pensado que era un muchacho en Noche Buena.

Y en un sentido lo era. Temprano a la mañana siguiente se fue a casa con Jesús. ¿Quién es el verdadero ganador en la vida? ¿No es la persona que muere con un espíritu agradecido lleno de esperanza? ¿Cómo morimos con gratitud? Vivimos con ella.

Antes del amén

Los infortunios de tener propiedades frente a la playa

*Pero cualquiera que me oye estas palabras y no las hace,
le comparé a un hombre insensato, que edificó su casa sobre la
arena; y descendió lluvia, y vinieron ríos, y soplaron vientos,
y dieron con ímpetu contra aquella casa; y cayó,
y fue grande su ruina.*
Mateo 7:26–27

La obediencia lleva a la bendición. La desobediencia lleva a problemas.

¿Recuerda la parábola de Jesús acerca de los dos constructores que cada uno edificó una casa? Uno construyó en arena barata de fácil acceso. El otro sobre roca costosa difícil de alcanzar. El segundo proyecto de construcción exigió más tiempo y gastos, pero cuando vinieron las lluvias de primavera convirtieron el arroyo en una inundación ¿adivine qué constructor disfrutó una bendición y cuál experimentó problemas? Las propiedades frente a la playa no sirven de mucho si no pueden resistir la tormenta.

Según Jesús, el constructor sabio es "cualquiera, pues, que me oye estas palabras, y las hace" (Mateo 7:24). Ambos constructores escucharon las enseñanzas. La diferencia entre los dos no era conocimiento e ignorancia, sino obediencia y desobediencia. La seguridad viene cuando ponemos los preceptos de Dios en práctica. Solamente somos tan fuertes como nuestra obediencia.

Ignore el atractivo de las propiedades frente a la playa, construya su casa sobre la Roca.

Días de gloria

¿Qué quiere decir esto?

Jesús fue llevado al cielo y ahora está a la derecha de Dios.
El Padre, según su promesa, le dio el Espíritu Santo.
Jesús lo ha derramado sobre nosotros;
eso es lo que ustedes ven y oyen ahora.
Hechos 2:33, PDT

"¿Qué quiere decir esto?" (Hechos 2:12), preguntó la gente. El sonido del viento recio, las imágenes de fuego, las habilidades lingüísticas repentinas de los discípulos... ¿qué podrían significar estos sucesos? Los habitantes de Jerusalén con toda seguridad habían escuchado acerca de Jesús. Pero, ¿conocían a Jesús? En rápida sucesión Pedro dispara un trío de respaldos de Cristo dados por Dios.

1. "Dios aprobó a Jesús de Nazaret y lo demostró ante ustedes con las obras poderosas, las maravillas y las señales milagrosas" (v. 22, PDT). Los milagros de Jesús eran prueba de su divinidad.

2. Luego Dios lo entregó a la muerte. "Él les fue entregado, conforme al plan de Dios, quien ya sabía lo que iba a pasar. Ustedes lo mataron por medio de hombres perversos, clavándolo en la cruz" (v. 23, PDT). Dios consideró a Cristo digno de la misión más importante de Dios: servir como sacrificio para la humanidad. Pero Dios no dejó a Jesús en la tumba.

3. "Dios lo liberó: lo resucitó porque la muerte no podía retenerlo" (v. 24, PDT).

"¿Qué quiere decir esto?" Significa que la muerte no era rival para el Hijo de Dios... y no es rival para los que le pertenecen a Él.

Más allá de tu vida

Digno de un rey

Mira que he quitado de ti tu pecado,
y te he hecho vestir de ropas de gala.
Zacarías 3:4

Cuando usted hace suya la historia de Dios, Él lo cubre de Cristo. Lo lleva como un chaleco. Las viejas etiquetas ya no son adecuadas; solamente las etiquetas que Jesucristo hubiera llevado apropiadamente. ¿Puede pensar en algunas frases para su nuevo chaleco? Qué tal:

- Real sacerdocio (1 Pedro 2:9, NVI)
- Completo (Colosenses 2:10)
- Libre de condenación (Romanos 8:1, NVI).
- Seguro (Juan 10:28, NVI)
- Confirmado y ungido (2 Corintios 1:21)
- Colaborador de Dios (2 Corintios 6:1, NVI).
- Templo de Dios (1 Corintios 3:16–17, NVI)
- Hechura de Dios (Efesios 2:10)

¿Le gusta esa vestimenta?

La historia de Dios, tu historia

Una oración...
para desacelerar y ver

En el mundo estaba, y el mundo por él fue hecho;
pero el mundo no le conoció. A lo suyo vino,
y los suyos no le recibieron.
Juan 1:10–11

Padre misericordioso, quedo atrapado en el ajetreo de la vida diaria, y es fácil perder lo que estás haciendo en mi vida hoy. Desacelérame y abre mis ojos, Señor. Manifiesta tu presencia de modo que pueda verte haciendo lo imposible. En el nombre de Jesús, amén.

In the Manger [En el pesebre]

Deténgase en la puerta

Mas Pedro dijo:
No tengo plata ni oro, pero lo que tengo te doy;
en el nombre de Jesucristo de Nazaret,
levántate y anda.

Hechos 3:6

La gruesa y carnosa mano del pescador se estiró hacia la mano frágil y delgada del mendigo. El cojo se balanceaba como un becerro recién nacido buscando equilibrarse. Al levantarse comenzó a gritar y los paseantes empezaron a detenerse.

La multitud se engrosó alrededor de los tres. Otros mendigos se abrieron paso a la escena en sus cubiertas echas andrajos y mantos harapientos y clamaron por su porción de un milagro.

Así que Pedro accedió. Los condujo a la clínica del Gran Médico y los invitó a que tomaran un asiento. "Por la fe en el nombre de Jesús, él ha restablecido a este hombre [...] Por tanto, para que sean borrados sus pecados, arrepiéntanse y vuélvanse a Dios, a fin de que vengan tiempos de descanso de parte del Señor" (Hechos 3:16, 19).

Una mirada honesta llevó a una mano de ayuda que llevó a una conversación acerca de la eternidad. Las obras hechas en el nombre de Dios viven más allá de nuestras vidas terrenales.

Seamos las personas que se detienen en la puerta. Veamos a los que sufren hasta que suframos con ellos. No se apresure a pasar, a voltear o a poner los ojos en otro lado. No finja ni lo pase por alto. Veamos a los ojos hasta que miremos a la persona.

Más allá de tu vida

Nada que probar

*Luego el diablo lo llevó a la ciudad santa e hizo que
se pusiera de pie sobre la parte más alta del templo,
y le dijo: Si eres el Hijo de Dios, tírate abajo.*
Mateo 4:5–6, NVI

Satanás vino a Jesús en el desierto para tentarlo, para engañarlo. Pero las pruebas no se limitan al desierto; también ocurren en el santuario. Los dos—Satanás y el Hijo de Dios—estaban en la pared sudeste del templo, a más de cien pies [treinta metros cuarenta y ocho centímetros] sobre el valle de Cedrón, y Satanás le dijo a Jesús que saltara a los brazos de Dios. Jesús se rehusó, no porque no pudiera, ni porque Dios no lo atraparía. Se rehusó porque no tenía que probarle nada a nadie, mucho menos al diablo.

Tampoco usted. Satanás va a decirle lo contrario. En la iglesia, de todos los lugares, lo va a instar a hacer trucos: impresionar a los demás con su servicio, hacer un espectáculo de su fe, llamar la atención hacia sus buenas obras. Le encanta convertir las asambleas de la Iglesia en presentaciones de Las Vegas en las que la gente presuma sus habilidades en lugar de gloriarse en las de Dios.

No se deje engañar. Dar un espectáculo en el santuario es solo otra de las estratagemas de Satanás.

La historia de Dios, tu historia

No dé un paseo por el pantano

Acepten mi enseñanza y aprendan de mí que soy paciente
y humilde. Conmigo encontrarán descanso.
Mateo 11:29, PDT

"Te vas a arrepentir". Me despedí de la advertencia sin voltear siquiera. ¿De qué me iba a arrepentir? Todos los demás estaban tomando el camino largo; yo tomé el atajo. Que los demás caminen alrededor del agua; yo caminaré a través de ella. Después de todo eran solamente los Everglades. Pero el agua es agua, ¿no?

"Estás equivocado", me estaban tratando de decir mis nuevos amigos de Florida. Me estaban llevando a un día de campo. Las mesas estaban del otro lado de una ciénaga. El departamento de parques había construido amablemente un puente por el que los peatones podían cruzar la ciénaga por arriba. ¿Pero quién necesitaba un puente?

"Voy a cruzarlo caminando".

Alguien señaló el letrero. "El agua de pantano no es recomendable para recreación".

No podría ser detenido por una advertencia, así que me aventuré. El barro se tragó mis pies. El agua salada era hogar de millones de mosquitos. Cosas con tentáculos pasaron nadando junto a mí. Creo que vi un par de globos oculares viéndome.

Di marcha atrás. Mis dos sandalias fueron tragadas por el abismo, para no ser vistas de nuevo. Salí cubierto de lodo, mordido por mosquitos y avergonzado. Crucé por el puente y tomé asiento en la mesa del día de campo.

Fue un día de campo miserable.

Pero sirve como un acertado proverbio.

La vida viene con decisiones. Las voces llevan a decisiones.
Las decisiones tienen consecuencias.

Días de gloria

La fe es una decisión

No se turbe vuestro corazón;
creéis en Dios, creed también en mí.

Juan 14:1

Estaba confortablemente sentado en la fila de salida del avión cuando una persona que venía por el pasillo gritó mi nombre. A causa del caos para abordar el vuelo, no pudimos conversar. Una hora más tarde sentí que me tocaban el hombro. Era el mismo hombre. Había escrito un mensaje en una servilleta y me lo entregó.

Hace seis veranos Lynne y yo enterramos a nuestra hija de veinticuatro años quien había estado dos semanas conectada a los sistemas de vida artificial...

Los amigos se reunieron alrededor de nuestra familia. Un abogado rural con su mensaje alentador de "Dios quiere su bien, no su mal" fue una de esas voces alentadoras...

Desconectar a nuestra hija de los sistemas de vida artificial fue muy difícil. Aunque la decisión era dolorosa, teníamos la confianza de estar haciendo lo correcto al ponerla en brazos de un Dios poderoso.

Su mejor obra quizá no haya sido restaurar a Erin a esta vida, sino su ayuda para que Lynne y yo lo dejáramos tenerla. Él hizo a nuestra hija mejor que nueva. Restauró a Erin a su presencia eterna. ¡Esa es su mejor obra! ...

Nuestra fe nos está ayudando a pasar a través de esto. La fe es una decisión.[20]

¿Cómo puede un papá enterrar una hija y creer tan profundamente que Dios buscaba su bien y no su mal?

Sencillo. Este padre afligido cree en las promesas de Dios. "La fe es una decisión". Lo es.

Días de gloria

Jesús nos sana a todos

Y deteniéndose Jesús, los llamó,
y les dijo: ¿Qué queréis que os haga?
Mateo 20:32

¿Está esperando que Jesús lo sane? Reciba esperanza de la respuesta de Jesús a los ciegos de Mateo 20:29–34.

"Señor, ten misericordia de nosotros", clamaron.

"Y deteniéndose Jesús". Se detuvo por completo. Todos los demás seguían adelante, pero Jesús se congeló. Algo capturó su atención. ¿Qué fue lo que escuchó Jesús?

Una oración. Un ruego llano de ayuda, flotando a lo largo del sendero sobre los vientos de la fe y aterrizando en su oído. Jesús escuchó las palabras y se detuvo.

Todavía lo hace. Y todavía pregunta: "¿Qué queréis que os haga?".

El dúo de Jericó le dijo: "Señor, que sean abiertos nuestros ojos".

¿Y usted? ¿Qué es lo que necesita sanidad en su vida?

El corazón de Jesús se fue tras los ciegos. "Compadecido, les tocó los ojos". Los sanó.

Mi amigo, Él lo sanará. Oro porque lo sane instantáneamente. Podría escoger sanarlo gradualmente. Pero esto es bastante seguro: Jesús finalmente nos sanará a todos. Las sillas de ruedas, los ungüentos, los tratamientos y los vendajes son confiscados en la puerta del cielo. Los hijos de Dios una vez más serán restaurados.

Porque finalmente Jesús nos sana a todos.

Antes del amén

Estén quietos

Estad quietos, y conoced que yo soy Dios;
seré exaltado entre las naciones;
enaltecido seré en la tierra.
Salmo 46:10

Jesús nos enseñó a orar con reverencia cuando nos puso como ejemplo: "Santificado sea tu nombre" (Mateo 6:9) Esta frase es una petición, no una proclamación. Una solicitud, no un anuncio. "Sé santificado, Señor". Haz lo necesario para que sea santo en mi vida. Toma tu lugar legítimo en el trono. Exáltate. Magnifícate. Glorifícate. Tú sé Señor y yo estaré quieto.

"Quédense quietos, reconozcan que yo soy Dios" (Salmo 46:10, NVI). Este versículo contiene un mandamiento con una promesa.

¿El mandamiento? *Quédense quietos. Cubran su boca. Doblen sus rodillas.*

¿La promesa? *Sabrán que yo soy Dios.*

El navío de la fe viaja sobre aguas calmadas. Creer viaja sobre las alas de la espera.

En medio de sus tormentas diarias, y en esta tormenta que ha venido sobre nuestro país e incluso todo el mundo, hágase el propósito de quedarse quieto y poner su vista en Él. Deje que Dios sea Dios. Permítale bañarlo en su gloria para que tanto su aliento como sus problemas sean succionados de su alma. Quédese quieto. Guarde silencio. Esté abierto y dispuesto. Tome un momento para estar quieto y conocer que Él es Dios.

Quédese quieto y permítale a Dios ser santificado en su vida.

Para estos tiempos difíciles

Una oración... para
ser lavado con misericordia

Pues si yo, el Señor y el Maestro, les he lavado los pies,
también ustedes deben lavarse los pies los unos a los otros.
Les he puesto el ejemplo, para que hagan lo mismo
que yo he hecho con ustedes. Ciertamente les aseguro
que ningún siervo es más que su amo,
y ningún mensajero es más que el que lo envió.
Juan 13:14–16, NVI

Rey del universo, me gustaría pensar que yo hubiera lavado tus pies y que lo habría hecho mejor que los demás discípulos, pero sé que no es verdad. Gracias por amarme y lavarme mis pies y ofrecerme misericordia cuando no merezco ninguna. En el nombre de Jesús, amén.

On Calvary's Hill [En el Calvario]

Dé gracia

Ahora que saben estas cosas,
Dios los bendecirá por hacerlas.
Juan 13:17, NTV

Señor, ¿esperas que lave sus pies y lo deje ir?

La mayoría de la gente no quiere hacerlo. Utilizan la fotografía del villano como blanco para lanzarle dardos. Su Vesubio estalla de vez en cuando, enviando odio, contaminación y mal olor por el aire al mundo. La mayoría de la gente mantiene un caldero de ira a fuego lento.

Pero usted no es "la mayoría de la gente". La gracia le ha sucedido. Mire sus pies. Están húmedos, empapados por la gracia. Sus dedos y arcos y plantas han sentido el fresco lebrillo de la gracia de Dios. Jesús ha lavado las partes más mugrosas de su vida. No se lo saltó ni se llevó el lebrillo hacia alguien más. Si la gracia fuera un campo de trigo, le ha dejado en herencia el estado de Kansas. ¿Puede compartir su gracia con otros?

"Y, dado que yo, su Señor y Maestro, les he lavado los pies, ustedes deben lavarse los pies unos a otros. Les di mi ejemplo para que lo sigan. Hagan lo mismo que yo he hecho con ustedes" (Juan 13:14–15, NTV).

Recibir la gracia es aceptar el voto de entregarla.

Gracia

¿Qué tanto es suficiente?

Porque si perdonan a otros sus ofensas,
también los perdonará a ustedes su Padre celestial.
Pero si no perdonan a otros sus ofensas,
tampoco su Padre les perdonará a ustedes las suyas.
Mateo 6:14–15, NVI

¿Cuánta justicia es suficiente? Imagínese a su enemigo por un momento. Imagíneselo atado al poste para recibir una azotaina. El hombre fuerte armado con el látigo voltea hacia usted y le pregunta: "¿Cuántos latigazos?". Y usted da un número. El látigo suena y la sangre fluye y el castigo es infligido. Su enemigo cae como un bulto al piso, y usted se aleja.

¿Está feliz ahora? ¿Se siente mejor? ¿Está en paz? Probablemente durante un tiempo, pero pronto otro recuerdo sale a la superficie y será necesario otro latigazo, y ¿cuándo termina esto?

Se detiene cuando usted toma seriamente las palabras de Jesús: "Porque si perdonan a otros sus ofensas, también los perdonará a ustedes su Padre celestial. Pero si no perdonan a otros sus ofensas, tampoco su Padre les perdonará a ustedes las suyas" (Mateo 6:14–15, NVI).

"Trátame como trato a mi prójimo". ¿Está usted consciente de que esto es lo que le está diciendo a su Padre? "Dame lo que les doy. Concédeme la misma paz que les otorgo a otros. Déjame disfrutar la misma tolerancia que ofrezco". Dios lo va a tratar en la misma manera en que usted trate a los demás.

¿Le gustaría un poco de paz? Entonces renuncie a darle tantas molestias a su prójimo. ¿Quiere disfrutar la generosidad de Dios? Entonces permita que otros disfruten la suya. ¿Le gustaría tener la certeza de que Dios lo perdona? Creo que ya sabe lo que necesita hacer.

Para estos tiempos difíciles

Hay que traer a todos

Así dice la Escritura:
"Todo el que confíe en él no será jamás defraudado."
No hay diferencia entre judíos y gentiles,
pues el mismo Señor es Señor de todos y bendice
abundantemente a cuantos lo invocan.
Romanos 10:11–12, NVI

La gente tiende a las jerarquías. Nos encanta la superioridad. El chico sobre la chica o la chica sobre el chico. El acaudalado sobre el desamparado. El educado sobre el que no terminó la escuela. El veterano sobre el novato. El judío sobre el gentil.

Una sima infranqueable se extendía entre los judíos y los gentiles en los días de la primera iglesia. Un judío no podía beber leche ordeñada por gentiles o comer sus alimentos. Los judíos no podían auxiliar a una madre gentil en su hora de necesidad. Los médicos judíos no podían atender pacientes no judíos.[21]

Ningún judío quería tener nada que ver con un gentil. Eran inmundos.

A menos que ese judío, por supuesto, fuera Jesús. Las sospechas de un nuevo orden comenzaron a salir a la superficie gracias a su curiosa conversación con la mujer cananea. Su hija estaba muriendo, y su oración era urgente. Su ascendencia era gentil. "Entonces Jesús le dijo a la mujer: —Fui enviado para ayudar solamente a las ovejas perdidas de Dios, el pueblo de Israel. —Es verdad, Señor— respondió la mujer—, pero hasta a los perros se les permite comer las sobras que caen bajo la mesa de sus amos (Mateo 15:24, 27, NTV).

Jesús sanó a la hija de la mujer e hizo muy clara su posición. Estaba más preocupado por traer a todos al Reino que en dejar fuera a ciertas personas.

Más allá de tu vida

El suspiro

Y levantando los ojos al cielo, gimió,
y le dijo: Efata, es decir: Sé abierto.

Marcos 7:34

A medida que la historia de Dios se convierte en su historia, usted hace este maravilloso descubrimiento: se graduará de esta vida al ir al cielo. El plan de Jesús es "de reunir todas las cosas en Cristo" (Efesios 1:10). "Todas las cosas" incluyen su cuerpo. Su corazón que bombea sangre, su codo que dobla su brazo, su torso que soporta su peso. Dios reunirá a su cuerpo con su alma y creará algo distinto de cualquier cosa que haya visto: un cuerpo eterno.

Usted finalmente será saludable. Nunca lo ha sido. Incluso en los días en los que se sentía bien, no lo era. Usted era un blanco inmóvil para la enfermedad, las infecciones, las bacterias aéreas y los microbios.

Odio la enfermedad. Me enferma.

Así también es Cristo. Considere su respuesta al sufrimiento de un sordo y mudo. "Jesús lo apartó de la multitud para estar a solas con él, le puso los dedos en los oídos y le tocó la lengua con saliva. Luego, mirando al cielo, suspiró profundamente y le dijo: "¡Efatá!" (que significa: ¡Ábrete!)" (Marcos 7:33–34, NVI).

Todo acerca de esta sanidad se destaca. La manera en que Jesús se lo lleva aparte de la multitud. Tocar la lengua y los oídos. Pero lo que notamos es el suspiro. Jesús mira al cielo y suspiró. Este es un suspiro de tristeza, una respiración profunda y una mirada celestial que determina: "No será así por mucho tiempo".

La historia de Dios, tu historia

Gracia para el desastre

*Pues el pecado de un solo hombre, Adán, hizo que la muerte
reinara sobre muchos; pero aún más grande es la gracia
maravillosa de Dios y el regalo de su justicia, porque todos
los que lo reciben vivirán en victoria sobre el pecado y la
muerte por medio de un solo hombre, Jesucristo.*

Romanos 5:17, NTV

El significado de la vida. Los años desperdiciados de la vida. Las malas decisiones de la vida. Dios responde al desastre de la vida con una palabra: *gracia*.

Hablamos como si entendiéramos el término. El banco nos da un periodo de *gracia*. El político deshonesto cae de *gracia*. Los músicos hablan acerca de una nota de *gracia*. En la iglesia la *gracia* adorna las canciones que cantamos y los versículos bíblicos que leemos. *Gracia* comparte la casa parroquial con sus primos: *perdón, fe* y *comunión*. Los predicadores la explican. Los himnos la proclaman. Los seminarios la enseñan.

Pero, ¿realmente la entendemos?

Esta es mi corazonada: nos hemos conformado con una gracia debilucha. Cortésmente ocupa una frase en un himno, cabe bien en el letrero de una iglesia. Nunca causa problemas ni exige una respuesta. Cuando se pregunta: "¿Cree usted en la gracia?", ¿quién podría decir que no?

¿Ha sido cambiado por la gracia? ¿Formado por la gracia? ¿Fortalecido por la gracia? ¿Suavizado por la gracia? La gracia de Dios tiene algo que cala. Cierta fiereza. Con un toque de remolino espumoso que lo pone a uno de cabeza. La gracia viene en pos de usted. Le da una nueva configuración. De ser inseguro a estar seguro en Dios. De estar cargado de remordimientos a estar mejor gracias a ella. De estar asustado de morir a estar listo para volar. La gracia es la voz que nos llama a cambiar y luego nos da el poder para lograrlo.[22]

Gracia

Ore con valentía

Si alguno de ustedes no tiene sabiduría, pídasela a Dios.
Él se la da a todos en abundancia, sin echarles nada en cara.
Eso sí, debe pedirla con la seguridad de que Dios se
la dará. Porque los que dudan son como las olas del
mar, que el viento lleva de un lado a otro.

Santiago 1:5–6 TLA

Cuando el compañero de Martín Lutero se enfermó, el reformador oró confiadamente para que fuera sanado. "Busqué al Todopoderoso con gran vigor —escribió—. Lo ataqué con sus propias armas, citando de la Escritura todas las promesas que podía recordar, que las oraciones debían ser concedidas, y le dije que debería conceder mi oración, si es que yo iba a creer en sus promesas desde ese momento en adelante".[23]

Cuando Juan Wesley estaba cruzando el Atlántico, vinieron vientos contrarios. Cuando se enteró de que los vientos estaban sacando la nave de curso, respondió con oración:

"Todopoderoso y eterno Dios [...] tú sostienes los vientos en tus puños y te sientas sobre las inundaciones de aguas y reinas como Rey para siempre. Le ordeno a estos vientos y a estas olas que te obedezcan y que nos lleven rápidamente y a salvo al refugio adonde debemos ir".[24]

La valentía en oración es un pensamiento incómodo para muchos. Pensamos en hablarle suavemente a Dios, humillándonos delante de Dios o teniendo una conversación con Dios... ¿pero agonizar delante de Dios? ¿Irrumpir en el cielo con oraciones? ¿Tal oración no es irreverente? ¿Presuntuosa?

Sería así si Dios no nos hubiera invitado a orar así. "Acerquémonos, pues, con confianza al trono de nuestro Dios amoroso, para que él tenga misericordia de nosotros y en su bondad nos ayude en la hora de necesidad" (Hebreos 4:16, DHH).

Atrévase a orar con valentía.

Días de gloria

Una oración...
al único verdadero Dios

*Yo soy Dios, y no hay otro Dios, y nada hay semejante a
mí, que anuncio lo por venir desde el principio, y desde
la antigüedad lo que aún no era hecho; que digo: Mi
consejo permanecerá, y haré todo lo que quiero.*

Isaías 46:9–10

*Dios del cielo, no hay nadie como tú. Eres el único Dios verdadero.
El único Dios que adoro, el Alfa y la Omega.*

*Necesito saber que has ido delante de mí. No veo solución para
los problemas que estoy enfrentando. Recuérdame que no estás
perplejo por las luchas que enfrento para que pueda ser consolado
con tu poder omnisciente.*

*Acércate a mi familia y a mis amigos que están sufriendo. Su dolor
es paralizante, pero tú eres mayor que cualquier cosa que enfrenten.*

*Gracias por tu perfecta voluntad. Que sea hecha en mi vida
mientras te busco.*

Solo en tu nombre, amén.

40 oraciones simples que brindan paz y descanso

Dios hace lo que nosotros no podemos

De cierto, de cierto os digo:
El que oye mi palabra, y cree al que me envió,
tiene vida eterna; y no vendrá a condenación,
mas ha pasado de muerte a vida.
Juan 5:24

El pueblo de Dios confía más en que Él los ha asido que en que ellos se han asido de Dios. Ponen su confianza en la obra consumada de Cristo. Creen profundamente en que han sido librados "de la potestad de las tinieblas, y trasladado al reino de su amado Hijo" (Colosenses 1:13).

Señalan el Calvario como la evidencia *prima facie* del compromiso de Dios con ellos.

Los seguidores de Josué hicieron algo parecido. No tenían como referencia un monte sino un río. No el Calvario, sino el Jordán. El cruce milagroso los convenció de que Dios estaba entre ellos. Como su líder les había prometido: "En esto [en el cruce] conoceréis que el Dios viviente está en medio de vosotros" (Josué 3:10).

¡Y sí que cruzaron! "...hasta que todo el pueblo hubo acabado de pasar el Jordán; y todo Israel pasó en seco" (v. 17).

"...*y todo Israel* pasó en seco". Los hombres. Las mujeres. Viejos. Jóvenes. Creyentes y los que dudaban. Los fieles y los murmuradores.

"...y todo Israel pasó *en seco*". Incluso podría haber sido concreto. Ninguna rueda de las carretas se atascó. Ni un pie se humedeció.

Dios hizo por ellos lo que ellos no podían hacer. Y Dios hace por nosotros lo que no podemos hacer. En Cristo, Él nos permite cruzar del barro del pecado y de la muerte a la tierra seca de la vida eterna.

Días de gloria

Pero, Dios, tú puedes

Así que les digo, sigan pidiendo y recibirán lo que piden;
sigan buscando y encontrarán; sigan
llamando, y la puerta se les abrirá.
Lucas 11:9, NTV

Cuando se siente indefenso e impotente, ¿adónde puede voltear? Sugiero que voltee a Lucas 11:5–10 y a una de las enseñanzas más intrigantes acerca de la oración. Es la historia de un vecino persistente que busca pedir prestado pan a media noche.

Imagínese que ese vecino es usted. Usted es el que está tocando el timbre a media noche. Ese es usted despertando al chihuahua del vecino. La luz del pórtico se enciende. La puerta se abre. Qué barbaridad, se ve hecho un desastre. Pantaloncillos cortos. Camiseta. El cabello aplastado por la cama.

—¿Qué estás haciendo aquí? —pregunta.

—Un amigo mío acaba de llegar de visita, y no tengo nada que darle de comer —responde usted.

El dueño de la casa murmura y se queja, pero usted insiste.

—Vamos, Hank, por favor.

Finalmente, Hank lo lleva a su despensa. Y su invitado sorpresa no tiene que irse a la cama hambriento. Todo porque usted habló a favor de alguien más.

Esto es la oración intercesora en su forma más pura. Padre, tú eres bueno. Necesitan ayuda. Yo no puedo, pero tú puedes.

Esta oración llama la atención de Dios. Después de todo, si Hank, un amigo malhumorado, lo ayudó, ¿cuánto más no hará Dios?

Antes del amén

¡Rahab!

*Josué hijo de Nun envió desde Sitim dos espías secretamente,
diciéndoles: Andad, reconoced la tierra, y a Jericó.
Y ellos fueron, y entraron en casa de una ramera
que se llamaba Rahab, y posaron allí.*

Josué 2:1

Mucho se podría decir de Rahab sin mencionar su profesión. Era cananea. Escondió a los espías de Josué. Creyó en el Dios de Abraham antes de conocer a los hijos de Abraham. Fue librada en la destrucción de su ciudad. Fue injertada en la cultura hebrea. Se casó con un contemporáneo de Josué, tuvo un hijo llamado Booz, un nieto llamado Isaí, un bisnieto llamado David y un descendiente llamado Jesús. Sí, el nombre de Rahab aparece en el árbol genealógico del Hijo de Dios.

No obstante, en cinco de las ocho apariciones de su nombre en la Escritura, ella es presentada como "la ramera".[25] ¡Cinco! ¿Qué una no sería suficiente? ¿Y esa única referencia no podría haber sido insinuada en un eufemismo como "Rahab, la mejor *anfitriona* de Jericó"? Por favor, pónganle un poco de maquillaje a su mancha bíblica.

Peor la Biblia no lo hace. Lo señala con un anuncio neón. Incluso está vinculado con su nombre en el Salón de la Fama de Hebreos. La lista incluye a Abel, Noé, Abraham, Isaac, Jacob, José, Moisés...y entonces, de pronto: "Rahab la ramera" (Hebreos 11:31). Su historia como ramera es parte de su testimonio.

Ahora bien, usted quizá no venda su cuerpo, pero ha vendido su lealtad, sus afectos, su atención y sus talentos. Se ha vendido. Todos lo hemos hecho. Todos hemos pensado: *Yo también estoy sucio, manchado, afligido.*

¿La respuesta de una palabra por parte de Dios para tal duda? ¡Rahab!

Días de gloria

El perdón puede suceder

Sopórtense unos a otros,
y perdónense si alguno tiene una queja contra otro.
Así como el Señor los perdonó,
perdonen también ustedes.
Colosenses 3:13, DHH

El orden en la secuencia es importante. Jesús lava primero; nosotros lavamos después. Él demuestra; nosotros seguimos. Él usa la toalla, luego nos la extiende diciendo: "Ahora te toca a ti. Cruza tu aposento alto y lávale los pies a tu Judas".

Así que adelante. Mójese los pies. Quítese los calcetines y los zapatos, y ponga los pies en el lebrillo. Primero uno, luego el otro. Permita que las manos de Dios limpien cada parte sucia de su vida; su deshonestidad, su adulterio, sus exabruptos de ira, su hipocresía, su pornografía. Deje que Él las toque todas. A medida que sus manos hacen su obra, mire alrededor del lugar.

El perdón quizá no sucede completamente al mismo tiempo. Pero puede suceder con usted. Después de todo, usted tiene los pies mojados.

Gracia

Fuerza para vencer

Pero los que confían en el renovarán sus fuerzas;
volarán como las águilas: correrán y no se
fatigarán, caminarán y no se cansarán.
Isaías 40:31, NVI

La palabra de Dios para Josué es la palabra de Dios paras nosotros: "Esfuérzate y sé valiente" (Josué 1:6). No escuche a su temor. No se acobarde frente a sus infortunios. Tome la tierra que Dios le ha dado en posesión.

"Mas Jehová dijo a Josué: Mira, yo he entregado en tu mano a Jericó y a su rey, con sus varones de guerra" (6:2).

Dios no dijo: "Josué, toma la ciudad".

Dios dijo: "Josué, recibe la ciudad que yo he tomado".

Josué no avanzó esperando ganar. Él sabía que Dios ya había ganado.

Lo mismo se puede decir acerca de usted y su desafío. Dios no dice: "Bob, ya rompe tu mal hábito".

Él dice: "Bob, he roto los malos hábitos de tu vida. Recibe la bendición de mi victoria".

Recuerde, usted es un coheredero con Cristo. Cada atributo de Jesús se encuentra a su disposición. ¿Era Jesús victorioso? ¿Venció el pecado y la muerte? ¡Sí! ¿Será usted victorioso? ¿Puede vencer el pecado y la muerte? ¡Sí! La pregunta no es: ¿Vencerá usted? La pregunta es: ¿*Cuándo* vencerá? La vida siempre traerá desafíos. Pero Dios siempre le dará la fuerza para enfrentarlos.

Días de gloria

Mantenga abierto el suministro de poder

Además, el Espíritu Santo nos ayuda en nuestra debilidad.

Romanos 8:26, NTV

El Espíritu Santo no es entusiasmo, compasión o baladronada. Él podría estimular tales emociones, pero Él mismo es una persona. Determina itinerarios (Hechos 16:6), distribuye dones espirituales (1 Corintios 12:7–11), y selecciona líderes de la iglesia (Hechos 13:2). Enseña (Juan 14:26), guía (Juan 16:13), y consuela (Juan 16:7).

"...mora con vosotros, y estará en vosotros" (Juan 14:17). ¿Invitado ocasional? No, señor. El Espíritu Santo reside todo el año en el corazón de sus hijos. A medida que la historia de Dios se convierte en nuestra historia, su poder se convierte en nuestro poder. ¿Entonces, por qué sufrimos de fallas de energía?

Tendemos a depender del Espíritu de Dios para salvarnos, pero no para sostenernos. Somos como los Gálatas a los que Pablo les preguntó: "Después de haber comenzado con el Espíritu, ¿pretenden ahora perfeccionarse con esfuerzos humanos?" Gálatas 3:3, NVI). Recurrimos a Él para que nos encienda, y luego continuamos en nuestra propia fuerza.

La misma mano que empujó la roca del sepulcro puede desplazar su duda. El mismo poder que movió el corazón detenido de Cristo puede mover su fe que languidece. La misma fuerza que puso a huir a Satanás puede derrotar, y derrotará, a Satanás en su vida. Solo mantenga abierto el suministro de poder.

La historia de Dios, tu historia

Octubre

Una oración...por la cercanía de Dios

Miren lo grande que es el amor que el Padre nos ha mostrado, ¡hasta llega a hacer posible que seamos llamados hijos de Dios! Y eso es lo que de verdad somos.

1 Juan 3:1, PDT

Padre misericordioso, gracias porque no hay límites para las veces en que vienes a nosotros. Aun así, te acercas, todos los días, cuando venimos a contemplarte. Ayúdame a enfocar los ojos de mi corazón en ti hoy y a llevar tu presencia conmigo adondequiera que vaya. En el nombre de Jesús, amén.

In the Manger [En el pesebre]

Lo que más necesita

Porque de tal manera amó Dios al mundo, que ha dado a su Hijo unigénito, para que todo aquel que en él cree, no se pierda, mas tenga vida eterna.
Juan 3:16

Dios es suficiente. ¿No es este el mensaje de Moisés y Josué y el viaje a la Tierra Prometida? ¿Quién abrió el Jordán? ¿Quién guio al pueblo por tierra seca? ¿Quién se apareció para alentar a Josué? ¿Quién derribó las murallas de Jericó? ¿Quién peleó por la gente y la liberó?

¡Dios!

Él cuidó de su pueblo. Incluso en el desierto nunca se quedaron sin provisión. Quizá se cansaron del pan de maná con nueces, pero nunca padecieron hambre.

Les dio no solamente alimentos, sino ropa y buena salud. Moisés en cierta ocasión les recordó a los hebreos: "Durante esos cuarenta años no se te gastó la ropa que llevabas puesta, ni se te hincharon los pies" (Deuteronomio 8:4, NVI).

Las siguientes frases jamás se escucharon en el desierto:

"Necesito meter los pies en sales de Epsom".

"Qué barbaridad, mi túnica se volvió a rasgar".

"¿Nuevas sandalias? ¿Dónde las compraste?".

Sin necesidad de comida. Sin necesidad de ropa. Jamás una ampolla o un juanete. Dios les proveyó. Y Dios le ha prometido proveerle más. Le prometió un Salvador.

Días de gloria

Invoque su nombre

Con mi voz clamé a Jehová,
y él me respondió desde su monte santo.

Salmo 3:4

La oración le pone esposas a Satanás. La oración saca los problemas del dominio del diablo y los mete a la presencia de Dios. La oración confiesa: "Dios puede manejarlo. Como Él puede, ¡tengo esperanza!".

Cuando oramos en el nombre de Jesús, venimos a Dios sobre la base del logro de Jesús. "Y teniendo un gran sacerdote sobre la casa de Dios, acerquémonos con corazón sincero, en plena certidumbre de fe" (Hebreos 10:21–22, RVA-2015). Como nuestro sumo sacerdote, Jesús presenta nuestras oraciones a Dios. Sus oraciones siempre son escuchadas. "En verdad les digo, que si piden algo al Padre en Mi nombre, Él se lo dará" (Juan 16:23, NBLH).

Están aquellos que dicen: "La oración cambia las cosas porque nos cambia". Estoy de acuerdo en parte. La oración cambia cosas porque la oración apela al máximo poder del universo. La oración no es una fórmula mágica ni un canto místico. Es el sí a la invitación de Dios de invocar su nombre.

Antes del amén

Ven a mí

*Vengan a mí todos ustedes que están cansados
y agobiados, y yo les daré descanso.*
Mateo 11:28, NVI

En agosto de 1930, Joseph Crater de 41 años se despidió de sus amigos en una cena en un restaurante de Nueva York, pidió un taxi y se fue. Nunca se le volvió a ver ni se supo de él.

Cincuenta años de investigación brindaron incontables teorías, pero ninguna conclusión. Una revisión de su apartamento reveló una pista. Era una nota adjunta a un cheque, y ambos le fueron dejados a su esposa. El cheque era por una cantidad grande y la nota simplemente decía: "Estoy muy cansado. Te amo, Joe".

La nota podría ser nada más que un pensamiento al final de un día difícil. O podría haber significado mucho más: el epitafio de un hombre que desapareció.

El cansancio es difícil. Y no me refiero al cansancio físico que proviene de cortar el césped o el cansancio mental que le sigue a un día duro de tomar decisiones y pensar. No, el cansancio que atacó a Joseph Crater es mucho peor. Es el cansancio que viene justo antes de rendirse. Ese sentimiento de desesperación honesta. Es esa etapa en la vida en la que la motivación desaparece: los niños se van de la casa, se pierde el empleo, muere un cónyuge. El resultado es cansancio: agotamiento profundo, solitario y frustrado.

Solamente un hombre en la historia ha afirmado tener la respuesta para ello. Él se pone delante de todos los Joseph Crater del mundo con la misma promesa: "Vengan a mí todos ustedes que están cansados y agobiados, y yo les daré descanso" (Mateo 11:28, NVI).

Sobre el yunque

Donde comienza la sanidad

*Se le acercaron grandes multitudes que llevaban cojos,
ciegos, lisiados, mudos y muchos enfermos más,
y los pusieron a sus pies; y él los sanó.*

Mateo 15:30, NVI

Jesús nunca rechazó una petición intercesora. ¡Jamás! Pedro le habló de su preocupación por su suegra enferma. El centurión presentó una petición por su siervo enfermo. Jairo tenía una hija enferma. Una mujer cananea tenía a una hija poseída por un demonio. Desde al amanecer hasta el anochecer, Jesús escuchó un ruego tras otro. Escuchaba tantas peticiones que en ocasiones los discípulos trataron de alejar a la gente (Mateo 15:22–23). No obstante, Jesús no los dejaba hacerlo.

Nunca se impacientó por las peticiones. Pero se impacientó por la falta de una.

Un padre una vez trajo a su hijo poseído por demonios a los discípulos de Jesús. Intentaron ayudar al muchacho, pero fracasaron. Cuando Jesús se enteró de su fracaso, expresó con frustración: "¡Oh generación incrédula y perversa! ¿Hasta cuándo he de estar con vosotros? ¿Hasta cuándo os he de soportar? Traédmelo acá" (Mateo 17:17).

¡Qué exabrupto! ¿Qué fue lo que los discípulos dejaron de lado? Sencillo. Trataron de sanar al muchacho sin acudir a Cristo. Les había ordenado: "Traédmelo acá".

El mandamiento de Jesús para usted hoy es el mismo: "Tráemelos acá". A los que ama, por los que se preocupa, incluso con aquellos que tiene luchas: tráigalos primero a Jesús. En oración colóquelos a sus pies. Allí es donde comienza la sanidad.

Antes del amén

Pero Dios dijo

Y debido a su gloria y excelencia, nos ha dado grandes y
preciosas promesas. Estas promesas hacen posible que
ustedes participen de la naturaleza divina y escapen de la
corrupción del mundo, causada por los deseos humanos.

2 Pedro 1:4, NTV

Nada merece más su atención que los pactos de Dios. Ninguna palabra escrita en un papel podría sostenerlo como las promesas de Dios. ¿Las conoce?

Al que está de luto: "Si por la noche hay llanto, por la mañana habrá gritos de alegría" (Salmo 30:5, NVI).

A los asediados: "Muchas son las angustias del justo, pero el Señor lo librará de todas ellas" (Salmo 34:19).

A los enfermos: "El Señor lo confortará cuando esté enfermo; lo alentará en el lecho del dolor" (Salmo 41:3, NVI).

Al solitario: "Cuando cruces las aguas, yo estaré contigo" (Isaías 43:2, NVI).

Al moribundo: "En la casa de Mi Padre hay muchas moradas [...] voy a preparar un lugar para ustedes" (Juan 14:1–2, NBLH).

Al pecador: "Bástate mi gracia" (2 Corintios 12:9).

Persevere en las promesas de Dios. Cuando los temores salgan a la superficie, responda con este pensamiento: *Pero Dios dijo...* Cuando las dudas se levanten: *Pero Dios dijo...* Cuando la culpa lo abrume: *Pero Dios dijo...*

Escudriñe las Escrituras como un minero cavando por oro. Una vez que encuentre una pepita, tómese de ella firmemente. Confíe en ella. Llévela al banco. No hay mayor tesoro.

Días de gloria

El Señor del cielo

Cuando veo tus cielos, obra de tus dedos,
la luna y las estrellas que tú formaste, digo:
¿Qué es el hombre, para que tengas de él memoria,
y el hijo del hombre, para que lo visites?

Salmo 8:3–4

Cuando llega la tragedia, sea personal, nacional o global, la gente se pregunta cómo es que Dios pudo permitir que sucedieran esas cosas. ¿Qué estaba pensando? ¿Está Dios realmente en control? ¿Podemos confiar en que opere el universo si permitió *esto*?

Es importante reconocer que Dios mora en un plano diferente. Él ocupa otra dimensión: "Como son más altos los cielos que la tierra, así son mis caminos más altos que vuestros caminos, y mis pensamientos más que vuestros pensamientos" (Isaías 55:9).

Cuán vital es entonces que oremos armados con el conocimiento de que Dios está en el cielo. Si oramos con una convicción menor, nuestras oraciones serán tímidas, superficiales y vacías. Mire los cielos arriba y vea lo que Dios ha hecho, y observe cómo sus oraciones se llenan de energía.

Este conocimiento nos da confianza a medida que enfrentamos el futuro incierto. Sabemos que Él está en control del universo, de modo que podemos descansar seguros. Pero también es importante el conocimiento de que este Dios en el cielo ha escogido inclinarse hacia la Tierra para ver nuestra tristeza y escuchar nuestras oraciones. No está tan lejos arriba que no sea tocado por nuestras lágrimas.

Aunque quizá no podamos ver su propósito o su plan, el Señor del cielo está en su trono y en firme control del universo y de nuestras vidas.

Para estos tiempos difíciles

Una oración...
para bendecir a otros

*Entonces Jehová Dios formó al hombre del polvo de la tierra,
y sopló en su nariz aliento de vida,
y fue el hombre un ser viviente.*

Génesis 2:7

Amoroso Padre, tú me hiciste. Así que sabes muy bien que solo soy polvo. No obstante, me has llamado a tu reino a servirte en este lugar específico, en este momento específico para un propósito sumamente específico. A pesar de lo ordinario que soy, te pertenezco; y tú eres cualquier cosa menos ordinario. Ayúdame a derramar tu gracia y tu compasión en otros para que ellos también puedan experimentar la riqueza de tu amor. A través de mí, mi Padre, muéstrales a otros cómo pueden mediante una vida ordinaria traer una bendición extraordinaria al mundo. Te lo pido en el nombre de Jesús, amén.

Más allá de tu vida

¿Es su causa demasiado pequeña?

Les aseguro que si alguno le dice a este monte:
"Quítate de ahí y tírate al mar",
creyendo, sin abrigar la menor duda de que
lo que dice sucederá, lo obtendrá.
Marcos 11:23, NVI

Si sus problemas son grandes, entonces su causa es demasiado pequeña. Cuando su causa es grande, los problemas comienzan a encogerse.

¿Tiene una causa santa? ¿Una fe que valga la pena conservar? ¿Una misión por la que valga la pena vivir? Pídale a Dios que le dé una causa que reclamar para su gloria. Un orfanato que servir. Un vecino que alentar. Una familia necesitada que alimentar. Una clase que enseñar. Algunos adultos mayores que animar. Realmente es mejor dar que recibir. En el Reino de Cristo ganamos por medio de dar, no de tomar. Crecemos por medio de ayudar, no de lastimar. Avanzamos por medio de servir, no de exigir. ¿Quiere ver que se evaporen sus problemas? Ayude a otros con los suyos.

Usted siempre enfrentará problemas. Pero no tiene que enfrentarlos en la misma manera. En lugar de ello:

Sumerja su mente en pensamientos de Dios.

Haga oídos sordos a los que dudan.

Ponga su mente en una causa santa.

Una vez que encuentre su montaña, ningún gigante lo detendrá, ninguna edad lo descalificará, ningún problema lo derrotará.

Días de gloria

¿Quién viene a cenar?

Abran las puertas de su hogar con alegría al que necesite un plato de comida o un lugar donde dormir. Dios, de su gran variedad de dones espirituales, les ha dado un don a cada uno de ustedes. Úsenlos bien para servirse los unos a los otros.

1 Pedro 4:9–10, NTV

La palabra griega para *hospitalidad* se compone de dos términos: *amor* y *extraño*. La palabra literalmente significa "amar a un extraño". Todos nosotros podemos darle la bienvenida a un invitado que conocemos y amamos. ¿Pero podemos darle la bienvenida a un extraño?

En una de las apariciones de Jesús después de su resurrección, acompaña a dos discípulos mientras caminan desde Jerusalén a su aldea de Emaús.

Al acercarse a su aldea, Jesús hace como si fuera a continuar su viaje.

Había sido un largo día. Los dos peregrinos tenían mucho qué pensar. Ciertamente tenían obligaciones y personas en su vida. Pero su compañero de viaje había encendido un fuego en su corazón. Así que le dieron la bienvenida. Todavía sin saber que su invitado era Jesús, sacaron una silla extra, le echaron agua a la sopa y le ofrecieron pan. Jesús bendijo el pan, y cuando lo hizo "se les abrieron los ojos y lo reconocieron, pero él desapareció" (Lucas 24:31, NVI).

Todavía encontramos personas en el camino. Y algunas veces sentimos una calidez peculiar, un afecto. Detectamos un impulso por abrirles nuestras puertas. En estos momentos escuchemos la voz de nuestro interior. Nunca sabemos a quién podríamos estar recibiendo a cenar.

Más allá de tu vida

¿Qué sucedería si...?

Pero, mientras Pedro estaba en la cárcel,
la iglesia oraba fervientemente por él.
Hechos 12:5, NTV

El rey Herodes encarceló a Pedro y decidió decapitarlo en el aniversario de la muerte de Jesús.

¿Y qué podía hacer la Iglesia al respecto? No tenían recursos: no tenían influencia política, no les debían favores políticos.

Así que nuestros ancestros de Jerusalén nos dejaron una estrategia. Cuando el problema es mayor que nosotros: ¡oramos!

Nuestras oraciones apasionadas mueven el corazón de Dios. "La oración eficaz del justo puede mucho" (Santiago 5:16). La oración no cambia la naturaleza de Dios; quién es Él nunca será alterado. No obstante, la oración sí cambia el fluir de la historia. Dios ha conectado su mundo para que tenga luz, pero nos llama a encender el interruptor.

Y la iglesia de Jerusalén hizo justo eso.

"La noche antes de ser sometido a juicio, Pedro dormía sujetado con dos cadenas entre dos soldados. Otros hacían guardia junto a la puerta de la prisión. De repente, una luz intensa iluminó la celda y un ángel del Señor se puso frente a Pedro. El ángel lo golpeó en el costado para despertarlo y le dijo: '¡Rápido! ¡Levántate!'. Y las cadenas cayeron de sus muñecas" (Hechos 12:5-7, NTV).

La iglesia oró sinceramente, ¿y qué sucedió? Un ángel apareció, las cadenas se cayeron, las puertas se abrieron y Pedro salió caminando libre.

Imagínese las posibilidades si la iglesia hoy hiciera lo mismo. Imagínese lo que le sucedería al hambre, a la violencia, a la codicia, al desaliento. Solo imagíneselo. Y ore.

Más allá de tu vida

Una condición de corto plazo

No améis al mundo, ni las cosas que están en el mundo.
Si alguno ama al mundo, el amor del Padre no está en él.

1 Juan 2:15

¿Sería posible que usted necesite el recordatorio que yo necesito? Todo puede derribarse. En un momento. En un incendio. En una caída económica. En una crisis de empleo. No ponga su confianza en las cosas.

Pablo le dijo a Timoteo: "A los ricos de este mundo, mándales que no sean arrogantes ni pongan su esperanza en las riquezas, que son tan inseguras, sino en Dios, que nos provee de todo en abundancia para que lo disfrutemos" (1 Timoteo 6:17, NVI).

Los "ricos de este mundo". Ese es usted. Ese soy yo. Si tiene suficiente preparación para leer esta página, suficientes recursos para ser dueño de este libro, entonces es probable que califique como una persona próspera. Y eso está bien. La prosperidad es una consecuencia común de la fidelidad (Proverbios 22:4). Pablo no les dijo a los ricos que se sintieran culpables por ser ricos; solo los instó a tener precaución.

Nada genera fracaso tanto como el éxito.

El dinero es una condición de corto plazo. La abundancia o escasez de dinero solamente se va a sentir durante una vida […] así que no se enrede en ello.

Días de gloria

Un depósito de poder

En él también ustedes, cuando oyeron el mensaje de la verdad,
el evangelio que les trajo la salvación, y lo creyeron,
fueron marcados con el sello que es el Espíritu Santo prometido.
Éste garantiza nuestra herencia hasta que llegue la redención
final del pueblo adquirido por Dios, para alabanza de su gloria.
Efesios 1:13–14, NVI

La palabra *herencia* es para el libro de Josué lo que las delicatesen son para Manhattan: están por doquier. La palabra aparece casi sesenta veces. La orden de poseer la tierra aparece cinco veces. El gran logro del pueblo hebreo se redujo a esto: "Y envió Josué al pueblo, cada uno a su posesión" (Josué 24:28).

¿Es tiempo de que usted reciba la suya?

Usted tiene una. Si usted le ha dado su corazón a Cristo, Dios le ha dado Canaán a usted. Él ya lo "bendijo con toda bendición espiritual en los lugares celestiales en Cristo" (Efesios 1:3).[26]

Observe el tiempo verbal: "lo *bendijo*". No "lo *bendecirá, quizá lo bendiga* o *algún día podría posiblemente* bendecirlo". Usted ya tiene todo lo que necesita para ser todo lo que Dios desea. Usted tiene acceso a "toda bendición espiritual en los lugares celestiales".

Este quizá sea el secreto mejor guardado del cristianismo. Subestimamos lo que nos sucedió al convertirnos. Porque la conversión es más que la remoción del pecado. Es un depósito de poder. Dios colocó dentro de usted la esencia de Cristo. "De modo que si alguno está en Cristo, nueva criatura es; las cosas viejas pasaron; he aquí todas son hechas nuevas" (2 Corintios 5:17).

Reclame su herencia.

Días de gloria

Ondee la bandera blanca

*No sigas mirando mis pecados; quita la mancha de mi
culpa. Crea en mí, oh Dios, un corazón limpio.*
Salmo 51:9–10, NTV

No haga este viaje introspectivo para liberarse del acuchillante
dolor del pecado y la culpa sin Dios. Muchas voces los instan a
mirar en lo profundo suyo para encontrar una fuerza invisible o
un poder escondido. Un ejercicio peligroso. La autoevaluación sin
la dirección de Dios lleva a la negación o a la vergüenza. Podemos
ya sea justificar nuestro mal comportamiento con mil y un excusas o diseñar y habitar en una cámara de torturas. ¿Justificación o
humillación? No necesitamos ninguna de las dos.

Necesitamos hacer una oración de confesión basada en la gracia,
como la de David. Después de un año de negación y encubrimiento,
finalmente oró: "Ten compasión de mí, Dios mío, conforme a tu
fiel amor; conforme a tu gran misericordia, borra mis rebeliones.
Lava todas mis culpas y límpiame de mi pecado. Reconozco que
he sido rebelde, siempre tengo presente mi pecado. Pequé contra
ti y sólo contra ti, delante de ti hice lo que es malo; por eso tu sentencia es justa, y tu juicio es irreprochable" (Salmo 51:1–4, PDT).

David ondeó la bandera blanca. No más combate. No más dis-
cusiones con el cielo. Vino a cuentas con Dios. ¿Y usted? ¿Está listo
para ondear la bandera blanca, tirar sus armas y admitir que sus
argumentos son fútiles? ¿Está listo para venir a juicio con Dios?

Gracia

Una oración...para ofrecer gracia a todos

Había entonces en Damasco un discípulo llamado Ananías,
a quien el Señor dijo en visión: Ananías.
Y él respondió: Heme aquí, Señor.
Hechos 9:10

Oh Señor, nadie se encuentra más allá del alcance de tu gracia. ¿A quién veo mi vida como si ya no tuviera esperanza? ¿Qué hombre o mujer que actualmente parece estar lejos de ti quieres traer a tu familia, en parte a través de mí? ¿Qué Saulo hay allá afuera para quien podría llegar a ser su Ananías? Padre, te pido que muestres tu grandeza y tu poder por medio de usarme en alguna manera para presentarle a un "candidato poco probable" a tu Hijo. Ayúdame a triunfar sobre mis temores y obliterar mis conceptos errados a medida que trabajas a través de mí para traer a alguien más, por medio de la fe, al círculo de tu amor. Te lo pido en el nombre de Jesús, amén.

Más allá de tu vida

Su Saulo

*Pero precisamente por eso Dios fue misericordioso conmigo,
a fin de que en mí, el peor de los pecadores, pudiera Cristo
Jesús mostrar su infinita bondad. Así vengo a ser ejemplo
para los que, creyendo en él, recibirán la vida eterna.*

1 Timoteo 1:16, NVI

Ananías entra y se sienta en el piso. Toma la mano de Saulo, el exterrorista y la siente temblar. Observa que a Saulo le tiembla un labio. Ananías se da cuenta de que Cristo ya hizo la obra. Todo lo que falta es que Ananías le muestre a Saulo el siguiente paso. "Hermano Saulo" (qué dulces le habrán sonado esas palabras. Saulo con toda seguridad lloró al escucharlas).

"Hermano Saulo, el Señor Jesús, que se te apareció en el camino por donde venías, me ha enviado para que recibas la vista y seas lleno del Espíritu Santo" (Hechos 9:17).

Las lágrimas corren como la marea en contra de las escamas de los ojos de Saulo. La cubierta escamosa se afloja y se cae. Parpadea y ve el rostro de su nuevo amigo.

En menos de una hora está saliendo de las aguas del bautismo. En unos días está predicando en una sinagoga. Saulo pronto se convierte en Pablo, y Pablo predica desde las colinas de Atenas, escribe cartas desde el vientre de las prisiones y finalmente hace caballeros a una genealogía de teólogos, incluyendo a Tomás, Lutero y Calvino.

Dios usó a Pablo para tocar el mundo. Pero primero usó a Ananías para tocar a Pablo. ¿Le ha dado Dios una misión semejante? ¿Le ha dado Dios un Saulo?

Más allá de tu vida

Una llama de fuego

La lengua es una llama de fuego.
Es un mundo entero de maldad que corrompe todo
el cuerpo. Puede incendiar toda la vida.
Santiago 3:6, NTV

Una vez conocí a una dama extremadamente valiente. Por un lado, estaba librando una batalla cuesta arriba contra el alcoholismo. Por el otro, estaba haciendo todo lo que podía por restaurar su relación con Dios.

Escogió una pequeña iglesia a la cual asistir, una iglesia en la que conocía a muchos de los miembros. Un domingo, al cruzar la puerta del frente, alcanzó a escuchar a dos señoras hablando.

"¿Cuánto tiempo va a estar viniendo esa alcohólica?"

Dio la vuelta y regresó a su coche. No volvió a entrar a una iglesia hasta el día se su muerte. Esas señoras no tenían la intención de hacerle daño, sin embargo, el chisme al parecer inocuo hizo un daño irreparable.

Estas cinco ideas nos ayudarán a controlar nuestra lengua:

1. Jamás diga algo acerca de alguien que no diría en su cara.

2. Nunca diga algo acerca de alguien a menos que esté presente para responder.

3. Rehúsese a escuchar el chismorreo de alguien más.

4. Inicie afirmaciones positivas acerca de las personas de las que está hablando.

5. Recuerde: "la lengua es un fuego" (Santiago 3:6).

Sobre el yunque

Un acercamiento completamente distinto

Pero Dios me ha hecho ver que no puedo llamar a nadie gente común o impura.

Hechos 10:28, RVC

Siempre y cuando podamos decir que la gente es común o no apta, podemos continuar con nuestro camino. Las etiquetas nos relevan de la responsabilidad. Encasillar nos permite lavarnos las manos e irnos.

"Ah sí, conozco a Juan. Es un alcohólico" (traducción: "¿Por qué no se puede controlar?").

"Ah sí, la conozco. Está divorciada" (traducción: "Tiene mucho bagaje").

Categorizar a otros genera distancia y nos da una estrategia de salida conveniente para evitar involucrarnos.

Jesús tomó un acercamiento completamente distinto. Todo el tiempo estaba incluyendo a los demás, no excluyéndolos. "Entonces la Palabra se hizo hombre y vino a vivir entre nosotros" (Juan 1:14, NTV). Jesús tocó leprosos y amó a los extranjeros y pasó tanto tiempo con los fiesteros que la gente lo llamó un "glotón y un borracho y es amigo de cobradores de impuestos y de otros pecadores" (Mateo 11:19, NTV).

Su página de Facebook incluía a tipos como Zaqueo el estafador, Mateo el agente de hacienda y algunas chicas fáciles que conoció en la casa de Simón. Jesús pasó treinta y tres años caminando en el desastre de este mundo. "Aunque Cristo siempre fue igual a Dios, no insistió en esa igualdad. Al contrario, renunció a esa igualdad, y se hizo *igual a nosotros*, haciéndose esclavo de todos" (Filipenses 2:6-7, TLA).

Su ejemplo envía este mensaje: "No llame a nadie inadecuado".

Más allá de tu vida

Su defensor

Y si alguno hubiere pecado, abogado tenemos para con el Padre,
a Jesucristo el justo. Y él es la propiciación por nuestros pecados.
1 Juan 2:1-2

No toda la culpa es mala. Dios utiliza una dosis apropiada de culpa para despertarnos al pecado. Sabemos que la culpa es dada por Dios cuando provoca "indignación [...] preocupación [...] anhelo [...] preocupación [...] disposición para ver que se haga justicia" (2 Corintios 7:11, NVI). La culpa de Dios trae suficiente remordimiento para cambiarnos.

Por otro lado, la culpa de Satanás trae suficiente remordimiento para esclavizarnos. No le permita ponerle sus grilletes.

Recuerde: "Vuestra vida está escondida con Cristo en Dios" (Colosenses 3:3). Cuando Él lo ve a usted, ve a Jesús primero. En chino la palabra para *justicia* es la combinación de dos caracteres, la figura de un cordero y una persona. El cordero está arriba, cubriendo a la persona. Cada vez que Dios lo ve desde arriba, esto es lo que ve: al perfecto Cordero de Dios cubriéndolo. Lo cual se reduce a esta decisión: ¿confía usted en su defensor o en su acusador?

Gracia

Para ser más astutos que el diablo

Invocaré a Jehová, quien es digno de ser alabado, y seré salvo de mis enemigos.
Salmo 18:3

Dios nos ayudará a resistir contra el diablo. Él exhibirá las malas mañas de Satanás. Pero debemos consultar a Dios regularmente. En todo. "Lámpara es a mis pies tu palabra" (Salmo 119:105), no un reflector al futuro. Da suficiente luz para dar el siguiente paso.

Nuestros mejores días vienen cuando aprendemos a escuchar la voz de Dios diciéndonos que demos vuelta aquí o allá. "Tus oídos lo escucharán. Detrás de ti, una voz dirá: 'Este es el camino por el que debes ir', ya sea a la derecha o a la izquierda" (Isaías 30:21, NTV).

Lleve cada decisión al tribunal del cielo. Al igual que David usted puede pedirle a Dios: "Inclina a mí Tu oído, rescátame pronto" (Salmo 31:2, NBLH). Espere hasta que Dios le hable antes de que usted actúe. Tenga paciencia. Monitoree su impulso. "Te haré entender, y te enseñaré el camino en que debes andar; sobre ti fijaré mis ojos" (Salmo 32:8). Si usted siente una señal en su corazón, escúchela y pregúntele nuevamente a Dios. Consultar a Dios es la única manera de ser más astuto que el engaño del diablo.

Días de gloria

Recuerde a Jesús

Humíllense, pues, bajo la poderosa mano de Dios,
para que él los exalte a su debido tiempo.

1 Pedro 5:6, NVI

Moisés sirvió como el príncipe de Egipto y emancipador de los esclavos, no obstante "Moisés era [...] más humilde que cualquier otro sobre la tierra" (Números 12:3, NVI). El apóstol Pablo sabía cómo ir bajo y no alto. Fue salvo a través de una visita personal de Jesús, se le concedió una visión de los cielos y la capacidad para resucitar a los muertos. Peor cuando se presentaba a sí mismo, simplemente declaraba: "Yo, Pablo, esclavo de Dios" (Tito 1:1, NTV). Juan el Bautista era pariente de sangre de Jesús y uno de los evangelistas más famosos de la historia. Pero es recordado en la Escritura como uno que determinó: "Es necesario que él crezca, pero que yo mengüe" (Juan 3:30).

Podemos elevarnos demasiado alto, pero no bajarnos demasiado bajo. ¿Qué regalo está dando que no lo dio primero Él? ¿Qué verdad está usted enseñando que Él no enseñó primero? Usted ama. ¿Pero quién lo amó primero a usted? Usted sirve. ¿Pero quién es el que más ha servido? ¿Qué está haciendo usted para Dios que Él no podría hacer por sí mismo?

Qué bondad suya al usarnos. Qué sabio de nuestra parte recordarlo.

Esteban lo recordó. Y como él recordaba a Jesús, Jesús lo recordaba a él. Mientras los acusadores de Esteban tomaban sus piedras, "Esteban, lleno del Espíritu Santo, fijó la mirada en el cielo, y vio la gloria de Dios y vio a Jesús de pie en el lugar de honor, a la derecha de Dios" (Hechos 7:55, NTV).

Esteban se levantó a favor de Cristo y Cristo le devolvió el favor. Recuerde a Jesús, y Él lo recordará a usted.

Más allá de tu vida

Una oración... para
hablar con el Señor

Así que, somos embajadores en nombre de Cristo,
como si Dios rogase por medio de nosotros;
os rogamos en nombre de Cristo: Reconciliaos con Dios.
Al que no conoció pecado, por nosotros lo hizo pecado,
para que nosotros fuésemos hechos justicia de Dios en él.
2 Corintios 5:20–21

Dios del cielo, tú has rasgado el velo. Has conquistado la muerte y has abierto el camino para que yo tenga una relación contigo.

Olvido con mucha rapidez que puedo hablar contigo en cualquier momento. Permíteme acudir a ti con cada paso, pregunta y dificultad.

Rodea a mis amigos y a mi familia con tu perdón hoy. Recuérdales que estás dispuesto a perdonarlos. Ayúdalos a dejar ir cualquier culpa de la que se hayan asido.

Gracias por hacernos tus embajadores en esta Tierra. En el nombre de Jesús, Aquel que no conoció pecado, amén.

40 oraciones simples que brindan paz y descanso

Deje de hablar y escuche

Oh, si me hubiera oído mi pueblo.

Salmo 81:13

Cuando estamos sufriendo, algunas veces encontramos sanidad al hablar de ello; con un amigo, un consejero, Dios. Pero finalmente, llega el tiempo de dejar de hablar y escuchar.

Hay momentos en los que el silencio representa el más alto respeto. La palabra para tales momentos es *reverencia*.

Esta fue la lección que aprendió Job; el hombre de la Biblia más tocado por la tragedia y el desaliento. Si Job tenía un defecto era su lengua. Hablaba demasiado.

No que alguien pudiera culparlo. La calamidad se había abalanzado sobre el hombre como una leona sobre una manada de gacelas, y para el tiempo en que el destrozo terminó, apenas quedó un muro de pie o un ser querido vivo. Su esposa le dijo: "Maldice a Dios, y muérete" (Job 2:9). Sus cuatro amigos vinieron con la versión nocturna de sargentos de prácticas, diciéndole que Dios es justo, y que el dolor es el resultado del mal, y tan seguro como que dos más dos es igual a cuatro, Job de seguro tuvo un historial criminal en su pasado para haber sufrido así.

Cada uno tenía su interpretación de Dios y quién es Él y por qué había hecho lo que había hecho. Ellos no fueron los únicos que hablaron de Dios. Cuando sus acusadores hicieron una pausa, Job pasa seis capítulos dando su opinión sobre Dios.

Estamos a treinta y siete capítulos de haber iniciado el libro antes de que Dios se aclare la garganta para hablar. El capítulo 38 comienza con estas palabras: "Entonces respondió Jehová a Job".

Cuando el Señor habla es sabio dejar de hablar y escuchar.

Para estos tiempos difíciles

Reverencia

¿Dónde estabas tú cuando hice la tierra? […]
¿Quién le dio a la tierra sus dimensiones?
Seguro que tú debes saberlo.
¿Quién le tomó las medidas?
¿Sobre qué bases descansa la tierra?
¿Quién puso la primera piedra, mientras cantaban a una voz las
estrellas de la mañana y los ángeles lanzaban gritos de alegría?

Job 38:4–7, PDT

Cuando Dios habla con Job, inunda el cielo con interrogantes, y Job no puede evitar entender el punto: solamente Dios define a Dios. Uno tiene que conocer el alfabeto antes de poder leer y Dios le dice a Job: "Ni siquiera conoces el abecedario del cielo, mucho menos el vocabulario". Por primera vez, Job está en silencio. Silenciado por un torrente de preguntas.

La implicación del Padre es clara: "Tan pronto como puedas manejar estos asuntos sencillos de almacenar estrellas y estirar el cuello del avestruz, entonces tendremos una plática sobre dolor y sufrimiento. Pero hasta entonces, podemos sobrevivir sin tus comentarios".

¿Recibe Job el mensaje? Creo que sí. Escuche su respuesta:

Verdaderamente yo soy poca cosa. ¿Qué puedo responderte? Soy muy poca cosa para hablar; me tapo la boca con la mano (Job 40:4, PDT).

Observe el cambio. Antes de escuchar a Dios, Job no podía hablar lo suficiente. Después de que escuchó a Dios, no podía hablar siquiera.

El silencio era la única respuesta adecuada.

La palabra para tales momentos es *reverencia*.

Para estos tiempos difíciles

¿De quién es la voz que usted escucha?

Cánticos fueron para mí tus estatutos.
Salmo 119:54

¿Está confiando plenamente en la Palabra de Dios? ¿Del tipo de confianza de un día sí y el otro también, haga sol, llueve, truene o relampaguee? Llegar a nuestra Tierra Prometida requiere una confianza continua en la Palabra de Dios. Las personas del desierto confiaban en la Escritura apenas lo suficiente como para escapar de Egipto. Los moradores de Canaán, por otro lado, hicieron de la Biblia su libro de cabecera para la vida.

Como Dios le dijo a Josué: "De día y de noche meditarás en él" (Josué 1:8). La imagen es de una persona que recita, repasa y reconsidera la Palabra de Dios una y otra vez.[27] En Canaán se escuchan las voces del enemigo bastante fuerte. El diablo nos habla duda y muerte a nuestros oídos con un megáfono. Oiga la voz que usted oye.

"La palabra de Cristo more en abundancia en vosotros, enseñándoos y exhortándoos unos a otros" (Colosenses 3:16). Mastíquela. Tráguela. Háblela. Óigala.

Días de gloria

La mesa de la cena

Más bien, cuando des un banquete,
invita a los pobres, a los inválidos, a los cojos y
a los ciegos. Entonces serás dichoso.
Lucas 14:13–14, NVI

No es ningún accidente que *hospitalidad* y *hospital* provengan de la misma palabra en latín, porque ambas llevan al mismo resultado: sanidad. Cuando usted le abre la puerta a alguien, le está enviando este mensaje: "Me importas a mí y a Dios".

¿Conoce personas que necesitan este mensaje? ¿Solteros que comen solos? ¿Parejas jóvenes que viven lejos de casa? ¿Adolescentes que se sienten excluidos? ¿Adultos mayores que ya no conducen? Algunas personas pasan todo un día sin un contacto significativo con nadie más. Su hospitalidad puede ser su hospital. Todo lo que necesita son algunas prácticas básicas.

Hágales una invitación genuina.
Deles una gran bienvenida a su llegada.
Supla las necesidades de sus invitados.
Envíelos con una bendición.

El evento no necesita ser elaborado para ser significativo. No escuche la voz que dice que la casa, la comida y las mentas después de la cena deben ser perfectas. Simplemente abra su mesa, y abra su corazón.

Más allá de tu vida

Adelante... pregunte

Y el Señor desistió de hacer el daño que
había dicho que haría a su pueblo.
Éxodo 32:14, LBLA

¡Esta es la promesa de la oración! ¡Podemos hacer que Dios cambie de opinión! Su voluntad final es inflexible, pero la implementación de su voluntad no lo es. Él no cambia en su carácter y propósito, pero sí altera su estrategia gracias a los ruegos de sus hijos. No cambiamos su intención, pero podemos influenciar sus acciones.

Después de todo, somos embajadores de Cristo (2 Corintios 5:20). Los embajadores representan al Rey. Hablan con la autoridad del trono. Llevan el imprimátur del que los envió. Si un embajador le envía una petición al rey, ¿lo escuchará el rey? Si usted, el embajador de Dios en este mundo, viene a su Rey con una solicitud, ¿lo escuchará? Por supuesto que sí.

Sea valiente. Audaz. Tenga confianza. Y esta es la confianza que tenemos en él, que si pedimos alguna cosa conforme a su voluntad, él nos oye (1 Juan 5:14).

Antes del amén

No se trata de su ubicación

Cuando oren, no sean como los hipócritas,
porque a ellos les encanta orar de pie en las sinagogas
y en las esquinas de las plazas para que la gente los vea.
Les aseguro que ya han obtenido toda su recompensa.
Mateo 6:5, NVI

A los líderes religiosos les encantaba (y todavía les encanta) hacer un espectáculo con sus oraciones. Se colocaban en las encrucijadas y practicaban la devoción pública. El teatro le provocaba náuseas a Jesús. "Pero tú cuando ores, entra a tu cuarto, cierra la puerta y habla con tu Padre. Así recibirás recompensa de tu Padre, porque él ve todo lo que se hace en secreto" (Mateo 6:6, NTV).

Las palabras con toda seguridad dejaron perpleja a la audiencia de Jesús. La oración, suponían con mucha probabilidad, estaba reservada para las personas especiales en un lugar especial. Dios se encontraba con el sacerdote en el templo, detrás del velo, en el Lugar Santísimo. La gente eran simplemente agricultores y albañiles. Tipos de la tierra y la piedra. Ellos no podían entrar al templo. Pero podían entrar a su armario.

"Entra a tu cuarto, cierra la puerta...". En la cultura palestina la habitación que era más probable que tuviera una puerta era el armario de almacenamiento. Contenía herramientas, semillas y utensilios agrícolas. Incluso se podía meter algún pollo por ahí. No había nada santo en ello. Nada santo en ello.[28]

¿Cuál es el punto? Dios no es exigente en cuestiones de elegancia, pero es altamente accesible. Las oraciones ofrecidas en casa llevan tanto peso como las oraciones ofrecidas en Roma. Viaje para orar en el Muro Occidental si quiere. Pero la oración en la cerca del jardín trasero es igual de eficaz. El que escucha sus oraciones es su Papi. No necesita seducirlo con la ubicación.

Antes del amén

Una oración... al que le da todo lo que necesita

Por lo cual Dios también le exaltó hasta lo sumo,
y le dio un nombre que es sobre todo nombre,
para que en el nombre de Jesús se doble toda rodilla de los
que están en los cielos, y en la tierra, y debajo de la tierra.
Filipenses 2:9–10

Padre, tu nombre es sobre todo nombre. Mereces mi adoración y mi alabanza.

Ayúdame a recordar que el mismo poder que conquistó la tumba también vive en mí. Con mucha frecuencia doy por sentado lo que hizo Cristo por mí. Enséñame las verdades de Jesús como si las estuvieras escuchando por primera vez.

Por favor, ayuda a mis amigos y familiares a ver que tu camino es recto y verdadero.

Gracias, Dios, que nos das lo que necesitamos cuando lo necesitamos. En el nombre de Cristo, amén.

40 oraciones simples que brindan paz y descanso

Una mejor perspectiva

En el agua se refleja el rostro,
y en el corazón se refleja la persona.

Proverbios 27:19, NVI

Me hizo sentido después de que alguien me explicó por qué nuestro entrenador de fútbol americano en la escuela media-superior siempre desaparecía en medio del tercer cuarto. Recuerdo durante mi primer partido en la selección de la escuela que vi desde la banda y noté que no estaba. Así que le pregunté a un "banquero" veterano.

—¿Dónde está el entrenador? —le pregunté.

—En la tribuna de la prensa —respondió.

—¿Fue a conseguir café? —le pregunté.

—No. Perspectiva.

Ahora bien, eso hace sentido, ¿no es así? No hay manera en que un entrenador pueda realmente seguirle el paso al juego desde la banda. Todos gritándole consejos. Los padres quejándose. Los jugadores gritando. Algunas veces uno tiene que alejarse del juego para verlo.

Ocasionalmente necesitamos probar eso nosotros mismos también. Cuan vital es que mantengamos un dedo en el pulso de nuestra propia vida. No obstante, es difícil evaluarnos a nosotros mismos mientras estamos en medio del juego: los horarios nos presionan, los teléfonos suenan, los niños lloran.

Le tengo una sugerencia. Tómese un poco de tiempo y aléjese de todo y de todos. Pase tiempo en oración. Medite en la Palabra de Dios. Guarde silencio. Vuelva a consagrar su corazón a su Hacedor.

Obtener un poco de perspectiva desde la tribuna de la prensa podría cambiar todo el partido.

Sobre el yunque

Calificar a los llamados

*Y ahora, que el Dios de paz —quien levantó de entre
los muertos a nuestro Señor Jesús,
el gran Pastor de las ovejas, y que ratificó un pacto
eterno con su sangre—los capacite con todo lo
que necesiten para hacer su voluntad.*
Hebreos 13:20–21, NTV

Dios no llama al calificado. Califica al llamado.

No permita que Satanás lo convenza de lo contrario. Él lo va a intentar. Le va a decir que Dios tiene requisitos de inteligencia o una cuota de entrada. Que emplea solamente a especialistas y a expertos, a gobiernos y personalidades de alta energía. Cuando Satanás le susurre tales mentiras, despídalo con esta verdad: Dios irrumpió como una estampida en la sociedad del primer siglo con caballos de lomos hundidos, no con caballos pura sangre.

Eran obreros, y sus manos estaban encallecidas, y no hay evidencia de que Jesús los escogiera porque eran más listos o más sofisticados que el tipo de al lado. Lo único que los caracterizaba era la disposición de dar un paso cuando Jesús dijo: "Sígueme".

¿Es usted más una lancha hinchable que un crucero? ¿Más un suplente que una estrella de cine? ¿Más un plomero que un ejecutivo? ¿Más de vaqueros azules que de sangre azul? Felicidades. Dios cambia el mundo con tipos como usted.

Más allá de tu vida

Noviembre

La obediencia abre la puerta

Si me amáis, guardad mis mandamientos.

Juan 14:15

Oír la Palabra de Dios es más crítico que pelear la guerra de Dios. De hecho, oír la Palabra de Dios *es* pelear la guerra de Dios. La conquista sucede en tanto el pacto es honrado.

¿Quiere la vida abundante que Jesús prometió en Juan 10:10 ["Mi propósito es darles una vida plena y abundante" (NTV)]?

Obedezca los mandamientos de Dios.

¿Qué es eso? ¿Usted esperaba algo más místico, exótico, intrigante? ¿Usted pensaba que la vida abundante era dada a luz por medio de expresiones extáticas o visiones angelicales, momentos en la cima de los montes o en mensajes celestiales a la media noche?

Perdón por decepcionarlo. "La obediencia —escribió C. S. Lewis—, es la llave de todas las puertas".[29] No piense ni por un segundo que usted puede oír la voz equivocada, tomar la decisión equivocada y escapar de las consecuencias.

Al mismo tiempo, la obediencia lleva a una catarata de bondad no solamente para usted sino para sus hijos, los hijos de sus hijos, nietos y los hijos de mil generaciones en el futuro. Dios promete: "Cuando me aman y cumplen mis mandamientos, les muestro mi amor por mil generaciones" (Éxodo 20:6, NVI).

A medida que obedecemos los mandamientos de Dios, abrimos la puerta para la vida abundante.

Días de gloria

Es su decisión

*Cualquiera que se rebele contra tus palabras
o que no obedezca lo que tú ordenes,
será condenado a muerte.
Pero tú, ¡sé fuerte y valiente!*
Josué 1:18, NVI

Josué 1:18 es una advertencia solemne para nosotros. Obediencia o muerte. Dios es celoso por nuestra confianza. No la pide, sugiere o recomienda; la exige. Su mensaje sin adornos es claro: Confía en mí y solo en mí.

Podemos ver las consecuencias de no confiar y de no obedecer en las vidas de una pareja del Nuevo Testamento. La iglesia había comenzado su propia era de Días de Gloria. Milagros, sermones, bautismos y crecimiento. El libro de los Hechos es todo buen fruto y fanfarria, hasta el capítulo 5. Hasta Ananías y Safira. Esta pareja sustrajo de lo que le pertenecía a Dios. Prometieron vender una propiedad y dar el dinero a la iglesia. Cuando cambiaron de opinión sobre la ofrenda, actuaron como si no hubiera sido así.

Mintieron. Y murieron. Sus cuerpos fueron llevados afuera y "gran temor se apoderó de toda la iglesia" (Hechos 5:11, NTV). Sobre el tema de la fe Dios es muy serio. Completamente serio.

Romanos 6:23 declara que "la paga del pecado es muerte", pero también promete "vida eterna" para los que en lugar de ello escogen obedecer a Cristo. Es su decisión. ¿Cuál escoge?

Días de gloria

Luchas

Yendo un poco adelante, se postró sobre su rostro, orando
y diciendo: Padre mío, si es posible, pase de mí esta
copa; pero no sea como yo quiero, sino como tú.

Mateo 26:39

Todos luchamos. ¿Pero alguna vez pensó en que posiblemente Dios podría estar usando sus luchas para cambiarlo? ¿Formarlo? ¿Incluso sanarlo?

Durante dos años le había estado pidiendo a Dios que removiera un dolor en la mano con la que escribo. Incluso mientras escribo estas palabras, siento rigidez en mi pulgar, mis dedos, mi antebrazo y mi hombro. Los médicos lo atribuyen a más de treinta libros escritos a mano. A lo largo de décadas los movimientos repetidos han restringido mi movimiento, haciendo que la tarea más sencilla—escribir una frase en una hoja de papel—sea difícil.

Así que hago mi parte. Estiro mis dedos. Un terapeuta les da masaje a los músculos. Evito el campo de golf. ¡Incluso hago yoga! Pero principalmente, oro.

Mejor dicho, discuto. ¿Qué Dios no debería sanar mi mano? Mi pluma es mi herramienta. Escribir es mi comisión. Hasta ahora no me ha sanado.

¿O sí? Estos días oro más mientras escribo. No oraciones elocuentes, sino sinceras. *Señor, necesito ayuda. Padre, mi mano está rígida.* La incomodidad me hace sentir humilde. No soy Max el autor. Soy Max el tipo cuya mano está desgastándose. Quiero que Dios sane mi mano. Hasta ahora, ha utilizado mi mano para sanar mi corazón.

Así que esa cosa con la que está batallando, por la que ha orado una y otra y otra vez. ¿Podría ser que Dios la esté usando para sanar su corazón?

Antes del amén

Todavía parte del equipo

Por lo tanto, también nosotros, que tenemos tan grande
nube de testigos a nuestro alrededor, liberémonos de
todo peso y del pecado que nos asedia, y corramos con
paciencia la carrera que tenemos por delante.

Hebreos 12:1, RVC

Scott Norwood jugó para los Bills de Buffalo. Buffalo no había ganado un campeonato importante deportivo desde 1965. Pero una noche en Tampa Bay parecía que el balón finalmente botaría a favor de los Bills. Había tiempo para solamente una jugada más. Recurrieron a su pateador, Scott Norwood. Jugador All-Pro. Líder en puntuación. Tan predecible como la nieve en Buffalo.

El mundo observó cuando Norwood pateó el balón y... falló.

Norwood salió del campo de fútbol americano cabizbajo. Todavía estaba molesto cuando el equipo regresó a Buffalo. A pesar de haber perdido, la ciudad organizó un evento para honrar al equipo. Norwood tomó su lugar en la plataforma con los demás jugadores. Los admiradores comenzaron a cantar.

"Queremos a Scott".

El canto creció en volumen hasta que los compañeros de equipo empujaron a Norwood al frente. Los admiradores le dieron una ovación conmovedora. Falló la patada, pero querían asegurarse de que supiera que todavía era parte de su comunidad.[30]

La Biblia dice que estamos rodeados por una gran nube de testigos. Miles de santos salvos están observándonos desde arriba. Abraham. Pedro. David. Pablo... y Josué. Su abuela, su tío, su vecino, su entrenador. Han visto la gran gracia de Dios, y están todos aclamándolo.

¿Los escucha? Están cantando su nombre. Lo están aclamando para que siga adelante.

Quizá falló un gol, pero sigue siendo parte del equipo de Dios.

Días de gloria

Una oración...
para ser humilde

El Dios que hizo el mundo y todas las cosas que en
él hay, siendo Señor del cielo y de la tierra, no habita
en templos hechos por manos humanas.
Hechos 17:24

Mi padre, deseo que la actitud de Juan el Bautista sea también la mía; que Jesús crezca incluso mientras yo menguo. Dame una imagen cada vez mayor de ti, para que pueda ver yo mismo con cada vez mayor claridad y tenga solaz cada día en tu sublime gracia. Aleja de mí la soberbia vana, y dame el sentido de humillarme en maneras saludables que traigan fuerza y gozo a todos a mi alrededor. Recuérdame constantemente, Señor, de que tienes mi vida y aliento y futuro eterno en tus manos amorosas y que cada cosa buena que tengo proviene de ti. Nunca me dejes olvidar que, aunque sin ti nada puedo hacer, todo lo puedo en Cristo. La diferencia eres tú. Te lo pido en el nombre de Jesús, amén.

Más allá de tu vida

Todavía vale
la pena remodelarlo

Porque tú nos probaste, oh Dios;
nos ensayaste como se afina la plata. Nos metiste en la red;
pusiste sobre nuestros lomos pesada carga [...]
Pasamos por el fuego y por el agua,
y nos sacaste a abundancia.

Salmo 66:10–12

Sobre el yunque de Dios. Probablemente haya estado allí. Derretido. Sin forma. Hecho una nada. Colocado sobre el yunque para ¿ser remodelado? (demasiadas aristas filosas). ¿Disciplina? (un buen padre disciplina). ¿Prueba? (¿pero por qué tan fuerte?). Lo sé. He estado sobre él. Es difícil. Es una depresión espiritual, una hambruna.

Puede ser causada por un fallecimiento, un rompimiento, caer en bancarrota, dejar de orar. El interruptor es apagado y la habitación se oscurece.

Martilleo, martilleo, martilleo.

Espero que usted no esté sobre el yunque (a menos que necesite estarlo, y si es así, espero que lo esté). No se debe evitar el tiempo sobre el yunque; se debe experimentar. El tiempo sobre el yunque nos recuerda quiénes somos y quién es Dios. No deberíamos tratar de escapar de él. Escapar de él sería como escapar de Dios.

Dios ve nuestra vida de principio a fin. Quizá nos lleve por una tormenta a los treinta para que podamos soportar un huracán a los sesenta. Un instrumento es útil solamente si está en la condición adecuada. Un hacha amolada o un destornillador doblado necesitan atención, al igual que nosotros. Un buen herrero mantiene sus herramientas en forma. También Dios.

Si Dios lo coloca sobre su yunque, agradézcaselo. Significa que Él piensa que todavía vale la pena acondicionarlo.

Sobre el yunque

Vencer al que divide

Entonces Jesús fue llevado por el Espíritu al
desierto, para ser tentado por el diablo.

Mateo 4:1

Jesús acababa de salir del Jordán. En su bautismo había sido afirmado por Dios con una paloma y una voz: "Tú eres mi Hijo amado; estoy muy complacido contigo" (Lucas 3:22, NVI). Salió de las aguas animado por la bendición de Dios. Sin embargo, comenzó su ministerio público, no sanando a los enfermos o predicando un sermón, sino exponiendo las artimañas del diablo. El lugar perfecto donde comenzar

¿Cómo explicamos nuestra maldad (nuestros corazones obstinados, nuestras manos que lastiman y nuestros caminos maquinadores)? ¿Cómo explicamos Auschwitz, la trata de personas, el abuso?

Si yo fuera el diablo culparía del mal a un sistema político corrupto. A una economía paralizada. A la Bruja Mala del Oeste. Me gustaría que usted se sintiera atacado por una fuerza indefinible y nebulosa. Después de todo, si usted no puede diagnosticar la fuente de sus males, ¿cómo podría tratarlos? Si yo fuera el diablo, mantendría mi nombre fuera del asunto.

Pero Dios nos dice el nombre del diablo. La palabra griega para diablo es "*diabolos*", lo cual significa "dividir". El diablo separa, causa división, mete cuñas para apartar. Dividió a Adán y a Eva de Dios en el huerto, y tiene toda la intención de hacer lo mismo con usted. Cúlpelo de todos los conflictos. Las economías en picada y los dictadores salvajes son simplemente herramientas de la caja de herramientas de Satanás.

Pero el que ya venció al diablo le ofrece enfrentarlo y derrotarlo por usted.

La historia de Dios, tu historia

Caos

*Depositen en él toda ansiedad,
porque él cuida de ustedes.*
1 Pedro 5:7, NVI

Imagine esta escena. Es tiempo de desayunar y la familia está en caos. Las hijas se están quejando de su hermano que se tomó demasiado tiempo en el baño. Como resultado no se han cepillado el cabello y no se han aplicado maquillaje. Mamá está haciendo lo mejor que puede por manejar el conflicto, pero despertó con un dolor de cabeza y una larga lista de cosas que hacer. El reloj está avanzando como una bomba de tiempo, cada vez más cerca de ese momento cuando, *¡ka-bum!* Es tiempo de irse. Papá se para en la entrada de la cocina y estudia el pandemónium. Sopesa sus opciones:

- Ordenarles a todos que se estén quietos y se comporten adecuadamente.
- Regañar a su hijo por dominar el baño, a sus hijas por planificar mal y a su esposa por no tomar el control.
- Escurrirse antes de que alguien lo vea.

O podría recurrir a Dios con una sencilla oración: *Padre, tú eres bueno. Necesito ayuda. Reduce la locura en mi casa, por favor.* ¿Puede la oración cambiarlo todo? Podría. O quizá se requiera otra oración, o dos o diez. Pero por lo menos el problema estará en las manos del que lo puede resolver.

Antes del amén

La pocilga

Todavía estaba lejos cuando su padre lo vio y se compadeció
de él; salió corriendo a su encuentro, lo abrazó y lo besó.
Lucas 15:20, NVI

Como el hijo pródigo de la antigüedad, ¿no hacemos lo mejor que podemos para hacer de este desastre un hogar? Decoramos y emperifollamos nuestras pequeñas pocilgas. Modernizamos y redecoramos. Renovamos esto. Cambiamos lo otro. Nueva alfombra persa sobre el lodo. Un sillón que se reclina cerca del comedero. Sal en la bazofia y cal para los postes. Moños para ella y tatuajes para él. Y, con tiempo, el lugar ya no está ni la mitad de mal.

De hecho, nos sentimos en casa.

Pero entonces salen las moscas. Personas mueren, terremotos hacen estrépito y las naciones se enfurecen. Las familias colapsan, y los niños mueren de hambre. Los dictadores resoplan y tratan a la gente como, bueno, como cerdos. Y este mundo apesta como una pocilga.

Y tenemos una opción. Podemos aparentar que esta vida es todo lo que Dios quería. O...

Podemos volver en nosotros mismos. Podemos seguir el ejemplo del hijo pródigo. "Tengo que volver a mi padre" (Lucas 15:18, NVI).

Podemos decidir recurrir a nuestro Padre.

La historia de Dios, tu historia

Lo que Dios hace

Ustedes pensaron hacerme mal, pero Dios cambió ese mal en bien para hacer lo que hoy vemos: para salvar la vida de mucha gente.
Génesis 50:20, DHH

Considere a José en la prisión egipcia. Sus hermanos lo habían vendido; la esposa de Potifar lo había entregado. Si alguna vez el mundo de alguien se ha derrumbado, fue el de José.

O considere a Moisés, cuidando rebaños en el desierto. ¿Es esto lo que quería hacer de su vida? Difícilmente. Su corazón late con sangre judía. Su pasión es liderar a los esclavos, ¿entonces por qué Dios lo hace liderar ovejas?

Y Daniel. ¿Qué hay de Daniel? Estaba entre los jóvenes más brillantes y mejores de Israel, el equivalente de un cadete de West Point o un egresado de una universidad de élite. Pero él y toda su generación están siendo llevados en procesión fuera de Jerusalén. La ciudad está destruida. El tempo está en ruinas.

José está en prisión. Moisés en el desierto. Daniel está en cadenas. Estos fueron momentos oscuros. ¿Quién podría haber visto algo bueno en ellos? ¿Quién se podría haber imaginado que José el prisionero estaba a un ascenso de convertirse en José el primer ministro? ¿Quién habría pensado que Dios le estaba dando a Moisés cuarenta años de entrenamiento en el mismo desierto por el que guiaría al pueblo? ¿Y quién se podría haber imaginado que Daniel el cautivo pronto sería Daniel el consejero del rey?

Dios hace cosas como esas. Lo hizo con José, con Moisés, con Daniel y, sobre todo, lo hizo con Jesús.

Él lo hará con usted.

Para estos tiempos difíciles

Una oración simple

Jesús les dijo: —Cuando oren, digan: Padre,
santificado sea tu nombre. Venga tu reino.
Danos cada día el pan que necesitamos.
Perdónanos nuestros pecados,
porque también nosotros perdonamos a todos los que
nos han hecho mal. No nos expongas a la tentación.
Lucas 11:2–4, DHH

Cuando los discípulos le pidieron a Jesús que les enseñara a orar, les dio una oración. No una cátedra sobre oración. No la doctrina de la oración. Les dio una oración que se podía citar y repetir y que era portátil (Lucas 11:1–4).

¿Podría usted usar la misma oración? Me parece que las oraciones de la Biblia se pueden destilar en una sola. El resultado es una oración fácil de recordar, tamaño bolsillo:

Padre, tú eres bueno.
Necesito ayuda. Sáname y perdóname.
Necesitan ayuda. Gracias.
En el nombre de Jesús, amén.

Permita que esta oración marque su día. A medida que usted comienza su mañana: *Padre, tú eres bueno.* Mientras va en camino al trabajo o camina por los pasillos de la escuela: *Necesito ayuda.* Mientras espera en la fila de los comestibles: *Necesitan ayuda.* Mantenga esta oración en su bolsillo a medida que pasa el día.

Antes del amén

Una oración...de gracias por el Hijo

Y tomando la copa, y habiendo dado gracias,
les dio; y bebieron de ella todos.
Y les dijo: Esto es mi sangre del nuevo pacto,
que por muchos es derramada.

Marcos 14:23–24

Padre, tú eres bueno. Tú enviaste a tu Hijo por nosotros y eres misericordioso con nosotros a diario, momento a momento, incluso pagando el costo final.

Recuérdame hoy tu sacrificio; mantenlo cerca de mi corazón. Hazme que no solamente esté agradecido sino hazme un vaso de tu gracia. No permitas que tu gracia me detenga, pero muéstraselo a otros a través de mí.

Te pido que estés con todos aquellos que no creen en ti y que tienen un corazón duro.

Que conozcan la promesa de tus buenas noticias.

Gracias por la profundidad de tu amor. Enviaste a tu Hijo a morir la muerte de un pecado para que yo pudiera ser redimido. Gracias que quieres tener una relación conmigo a través de Jesucristo.

En su precioso nombre, amén.

40 oraciones simples que brindan paz y descanso

Recuerde quién lo tiene en su mano

Porque de él, y por él, y para él,
son todas las cosas.
A él sea la gloria por los siglos. Amén.
Romanos 11:36

El orgullo es algo atemorizante. Prefiere matar la verdad que considerarla.

¿No nos toma por sorpresa? Comenzamos el viaje espiritual como personas pequeñas. El acto de la conversión es uno de gran humildad. Confesamos nuestros pecados, rogamos misericordia, doblamos nuestras rodillas. Niños tímidos que extienden sus lodosas manos a nuestro Dios libre de pecado.

Venimos a Dios humildemente. Sin fanfarrias, sin presunción, sin declaraciones de "todo por mí mismo". Y Él nos sumerge en misericordia. Vuelve a coser nuestras almas desgarradas. Deposita su Espíritu e implanta dones celestiales. Nuestro gran Dios bendice nuestra pequeña fe.

Nosotros entendemos los papeles. Él es la galaxia de la Vía Láctea. Nosotros somos una nigua. Necesitamos un gran Dios porque hemos hecho un gran desastre de nuestras vidas.

Gradualmente nuestro gran Dios nos cambia. Y, gracias a Él, codiciamos menos, amamos más, criticamos menos, vemos más hacia el cielo. La gente nota la diferencia. Nos aplauden. Nos promueven. Nos admiran. Ya no nos sentimos tan pequeños. La gente nos habla como si fuéramos algo especial.

Se siente bien. Las felicitaciones se convierten en escalones de una escalera y comenzamos a elevarnos a nosotros mismos. Olvidamos quién fue el que nos trajo aquí.

Tomemos tiempo para recordar. "Recuerden lo que ustedes eran cuando Dios los eligió" (1 Corintios 1:26, TLA). Recuerde quien lo sostuvo al principio. Recuerde quién lo tiene en su mano hoy.

Más allá de tu vida

Una cura para las mordidas de serpientes y la ingratitud

*Ya que estamos recibiendo un reino inconmovible,
seamos agradecidos y agrademos a Dios
adorándolo con santo temor y reverencia.*

Hebreos 12:28, NTV

Nada silencia a los malhumorados como la gratitud.

Considere las quejas de los israelitas. "Y comenzó [el pueblo] a hablar contra Dios y Moisés: '¿Por qué nos sacaron de Egipto para morir aquí en el desierto? […] ¡Además, detestamos este horrible maná!'" (Números 21:5, NTV).

¿Habían olvidado la liberación de Dios? El mar Rojo se había convertido en una alfombra roja. El maná caía como dólares de plata. Hicieron el Baile del Jubileo y cargaron a Moisés en hombros. Estaban agradecidos al principio.

Pero con el paso del tiempo, la ingratitud tomó el control. Así que les dolía el estómago. Se quejaron. Y se volvieron agrios y severos.

Dios respondió con una lección objetiva para el resto de la historia. Soltó serpientes en su campamento. Colmillos tóxicos por todos lados. Recuerdos del Edén. El simbolismo es ineludible. La ingratitud es una poción del diablo. Lo puede matar.

Muchos fueron mordidos y murieron. El pueblo clamo: "Hemos pecado al hablar contra el Señor y contra ti. Pide al Señor que quite las serpientes" (v. 7). Así que Moisés oró por el pueblo.

Entonces el Señor le dijo: "Haz la figura de una serpiente venenosa y átala a un poste. Todos los que sean mordidos vivirán tan solo con mirar la serpiente" (vv. 6–8, NTV).

¿La cura para la ingratitud? ¡Alce la vista! ¡Levante la mirada! ¡Vea lo que Dios ha hecho!

Antes del amén

Un buen piloto

Tú, Señor, eres bueno.
Salmo 25:7, NVI

Al abordar el avión, el piloto dijo mi nombre. Estaba parado en la entrada de la cabina, saludando a los pasajeros. "Bien, hola, Max". Levanté la vista. Era mi amigo Joe. Mi *viejo* amigo. Es el Matusalén de las aerolíneas. Ha estado volando desde siempre. Ha enfrentado cada crisis de vuelo desde tormentas eléctricas hasta tanques de combustible vacíos. Es un buen piloto.

Y es un amigo, un *buen* amigo; bueno en talento y bueno de corazón.

Conversamos unos minutos, y me fui a sentar con un sentir de seguridad. *¿Qué más podría pedir?* —pensé—. *El piloto es experimentado y probado. Todavía más, es mi verdadero amigo fiel. Estoy en buenas manos.*

Saber eso llegó a ser útil. Una hora después de despegar golpeamos un muro de viento. La gente contenía la respiración y las dentaduras repiqueteaban. He tenido viajes en montaña rusa más suaves. A diferencia de otros pasajeros, me mantuve en calma. Conocía al piloto. Conocía su corazón y su habilidad confiable. *Joe puede manejar esto*, me dije a mí mismo. La tormenta era mala, pero el piloto era bueno. Así que tanto como uno se pueda relajar en una borrasca, lo hice.

Amigo, allá afuera hay un mundo tormentoso. La pregunta durante estos tiempos perturbadores es este: ¿Tenemos un buen piloto? La respuesta resonante de la Biblia es: "¡Sí!".

Antes del amén

El truco más letal de Satanás

Pero ya que eres tibio, ni frío ni caliente,
¡te escupiré de mi boca!
Apocalipsis 3:16, NTV

Es una serpiente mortal. Un áspid de Satanás. Esté en guardia.

Golpea con abandono. Los viejos, los ricos, los pobres, los jóvenes: todos son su presa.

¿Quién es esta serpiente? ¿Codicia? ¿Lujuria? ¿Egoísmo? No. Estoy desenmascarando a la más vil de las víboras del infierno: la complacencia.

Somos complacientes con la esperanza. Muchas personas se conforman con un estilo de vida rancio, insulso que tiene su apogeo a los diecisiete años. ¿Esperanza? ¿Qué hay que esperar? La vida es un pago y un fin de semana. Nada más.

Somos complacientes con la muerte. Los rostros que disimulan en un funeral soportan la procesión; lloran en el entierro; y luego, unas horas más tarde, se ríen con el cómico de la televisión.

Somos complaciente con Dios. Las personas asiduas a la iglesia llenan los bancos y cantan a la parte posterior de la cabeza de otra persona. La comunión se pierde en la formalidad. Una, dos o tres veces a la semana la gente cumple, soporta un ritual y se va.

Somos complacientes con nuestro propósito. Nunca nos preguntamos: "¿Por qué estoy aquí?". O, pero aún, preguntamos por qué y nos quedamos satisfechos con no tener una respuesta.

Algunas veces quiero pararme en la esquina de la calle y gritar: "¿Qué no hay nadie que quiera saber por qué? ¿Por qué las noches solitarias? ¿Por qué los corazones rotos? ¿Por qué los bebés sin padre?". Pero nunca lo grito. Solo me meto las manos a los bolsillos y me quedo con la mirada fija con la mente llena de preguntas.

El truco más letal de Satanás no es robarnos las respuestas. Es robarnos las preguntas.

Sobre el yunque

Un hecho consumado

El Señor su Dios va delante de ustedes,
y él peleará por ustedes.
Deuteronomio 1:30, RVC

Es tiempo de declararle la guerra a la pestilencia que lleva el nombre de "No puedo".

Ataca nuestro autocontrol: "No puedo resistir la botella". Nuestras carreras: "No puedo mantener un empleo". Nuestro matrimonio: "No puedo perdonar". Nuestra fe: "No puedo creer que Dios se preocupe por mí".

"No puedo". La frase pasa el día haraganeando en la esquina que hacen Desánimo y Desaliento. Si Josué hubiera murmurado esas palabras, ¿quién lo habría culpado? Josué tenía razones para decir: "No puedo".

Excusa #1: "Moisés está muerto". Excusa #2: "Mi pueblo no se siente cómodo en el campo de batalla". Excusa #3: "Los cananeos desayunan tipos como nosotros".

Pero Josué nunca declaró la derrota. Antes de poder reunir temor alguno, Dios le dio razón para tener fe. "Levántate y pasa este Jordán, tú y todo este pueblo, a la tierra que yo les doy a los hijos de Israel" (Josué 1:2).

No "a la tierra que *podría* darles".

Ni "a la tierra que deben conquistar".

Ni "a la tierra para la cual deben probar que son dignos".

Ni "a la tierra que deben ganarse, confiscar o adquirir".

Sino "a la tierra que yo *les doy*".

La transacción ya había sucedido. La tierra ya había sido transferida. La conquista era *un hecho consumado*. Josué no estaba siendo enviado a tomar la tierra, sino a recibir la tierra que Dios había tomado. La victoria era cierta porque la victoria era de Dios.

Hmmm.

Días de gloria

La bondad de Dios

Pero cuando se manifestaron la bondad y el amor de
Dios nuestro Salvador, él nos salvó, no por nuestras
propias obras de justicia sino por su misericordia.
Tito 3:4–5, NVI

"¿Cómo, pues, haría yo este grande mal, y pecaría contra Dios?"
(Génesis 39:9).

La bondad de Dios estimuló la santidad de José. La tentación
de la mujer de Potifar ofrecida tan libremente era probablemente
fuerte. José era, después de todo, un joven, completamente solo en
una tierra distante. Pero José había visto la bondad de Dios, la gracia y la misericordia que lo rescataron del fondo de una cisterna. Y
José simplemente no podía pecar en contra de la bondad de Dios.

La gracia de Dios hace lo mismo en nosotros. "Su gracia […]
nos enseña a rechazar la impiedad y las pasiones mundanas. Así
podremos vivir en este mundo con justicia, piedad y dominio propio" (Tito 2:11–12, NVI). ¡Esta es una gracia robusta que al mismo
tiempo nos convence de pecado y nos consuela! Deje que lo convenza de pecado. Si alguna vez se descubre pensando: *Puedo hacer*
lo que quiera porque Dios me va a perdonar, entonces la gracia no es lo
que usted está viviendo. Egoísmo, posiblemente. Arrogancia, por
supuesto. Pero, ¿gracia? No. La gracia genera una determinación
por hacer lo bueno, no el permiso de hacer lo malo.

Y permita que la gracia lo consuele. Recurra a Cristo para su
principio y su final. Él es el Alfa y la Omega. Él lo sostendrá. Y
sostendrá a sus seres queridos. ¿Tiene un pródigo? ¿Anhela que su
cónyuge regrese a Dios? ¿Tiene un amigo cuya fe se haya enfriado?
Dios los quiere de vuelta más que usted. Siga orando, y no se rinda.

Gracia

Una oración...
para transformar mi vida

Había pastores en la misma región, que velaban y guardaban las vigilias de la noche sobre su rebaño. Y he aquí, se les presentó un ángel del Señor, y la gloria del Señor los rodeó de resplandor; y tuvieron gran temor.

Lucas 2:8–9

Oh Señor, me regocijo que de eres el Dios poco común que vienes a personas ordinarias como yo. Al igual que los pastores, simplemente te doy la bienvenida a transformar mi vida hacia lo extraordinario por tu gracia y amor. Ven y danza conmigo. En el nombre de Jesús, amén.

In the Manger [En el pesebre]

Gente sencilla como nosotros

*Y poderoso es Dios para hacer que abunde en vosotros toda
gracia, a fin de que, teniendo siempre en todas las cosas
todo lo suficiente, abundéis para toda buena obra.*

2 Corintios 9:8

¿Dios sigue usando gente sencilla como nosotros para cambiar el mundo? Sufrimos de tal "ordinariedad". El hombre a mi derecha se quedó dormido con la boca abierta. La mujer de cabello plateado junto a él lleva audífonos y menea la cabeza de lado a lado (creo que escucho a Frank Sinatra). No llevan aureola o alas. Y excepto por el reflejo en la calva del hombre, no emiten ninguna luz.

La mayoría de nosotros no lo hacemos. Somos café de olla. Personas comunes. Nos sentamos en las gradas, comemos en cafeterías, cambiamos pañales y llevamos la gorra de nuestro equipo favorito. Los admiradores no nos saludan cuando pasamos. Los sirvientes no corren a toda prisa cuando llegamos a casa. Los choferes no conducen nuestros coches; los mayordomos no abren nuestras puertas ni preparan nuestros baños. Los porteros no nos saludan y los de seguridad no nos protegen. Somos, como los discípulos de Jerusalén, personas comunes.

¿Dios usa a las personas ordinarias?

Considere a algunos de los fulanos y menganas que Dios ha usado. Un pescador común que se convirtió en la roca de su iglesia. Un pastorcillo que Dios escogió para que fuera rey. Y esa mujer de la que todos hablaban en el pozo. Ella trajo a todo el pueblo a Jesús. Sí, Dios todavía usa a las personas comunes, justo como usted y yo.

Más allá de tu vida

Prepárese

Tuyos son, Señor, la grandeza y el poder,
la gloria, la victoria y la majestad.
Tuyo es todo cuanto hay en el cielo y en la tierra.
Tuyo también es el reino, y tú estás por encima de todo.
1 Crónicas 29:11, NVI

Imagínese lo que sucedería si una generación de cristianos viviera su herencia. Los hombres y las mujeres apagarían la pornografía por internet. Los solitarios encontrarían consuelo en Dios, no los brazos de los extraños. Las parejas con problemas pasarían más tiempo en oración y menos tiempo enojados. Los hijos considerarían una bendición cuidar de sus padres ancianos.

Una generación de cristianos dejaría vacante el desierto.

"Verán también lo grande que es el poder que Dios da a los que creen en él. Es el mismo gran poder con el que Dios resucitó a Cristo de entre los muertos" (Efesios 1:19–20, PDT).

La misma fuerza acerada y corpulenta que levantó a Cristo de los muertos puede convertir cada "no puedo" en "yo puedo". "Pues todo lo puedo hacer por medio de Cristo, quien me da las fuerzas" (Filipenses 4:13, NTV).

Un nuevo día lo espera, mi amigo. Una nueva temporada de logro, descubrimiento y fuerza. Deje todo "no puedo" detrás de usted. Establezca su "Dios puede" delante suyo. Prepárese para ser testigo del poder de Dios soltado en su vida.

Días de gloria

Permanezca en la presencia

Hablando ellos al pueblo, vinieron sobre ellos los sacerdotes
con el jefe de la guardia del templo, y los saduceos,
resentidos de que enseñasen al pueblo, y anunciasen
en Jesús la resurrección de entre los muertos.

Hechos 4:1–2

La persecución es algo que simplemente sucede. Pedro y Juan se lo pueden decir. Sanaron a un cojo en un minuto y al siguiente enfrentaron acoso.

Un soldado forzudo se abre paso por entre la multitud. Los sacerdotes lo siguen.

"Entonces Pedro, lleno del Espíritu Santo, les dijo: […] sea notorio a todos vosotros, y a todo el pueblo de Israel, que en el nombre de Jesucristo de Nazaret, a quien vosotros crucificasteis y a quien Dios resucitó de los muertos, por él este hombre está en vuestra presencia sano" (Hechos 4:8–10).

No se echaron para atrás con esas palabras.

Pedro y Juan no se mueven de su posición. ¿Qué se les metió?

Lucas nos da la respuesta en el versículo 13: Pedro y Juan habían estado con Jesús. El Jesús resucitado. Habían permanecido largo y deleitosamente en la presencia del Rey resucitado. Despertaban con Él, caminaban con Él. Y como lo habían hecho, el silencio ya no era una opción. "Porque no podemos dejar de decir lo que hemos visto y oído" (v. 20).

Más allá de tu vida

El gran sanador

Porque habéis sido comprados por precio;
glorificad, pues, a Dios en vuestro cuerpo y en
vuestro espíritu, los cuales son de Dios.
1 Corintios 6:20

Jesús trató nuestra enfermedad en la misma manera en que trató nuestro pecado. Lo quitó. Lo llevó sobre sí mismo en la cruz. Cuando Mateo vio la gran cantidad de sanidades en Galilea, recordó la profecía de Isaías: "Así, Dios cumplió su promesa, tal como lo había anunciado el profeta Isaías en su libro: "Él nos sanó de nuestras enfermedades"" (Mateo 8:17, TLA).

¿Jesús murió por nuestros pecados? Sí. ¿Jesús murió por su enfermedad? ¡Sí! Es inconsistente decir que Jesús salvó su alma, pero no su cuerpo. Cuando Jesús tomó nuestros pecados en la cruz, tomó nuestros cánceres, desfiguraciones y depresiones también.

Así que háblele acerca de su estómago, de su piel, de sus lunares. Finalmente, Él es dueño de su cuerpo. Su cuerpo fue "comprado por precio".

Jesús es el Gran Sanador.

Antes del amén

Comandante de ángeles

Jesucristo es el mismo ayer, hoy y siempre.
Hebreos 13:8, NTV

¿Le es difícil imaginar a Jesús como un ser activo antes de su nacimiento en la Tierra? Si es así, déjeme desafiarlo a que amplíe su imaginación. Recuerde: "Cristo, a quien Dios escogió antes de la creación del mundo" (1 Pedro 1:20, NVI). Las restricciones normales de tiempo y espacio no se le aplican. Estaríamos mal en limitar su ministerio corporal a treinta y tres años en Palestina. Mucho antes de que Jesús comiera con Zaqueo en Jericó compartió un momento con Josué cerca de Jericó.

Y qué momento fue ese. "Me presento ante ti como comandante del ejército del Señor" (Josué 5:14, NVI), declaró Jesús. El ojo humano vio dos ejércitos: los cananeos y los israelitas. En realidad, había un tercero. El ejército del Señor, los ángeles de Dios. Deshágase de la idea de ángeles con alas de muselina de seda y mejillas rosadas. Los ángeles de Dios fueron lo suficientemente fuertes como para cerrarle la boca a los leones para Daniel. Según el libro de Apocalipsis, solo un ángel puede arreglárselas con el diablo.

¡Imagínese lo que pueden hacer miles de ángeles! Y existen así de tantos. Cuando a Juan se le dio un atisbo de los cielos, vio a demasiados ángeles como para contarlos: "Su número era millones de millones" (Apocalipsis 5:11).

Los ángeles son "espíritus ministradores, enviados para servicio a favor de los que serán herederos de la salvación" (Hebreos 1:14). Todos los hijos de Dios pueden estar seguros de los ángeles de Dios. Son grandes en poder. Son muchos en número. Y Jesús es el comandante de todos ellos.

Días de gloria

Bienvenido, extraño

No se olviden de practicar la hospitalidad,
pues gracias a ella algunos,
sin saberlo, hospedaron ángeles.

Hebreos 13:2, NVI

No todos pueden servir en una tierra extranjera, liderar un esfuerzo de auxilio o trabajar como voluntarios en el comedor comunitario del centro de la ciudad. ¿Pero quién no puede ser hospitalario? ¿Tiene usted puerta principal? ¿Mesa? ¿Sillas? ¿Pan y jamón para sándwiches? ¡Felicidades! Acaba usted de calificar para servir en el más antiguo de todos los ministerios: la hospitalidad. Usted puede unirse a las filas de personas como:

Abraham. Quien no solo alimentó ángeles, sino al Señor de los ángeles (Génesis 18).

Rahab, la ramera recibió y protegió a los espías (Josué 6:22–23).

Marta y María. Abrieron su casa a Jesús (Juan 11:1–45).

Zaqueo. Le dio la bienvenida a su mesa a Jesús (Lucas 19:1–10).

¿Y qué hay acerca del mayor ejemplo de todos, el "cierto hombre" de Mateo 26:18? El día anterior a su muerte, Jesús les dijo a sus seguidores: "Vayan a la ciudad, a cierto hombre, y díganle: 'El Maestro dice: Mi tiempo está cerca. Quiero celebrar la Pascua en tu casa con Mis discípulos", (NBLH).

¿Qué tanto le hubiera gustado ser el que le abriera su casa a Jesús? Usted puede ser. "Les aseguro que todo lo que hicieron por uno de mis hermanos, aun por el más pequeño, lo hicieron por mí" (Mateo 25:40, NVI). Al darle la bienvenida a extraños a su mesa, le está dando la bienvenida a Dios mismo.

Más allá de tu vida

Una oración...
¡porque Jesús es Señor!

Para que en el nombre de Jesús se doble toda rodilla
de los que están en los cielos, y en la tierra,
y debajo de la tierra; y toda lengua confiese que
Jesucristo es el Señor, para gloria de Dios Padre.
Filipenses 2:10–11

Amado Señor: El día viene cuando en el nombre de Jesús toda rodilla se doblará y toda lengua confesará que tú eres Señor. Doblo mi rodilla hoy y confieso que eres mi Señor. Ayúdame a honrar tu grande nombre sobre todo lo demás. En el nombre de Jesús, amén.

In the Manger [En el pesebre]

De dónde vino usted

*Porque el Hijo del Hombre vino a buscar y
a salvar lo que se había perdido.*
Lucas 19:10, NVI

Necesitamos saber de dónde venimos. Saber nos conecta, nos vincula, nos une a algo mayor que nosotros. Saber nos recuerda que no estamos flotando en estanques aislados sino en un gran río.

Por eso es que Dios quiere que conozca su historia. Hay retratos enmarcados en su casa. Conversaciones animadas le esperan a su mesa. Un álbum de recuerdos se encuentra en su sala de estar, rebosante de historias. Historias acerca de los inicios en Belén y milagros del pesebre. Guerra enemiga en el desierto y amigos pescadores en Galilea. Los tropiezos de Pedro, la terquedad de Pablo. Todo parte de la historia.

Pero todos ellos son relatos secundarios del mensaje central: "Porque tanto amó Dios al mundo, que dio a su Hijo unigénito, para que todo el que cree en él no se pierda, sino que tenga vida eterna" (Juan 3:16, NVI). Este es el encabezado del reportaje: ¡Dios salva a su pueblo! Echa su red sobre ciudades e individuos, príncipes y mendigos, los Poncios Pilatos del poder y los Pedros, Santiagos y Juanes de las aldeas pescadoras. Dios toma todo el desastre que somos y nos limpia.

Esta empresa es la historia de Dios. ¡Y usted es parte de ella!

La historia de Dios, tu historia

Su fuerza

Jehová, roca mía y castillo mío, y mi libertador;
Dios mío, fortaleza mía, en él confiaré; mi escudo,
y la fuerza de mi salvación, mi alto refugio.

Salmo 18:2

Recurra a Jesús para ser consolado. Quite su mirada de la muralla de Jericó. Usted ya la ha mirado suficiente tiempo. No necesita memorizar su circunferencia o contar sus piedras. La sanidad sucede cuando ponemos la mirada en el Comandante de las huestes celestiales. Levante sus ojos y doble sus rodillas. "Josué, postrándose sobre su rostro en tierra, le adoró" (Josué 5:14).

Josué era un general de cinco estrellas. Cuarenta mil soldados lo saludaban al pasar. Su tienda era la Oficina Oval. Dos millones de personas dependían de él. No obstante, en la presencia de Dios, se postró sobre su rostro, se quitó las sandalias y adoró.

Nunca somos demasiado fuertes o poderoso que no necesitamos adorar. Las personas que no adoran no tienen un poder mayor que sí mismos al cual recurrir. El corazón carente de adoración enfrenta Jericó solo.

No vaya a Jericó sin acudir primero a su Comandante. Permítale recordarle de los ángeles que siempre están presentes. Permítale darle la seguridad de su poder y todo lo abarca. Él le ha dado esta promesa: "Nunca te fallaré. Jamás te abandonaré" (Hebreos 13:5, NTV).

Jericó puede ser fuerte. Pero Jesús es más fuerte. Permítale ser su fuerza.

Días de gloria

Todo comenzó con una oración

Cuando hubieron orado, el lugar en que estaban
congregados tembló; y todos fueron llenos del Espíritu
Santo, y hablaban con denuedo la palabra de Dios.

Hechos 4:31

Ernstena es la esposa de un pastor. Clara es una mujer de negocios. Jo Anne acaba de iniciar una pequeña organización de asistencia. Viajaron a Camboya para animar a Jim-Lo, un amigo misionero. Las guio a una sección de esta ciudad donde el comercio sexual moderno corre desenfrenado. Aproximadamente quince mil muchachas estaban a la venta. En ese momento más de cien mil mujeres jóvenes en Camboya habían sido vendidas a la prostitución forzada. Jo Anne, Clara, Ernstena y Jim-Lo miraban los rostros de las adolescentes, incluso preadolescentes y podían ver una historia devastadora en cada una. Los cristianos no tenían idea de qué hacer sino orar.

Señor, ¿qué quieres que hagamos? Es tan abrumador. Decían llorando.

Dios escuchó su oración y les dio sus herramientas. Al regresar a los Estados Unidos, Jo Anne escribió un artículo acerca de la experiencia, el cual instaba al lector a enviar una gran cantidad de dinero. Con esta ofrenda las mujeres formaron un ministerio antitrata llamado World Hope International. En solo tres años, cuatrocientos niños fueron rescatados. Cuando el Departamento de Estado de los EE. UU. patrocinó un evento llamado "El saludo a los abolicionistas del siglo XXI", reconocieron a World Hope.

La oración que comenzó en una calle de Camboya continuó frente a algunos de los funcionarios de gobierno de mayor influencia en el mundo.[31]

Todo comenzó con una oración.

¿Qué podría iniciar Dios—a través de usted—con una oración?

Más allá de tu vida

El agua pura de la gracia

También muchos de los que creyeron llegaban confesando
públicamente todo lo malo que antes habían hecho [...]
Así el mensaje del Señor iba extendiéndose y demostrando su poder.
Hechos 19:18, 20, DHH

La gente es atraída a la honestidad.

Encuentre una congregación que crea en la confesión. Evite una comunidad de personas perfectas (usted no encajará), pero busque una donde los miembros confiesen sus pecados y muestren humildad, donde el precio de admisión sea simplemente un reconocimiento de la culpa. La sanidad sucede en una iglesia como esta. A los seguidores de Cristo se les ha dado autoridad para escuchar la confesión y proclamar gracia. "A quienes perdonen los pecados, les quedarán perdonados" (Juan 20:23, BLPH).

Los que confiesan su pecado encuentran una libertad que los que los niegan no pueden hallar.

"Si decimos que no pecamos, nos engañamos a nosotros mismos y la verdad no está en nosotros; pero si confesamos nuestros pecados, Dios nos perdonará. Él es fiel y justo para limpiarnos de toda maldad" (1 Juan 1:8–9, PDT).

Oh, la dulce certeza de estas palabras. "Él *es* fiel y justo para limpiarnos". No *podría ser, sería, querría ser* ni *ha sido conocido por ser.* Él *es* fiel y justo para limpiarnos. Dígale a Dios lo que hizo. Nuevamente, no es que Él no lo sepa ya, sino que los dos de ustedes necesitan estar de acuerdo. Invierta tanto tiempo como necesite. Compartan todos los detalles que puedan. Entonces permitan que el agua pura de la gracia fluya sobre sus errores.

Gracia

Diciembre

Usted ya es victorioso

Yo les he dicho estas cosas para que en mí hallen paz.
En este mundo afrontarán aflicciones,
pero ¡anímense! Yo he vencido al mundo.

Juan 16:33, NVI

Esto es lo que usted necesita saber acerca de Josué. Él no derribó las murallas de Jericó. Los soldados de Josué nunca blandieron un mazo. Sus hombres jamás zafaron un ladrillo. ¿El sacudimiento, temblor, retumbo y caída de las gruesas impenetrables murallas? Dios hizo eso por ellos.

Dios hará eso por usted. Su Jericó es su temor. Su Jericó es su enojo, amargura o prejuicio. Su inseguridad acerca del futuro. Su culpa acerca del pasado. Su negatividad, ansiedad y propensión para criticar, sobreanalizar o compartimentar. Su Jericó es cualquier actitud o mentalidad que lo aleja del gozo, la paz o el reposo.

Para vivir una vida de Tierra Prometida, debe enfrentar su Jericó.

No siempre es fácil. Cada nivel de herencia requiere desheredar al diablo. Satanás debe ser removido antes de que el creyente pueda mudarse. Josué le dijo a su pueblo: "Pasaréis el Jordán para entrar a poseer la tierra que Jehová vuestro Dios os da en posesión" (Josué 1:11).

Satanás no se va a ir sin pelear. Él va a resistir. Va a empujarnos de vuelta. Pero él no ganará. ¿Por qué? Porque Dios ya ha declarado que usted es el vencedor. Satanás, quien fue desdentado y derrotado en el Calvario, no tiene autoridad sobre usted.

Días de gloria

Lo mejor está por venir

Ya que han sido resucitados a una vida nueva con Cristo,
pongan la mira en las verdades del cielo, donde Cristo
está sentado en el lugar de honor, a la derecha de Dios.
Piensen en las cosas del cielo, no en las de la tierra.
Colosenses 3:1–2, NTV

¿Siente como si sus mejores años ya hayan pasado? Tonterías. Usted va a hacer su mejor obra en el cielo. ¿Tiene remordimientos por desperdiciar temporadas en búsquedas absurdas? También yo. Pero podemos detener nuestros lamentos. Tenemos la eternidad para compensar el tiempo perdido. ¿Está usted desconcertado por los desafíos de su época? Entonces véase a sí mismo como una joya sin cortar y considere a Dios como un lapidario. Él lo está puliendo para su lugar en su Reino. Sus mayores momentos quedan por delante, del otro lado de la tumba.

Así que: "Buscad las cosas de arriba, donde está Cristo sentado a la diestra de Dios" (Colosenses 3:1). La Escritura utiliza un verbo almidonado. "Zēteite" ("buscad") es: "Codiciar ardientemente, esforzarse por, inquirir por, deseo, incluso exigir".

Buscar el cielo en la manera en que el marinero busca la costa o un piloto busca la pista de aterrizaje o un misil busca calor. Diríjase a casa en la manera en que una paloma vuela al nido o el pródigo corrió hacia su papá. "Piensen en las cosas del cielo" (3:2, DHH). "Concentren su atención en las cosas de arriba" (3:2, NBD). "Pongan el corazón en las realidades celestiales" (3:2, BLPH). "Piensen en las cosas del cielo, donde Cristo gobierna" (3:1, TLA). ¡Obsesiónese con el cielo! ¡Lo mejor está por venir!

La historia de Dios, tu historia

Una oración...
a Aquel que intercede

Jesús le dijo:
¿No te he dicho que si crees,
verás la gloria de Dios?
Juan 11:40

Jesucristo, el Justo, gracias por ser mi Abogado delante del trono del Padre. Me deleito de estar en tus manos, bajo el refugio de tus alas. Te bendigo y te alabo por tu intercesión sobre mi vida. En tu nombre, amén.

On Calvary's Hill [En el Calvario]

Repose en la redención

Es por su gran misericordia que hemos nacido de nuevo, porque Dios levantó a Jesucristo de los muertos. Ahora vivimos con gran expectación.
1 Pedro 1:3, NTV

Permita que la cruz lo convenza. Tenga seguridad en la fidelidad de Dios. En uno de los salmos, el compositor describió a una persona de fe con estas palabras: "Su corazón está seguro, confiado en el Señor" (Salmo 112:7, BLPH). La vida tiene muchas preguntas sin responder, pero la habilidad de Dios para salvar no necesita ser una de ellas. Deje este asunto resuelto de una vez por todas.

Mírese. Al igual que los israelitas de la antigüedad usted ha cruzado el Jordán. No hay lodo en sus sandalias, ni agua en su túnica. No hay pecado en su historial, no hay culpa vinculada con su nombre. Que no haya duda en su corazón. Si Dios "no escatimó a su propio Hijo, sino que lo entregó a la muerte por nosotros" cómo no le dará también todo lo que necesita para una vida de Tierra Prometida (Romanos 8:32, BLPH).

Únase al coro de los confiados y declare: "Y estoy convencido de que nada podrá jamás separarnos del amor de Dios [...] de hecho, nada en toda la creación podrá jamás separarnos del amor de Dios, que está revelado en Cristo Jesús nuestro Señor" (Romanos 8:38–39, NTV).

Descanse en su redención. El pasado ya pasó. El futuro es brillante. La Palabra de Dios es segura. Su obra está terminada.

Una nueva temporada lo espera.

Días de gloria

Desastres innecesarios

¡Cuán imponente es el Señor Altísimo,
el gran rey de toda la tierra!
Salmo 47:2, NVI

¿Puedo hacer una sugerencia? Antes de enfrentar al mundo, enfrente a su Padre.

Así es como funciona: Es la mañana del lunes. El reloj despertador hace honor a su nombre. *¡Clang! ¡Clang! ¡Clang!* Usted gime, se rueda y se sienta. Anteriormente, acto seguido, usted habría preparado café y encendido las noticias.

Pero hoy acude a su Padre. Usted no luce muy bien que digamos: la cara con la almohada marcada, el cabello aplastado. No importa. Usted no ha venido a mirarse a usted mismo. Usted ha venido a buscar a Dios.

Padre, mi Papi ... Las palabras le vienen lentamente al principio. Pero usted permanece en ello. *El clima no es bueno, la economía está mal, pero, Dios, tú eres asombroso.*

No subestime el poder de este momento. Usted le acaba de abrir la puerta a Dios y le ha dado la bienvenida a la verdad a que entre a su corazón. La fe se escurrió dentro suyo mientras el desaliento estaba dormido.

Quien sabe, usted podría, incluso, comenzar a adorar.

Padre, tú eres bueno. No consultas el reloj. No llevas agenda. No le rindes cuentas a nadie. ¡Eres bueno!

¿Su mundo es distinto porque usted oró? En cierto sentido, no. Las guerras todavía siguen librándose, el tráfico todavía se embotella y los rompecorazones todavía deambulan por el planeta. Pero usted es diferente. Usted tiene paz. Ha pasado tiempo con el Padre. Y el Padre está a la altura de la situación.

Antes del amén

Gracia incluso en el polvo

Maestro, esta mujer ha sido sorprendida en el acto mismo de
adulterio. Y en la ley nos mandó Moisés apedrear a tales mujeres.
Tú, pues, ¿qué dices? [...]
Pero Jesús, inclinado hacia el suelo,
escribía en tierra con el dedo.

Juan 8:4–6

Deje que esto lo cambie. No preste atención a la voz de Satanás.
"Abogado tenemos para con el Padre, a Jesucristo el justo" (1 Juan
2:1). Como su abogado, lo defiende y dice a su favor: "Ahora, pues,
ninguna condenación hay para los que están en Cristo Jesús"
(Romanos 8:1). ¡Toma eso, Satanás!

¿No fue este el mensaje de Jesús a la mujer atrapada en adulterio?
"¿Dónde están los que te acusaban? ¿Ninguno te condenó?".
Ella dijo: "Ninguno, Señor".
Entonces Jesús le dijo: "Ni yo te condeno; vete, y no peques más"
(Juan 8:10–11).

En unos minutos el patio estaba vacío. Jesús, la mujer, los que la
acusaban: todos se fueron. Pero quedémonos. Mire las piedras en
el suelo, abandonadas y sin usar. Y mire la escritura en el polvo. Es
el único sermón que Jesús escribió alguna vez. Aunque no conocemos las palabras, me pregunto si no decían algo así:

La gracia sucede aquí.

Gracia

Yo era... pero ahora

Pero ahora, libres de la esclavitud del pecado,
han entrado al servicio de Dios.
Esto sí les es provechoso, pues el resultado es la
vida santa y, finalmente, la vida eterna.
Romanos 6:22, DHH

Grace House [Casa de gracia] es un hogar de transición para las mujeres que salen de prisión. Viven bajo el mismo techo, comen de la misma mesa y buscan al mismo Señor. Estudian la Biblia. Aprenden un oficio. Sobre todo, aprenden a confiar en su nueva identidad.

En un evento de recaudación de fondos, una de las residentes dio su testimonio. Describió una vida de prostitución, drogas y alcohol. Perdió su matrimonio, sus hijos y, finalmente, su libertad. Pero entonces Cristo la encontró. Lo que me llamó la atención fue el ritmo repetido de su historia: "Yo era... pero ahora". "Estaba adicta a las drogas, pero ahora estoy limpia". "Estaba en las calles, pero ahora estoy sobre mis pies".

Yo era... pero ahora. Este es el coro de la gracia y esta es la obra de Dios. Es la obra que hizo en la vida de Rahab. Es la obra que Él puede hacer por usted.

Probablemente su pasado esté manchado.

Quizá sus compañeros no compartan su fe.

Posiblemente su abolengo sea de violencia y su linaje de rebelión.

Si es así, entonces Rahab es su modelo.

No amarramos cordones escarlata en nuestras ventanas. Pero confiamos en el cordón escarlata de la sangre de Cristo.

Días de gloria

Seremos como Él

Y no habrá más muerte ni tristeza ni llanto ni dolor. Todas esas cosas ya no existirán más.

Apocalipsis 21:4, NTV

Jesús va a sanar a todos los que busquen sanidad en Él. No hay excepciones a esta promesa; no hay matices, condiciones en letra pequeña o advertencias. Decir que algunos serán sanados más allá de la tumba de ninguna manera hace menos válida la promesa. La verdad es que "cuando Cristo venga *seremos semejantes a él*, porque lo veremos tal como él es" (1 Juan 3:2, NVI, énfasis añadido).

"Seremos como Él". Que cada padre de un niño con síndrome de Down o diagnosticado a estar en silla de ruedas de por vida, escriba estas palabras en el muro de su habitación. Que los discapacitados, infectados, postrados en cama y anémicos se duerman con la promesa: "Seremos como Él". Que los amputados y los atrofiados tomen su promesa de corazón: "Seremos como Él". Nos graduaremos de esta versión de vida a su semejanza.

En el cielo "no habrá más maldición" (Apocalipsis 22:3). Sin importar cuanto odiamos los carcinomas y los ataques cardiacos, ¿no odiamos más el pecado? La fibrosis quística roba el aliento, pero el egoísmo y la avaricia roban el gozo. La diabetes puede arruinar los sistemas del cuerpo, pero el engaño, la negación y la desconfianza están arruinando la sociedad.

No obstante, el cielo tiene programada una graduación. El pecado ya no estará en guerra con nuestra carne. Nuestros ojos ya no codiciarán, nuestros pensamientos no divagarán, nuestras manos no robarán, nuestra mente no juzgará, nuestros apetitos no se alborotarán y nuestra lengua no mentirá. Seremos nuevos.

Seremos como Él.

La historia de Dios, tu historia

Quien llevó nuestro pecado

Cristo fue ofrecido en sacrificio una sola vez
para quitar los pecados de muchos.
Hebreos 9:28, NVI

Hace tres mil años al pueblo hebreo se le dio la oportunidad anual de ver su culpa ser removida. Cada año como parte del Día de la Expiación, miles de judíos se reunían frente al tabernáculo. El sacerdote seleccionaba dos machos cabríos. El primer macho cabrío era sacrificado. El segundo macho cabrío era presentado por el sacerdote. Colocaba las manos sobre la cabeza del macho cabrío y confesaba los pecados de la gente.

El pueblo observaba mientras el guía se llevaba al animal. La pareja se volvía cada vez más pequeña y eventualmente desaparecía en el horizonte. El pueblo esperaba hasta que el hombre volvía a aparecer con las manos vacías. La lección objetiva era clara: Dios no quiere culpa entre su pueblo.

Usted puede apostar su Torá a que algún niño de diez años tiraba de la túnica de su madre y decía: "¿Por qué, Mami? ¿Por qué se llevaron al macho cabrío? Él no hizo nada malo". La madre le explicaría: "Ese es el punto, hijo mío. Dios usa al inocente para cargar con los pecados del culpable".

O como Isaías escribiría varios cientos de años después: "Dios hizo recaer en su fiel servidor el castigo que nosotros merecíamos" (Hebreos 53:6, TLA).

Isaías no conoció el nombre del que llevaría nuestro pecado por parte de Dios. Pero nosotros sí. Jesucristo. El vino para destruir "el pecado con el sacrificio de sí mismo" (9:26, BLPH). "Cristo se ofreció una sola vez para cargar con los pecados de la humanidad" (v. 28). Para que podamos ser libres.

Antes del amén

Una oración...
para estar agradecido

Orad sin cesar. Dad gracias en todo,
porque esta es la voluntad de Dios para con vosotros
en Cristo Jesús. No apaguéis al Espíritu.
1 Tesalonicenses 5:17–19

Padre celestial, estoy sentado aquí en asombro de todo por lo que debería agradecerte. Eres mucho más grande y excelente de lo que alguna vez podré entender.

Dame recordatorios para estar agradecido hoy. No me permitas perderme las bendiciones pequeñas—o grandes—a mi alrededor. Llena mi corazón con gratitud.

A mis amigos a los que se les dificulta orar, podrías darles el deseo de conocerte más. Enséñales a orar como me estás enseñando a hacerlo.

Gracias por Jesús. Gracias por amarnos. Gracias por el don de la gracia.

En el nombre de Cristo, amén.

40 oraciones simples que brindan paz y descanso

Si usted escoge la gratitud

Dando siempre gracias por todo al Dios y Padre,
en el nombre de nuestro Señor Jesucristo.
Efesios 5:20

En la Escritura la idea de agradecer no es una sugerencia o una recomendación; es un mandamiento. Más de cien veces, ya sea imperativamente o usando un ejemplo, la Biblia nos manda que seamos agradecidos. Si la cantidad implica seriedad, Dios toma la acción de gracias muy en serio.

Esta es la razón. La ingratitud es el pecado original. Adán y Eva tenían un millón de razones por las cuales agradecer. Las cascadas y las aves, las costas y las puestas de sol. Moraban en un mundo perfecto. Eran uno con la creación, uno con Dios, uno entre sí.

Pero entonces Satanás se arrastró al huerto. Hizo una pregunta con respecto al árbol prohibido. Adán y Eva podían comer de todos los demás. Pero Satanás se enfocó en el único fruto que no podían tocar. "Dios sabe que, en cuanto coman del fruto, se les abrirán los ojos y serán como Dios" (Génesis 3:5, NTV).

Así como así, el Edén ya no era suficiente. *Era* suficiente, si me permite. "Pero podía haber más...", sugirió el diablo, señalando la delicia brillante y resplandeciente que quedaba apenas más allá del límite. Y con eso, el descontento entró como el matón de la cuadra.

¿Qué hubiera pasado si la gratitud hubiera ganado el día? Supongamos que Adán y Eva se hubieran reído de la sugerencia de la serpiente. "¿Estás bromeando? Vamos a llevarte de gira, serpiente. Te vamos a mostrar lo que Dios nos ha dado".

Si hubieran escogido la gratitud, ¿no sería diferente el mundo?

Si usted escoge la gratitud, ¿su mundo sería diferente?

Antes del amén

El ABC de la gratitud

*Toda buena dádiva y todo don perfecto
desciende de lo alto, del Padre de las luces, en el cual
no hay mudanza, ni sombra de variación.*

Santiago 1:17

Ordene sus bendiciones alfabéticamente. Comience con la A y siga adelante con el resto del alfabeto, agradeciéndole a Dios mientras avanza.

En lugar de catalogar las cargas, identifique beneficios. Es la cura segura para un espíritu malhumorado.

A = Andy
B = buena comida
C = chocolate
D = diccionario

Caí en cuenta de que el nombre de mi esposa Denalyn comienza con una *d*. La siguiente vez que haga la lista, mi esposa le va a quitar el lugar a *diccionario*. Lo cual, por cierto, es una lección del ejercicio. A una persona nunca se le terminan las razones para decir "gracias".

Gracias. La sola palabra levanta el espíritu. Decir gracias es celebrar un regalo. Algo. Cualquier cosa. A los animales. La buena comida. El chocolate. Los diccionarios y a Denalyn. Decir gracias es cruzar la línea del no tengo a tengo mucho, de ser excluido a reclutado. *Gracias* proclama: "No estoy en desventaja, no soy discapacitado, no soy una víctima, no estoy escandalizado, no se me ha olvidado ni ignorado. Soy bendecido". La gratitud es un tipo de diálisis. Saca la autocompasión de nuestro sistema.

¿Ha recitado el abecedario hoy?

Antes del amén

El artista de la estafa

*Os daré corazón nuevo, y pondré espíritu nuevo dentro
de vosotros; y quitaré de vuestra carne el corazón
de piedra, y os daré un corazón de carne.*

Ezequiel 36:26

Cuando la gracia sucede, la generosidad también. La liberalidad implacable y sorprendente sucede.

Ciertamente le sucedió a Zaqueo. Si el Nuevo Testamento tiene a un artista de la estafa, este es el hombre. Nunca conoció a una persona que no pudiera defraudar o vio un dólar del que no pudiera apoderarse con una trampa. Era el "jefe de los publicanos" (Lucas 19:2). Los cobradores de impuestos del primer siglo esquilaban cualquier cosa que caminara. Cuando Jesús viajó a través de Jericó, la mitad del pueblo apareció para echar un vistazo. Zaqueo estaba entre ellos. Los ciudadanos de Jericó no iban a permitir que el corto de estatura, largamente su enemigo, Zaqueo se abriera paso al frente de la multitud. Fue dejado saltando arriba y abajo detrás de una muralla de personas, esperando obtener un atisbo.

Fue en ese momento que vio el sicómoro, lo trepó y se sentó en una rama para ver bien a Cristo. Nunca se imaginó que Cristo lo vería bien a él. "Zaqueo, baja en seguida. Tengo que quedarme hoy en tu casa" (v. 5, NVI).

Zaqueo nunca volvió a ser el mismo. "Mira, Señor: Ahora mismo voy a dar a los pobres la mitad de mis bienes, y si en algo he defraudado a alguien, le devolveré cuatro veces la cantidad que sea" (v. 8, NVI).

La gracia entró por la puerta principal y el egoísmo salió huyendo a toda prisa por detrás. Cambió su corazón.

¿La gracia está cambiando el suyo?

Gracia

Milagros

Por lo demás, hermanos, piensen en todo lo que es verdadero,
en todo lo honesto, en todo lo justo, en todo lo puro, en todo
lo amable, en todo lo que es digno de alabanza; si hay en ello
alguna virtud, si hay algo que admirar, piensen en ello.

Filipenses 4:8–9, RVC

Milagros. Búsquelos y los encontrará.

Rebecca lo hizo. Ella pasó los últimos tres años en dolor. "En una escala del uno al diez—explicó el doctor—, ella es un doce todos los días". El páncreas de Rebecca dejó de funcionar. Después de una docena de operaciones y cambios de medicamentos, no hay una solución a la vista.

Es un desafío bastante difícil. Rebecca es una niña fuerte. Tiene diez años. Tiene cabello color chocolate, ojos chispeantes, una sonrisa a prueba de todo y un libro de milagros. Me lo enseñó.

Es un cuaderno con espiral, con las orillas desgastadas por el tiempo, adornado con flores a lápiz de cera, estrellas y un payaso ocasional. Con la letra de una niña, los milagros:

"Ayer dormí toda la noche".

"Mi papá metió un cachorro al hospital de contrabando".

"Mi mamá va a poner un árbol de Navidad en la esquina".

Su cuerpo está en motín. Sus padres están preocupados. Los médicos están confundidos. Pero Rebecca ha tomado una decisión. Le va a dar gracias a Dios por los milagros. Si Rebecca puede encontrar razones para agradecer, ¿por qué no yo?

¿Por qué no usted?

Antes del amén

Lo que ustedes recibieron gratis, denlo gratuitamente

*Mi Dios, pues, suplirá todo lo que os falta conforme
a sus riquezas en gloria en Cristo Jesús.*
Filipenses 4:19

Dios no solamente ama; él nos ha *dado* un gran amor (1 Juan 3:1, NVI). No solamente reparte sabiduría; Él da "a todos generosamente sin menospreciar a nadie" (Santiago 1:5, NVI). Es rico en bondad, tolerancia y paciencia (Romanos 2:4, NVI). Su gracia es "superabundante" así como "inefable" (2 Corintios 9:14–15).

Hizo rebosar la mesa del hijo pródigo con un banquete, las tinajas de la boda con vino y la barca de Pedro con peces, dos veces. Sanó a todos los que buscaron sanidad, enseñó a todos los que querían instrucción y salvó a todos los que aceptaron el regalo de la salvación.

Dios que "le suple semilla al que siembra también le suplirá pan para que coma" (2 Corintios 9:10, NVI). El verbo griego para "suple" (*epichoregeo*) levanta el telón de sobre la generosidad de Dios. Combina "danza" (*choros*) con el verbo "conducir" (*hegeomai*).[32] Literalmente significa: "conducir una danza". Cuando Dios da, danza de alegría. Dirige a la banda para que toque y conduce el desfile de dar. Le encanta dar.

Dispensa su bondad no con un cuentagotas, sino con un hidrante para incendios. El corazón de usted es como un vaso de ocho onzas [236,6 ml] y la gracia de Dios es como el Mediterráneo. Usted simplemente no puede contenerlo todo. Así que déjelo correr. Derramarse. Fluir. "Lo que ustedes recibieron gratis, denlo gratuitamente" (Mateo 10:8, NVI).

Gracia

Su gracia

Jehová es mi fortaleza y mi escudo;
en él confió mi corazón, y fui ayudado,
por lo que se gozó mi corazón,
y con mi cántico le alabaré.

Salmo 28:7

"Su gracia siempre me libró, y me guiará feliz".[33] Cuando John Newton escribió esta promesa, lo hizo por su experiencia personal. Su mayor prueba vino el día en el que sepultó a su esposa, Mary. La había amado con todo el corazón y había orado que su muerte precediera a la de ella. Pero su oración no fue respondida.

No obstante, la gracia de Dios probó ser bastante. El día en que ella murió, Newton encontró la fuerza para predicar un sermón dominical. Al día siguiente visitó a miembros de la iglesia y más tarde ofició en el funeral de su esposa. Estaba llorando su pérdida, pero en su luto encontró la provisión de Dios. Más tarde escribió: "El Señor, el todo suficiente Dios, habla y es hecho. Que todos los que lo conocen y confían en Él tengan ánimo. Él puede darles fuerzas según su día. Puede incrementar su fuerza a medida que sus pruebas incrementen [...] y lo que Él puede hacer, ha prometido que lo hará".[34]

Permita que la gracia de Dios destrone sus temores. Con toda certeza, la ansiedad todavía viene. El globo todavía se caliente; las guerras todavía se encienden; la economía no funciona bien. La enfermedad, la calamidad y los problemas pueblan su mundo. ¡Pero no lo controlan! La gracia sí. Dios ha incrustado en su vida una flota de ángeles para suplir sus necesidades a su manera en el momento oportuno. Su gracia lo guiará feliz.

Gracia

Una oración... de asombro

Porque un niño nos es nacido,
hijo nos es dado, y el principado sobre su hombro;
y se llamará su nombre Admirable, Consejero, Dios
Fuerte, Padre Eterno, Príncipe de Paz.

Isaías 9:6

Amado Señor, es imposible para mí sondear lo que significó para ti
encarnarte y vivir como un hombre. No obstante, creo en ti. Ayú-
dame a esperar todavía más, ¡que un buen día pronto te veré y seré
cambiado para siempre! En el nombre de Jesús, amén.

In the Manger [En el pesebre]

Su historia de Navidad

*Al sexto mes el ángel Gabriel fue enviado por Dios a
una ciudad de Galilea, llamada Nazaret, a una virgen
desposada con un varón que se llamaba José, de la casa
de David; y el nombre de la virgen era María.*

Lucas 1:26–27

¿Qué habría pasado si José y María se hubieran aparecido con pieles, un chofer, joyería vistosa y mucha prepotencia? ¿Y qué habría pasado si Dios hubiera decorado Belén como Hollywood la noche de los Óscar: con alfombra roja, luces y ángeles entrevistando a la pareja real? "María, María, te ves simplemente divina".

Si Jesús hubiera venido con tanta fanfarria podríamos haber leído la historia y pensar: *Qué barbaridad, miren cómo entró Jesús en su mundo.*

Pero como no lo hizo, podemos leer la historia y soñar. *Qué increíble, ¿podría Jesús nacer en mi mundo? ¿Mi mundo cotidiano?*

¿No es allí donde usted mora? No en un mundo vacacional. O en un mundo de día feriado. No. Usted vive una vida cotidiana. Tiene cuentas que pagar, camas por hacer y césped que podar. Su cara quizá no aparezca en las cubiertas de las revistas, y usted no está esperando una llamada de la Casa Blanca. Felicidades. Usted califica para una historia navideña de la era moderna. Dios entra al mundo a través de personas como usted y viene en días como hoy.

Así que esté alerta… hoy podría bien ser su historia de Navidad.

La historia de Dios, tu historia

El regalo

¡Gracias a Dios por su don inefable!
2 Corintios 9:15

Pero cuando una persona da un obsequio genuino, ¿no valora usted la presencia del afecto? El suéter tejido a mano, el álbum de fotografías del último verano, el poema personalizado, el libro de Lucado. Tales regalos lo convencen de que alguien planeó, preparó, ahorró, buscó. ¿Decisión de último minuto? No. Este regalo fue justo para usted.

¿Alguna vez ha recibido un regalo como este? Sí, así es. Perdón por hablar por usted, pero yo sé la respuesta al hacer la pregunta. A usted se le ha dado un regalo personal perfecto. Uno justo para usted. "Porque *os* ha nacido hoy, en la ciudad de David, un Salvador, que es Cristo el Señor" (Lucas 2:11, LBLA, énfasis añadido).

Un ángel habló estas palabras. Los pastores las escucharon primero. Pero lo que el ángel les dijo a ellos, se lo dice Dios a cualquiera que quiera oír. "*Os* ha nacido…". Jesús es el regalo.

Gracia

El rey Más

No acumulen para sí tesoros en la tierra,
donde la polilla y el óxido destruyen,
y donde los ladrones se meten a robar.
Más bien, acumulen para sí tesoros en el cielo,
donde ni la polilla ni el óxido carcomen,
ni los ladrones se meten a robar.

Mateo 6:19–20, NVI

Imagínese estar viviendo en el Sur durante la Guerra Civil y haber acumulado grandes cantidades de moneda confederada. A través de una serie de eventos usted se convenció de que el Sur iba a perder y que su dinero pronto no valdría nada. ¿Usted qué haría? Si tuviera un poco de sentido común, se desharía de sus centavos sureños. Usted pondría cada centavo que pudiera en la moneda por venir y se prepararía para el final de la guerra.

¿Está usted invirtiendo en la moneda del cielo? La economía mundial está decayendo. Su cartera está llena de papel que pronto será inútil. La moneda de este mundo no valdrá nada cuando usted muera o cuando Cristo regrese, lo cual puede suceder en cualquier momento. Si usted y yo acumulamos tesoros terrenales y no tesoros celestiales, ¿qué dice eso de dónde ponemos nuestra confianza?

La gloria llena nuestra vida según el grado en que confiamos en Dios.

¿En quién confía usted? ¿En Dios o en el rey Más? El rey Más es un gobernante corrupto. Nunca está satisfecho. Se oxida. Se pudre. Pierde su valor. Pasa de moda. De todas las promesas que hace no puede cumplir una sola. El rey Más le va a romper el corazón.

¿Pero el Rey de reyes? Él lo atrapará cada vez que caiga.

Días de gloria

Una parte de usted

Amados, amémonos unos a otros;
porque el amor es de Dios. Todo aquel que ama,
es nacido de Dios, y conoce a Dios.
El que no ama, no ha conocido a Dios;
porque Dios es amor.

1 Juan 4:7–8

Sarah estaba sentada a solas. Sus manos, pecosas por la edad, descansaban sobre su regazo. Llevaba su mejor vestido. Su habitación en el asilo hablaba de la primavera: margaritas en el florero, una Noche Buena florecía fuera de su ventana.

Sarah estaba sentada a solas. "Vinieron la Navidad pasada", dijo alegremente (como si estuviera defendiendo a su familia).

A mil millas de distancia una familia jugaba.

Sarah no está enferma ni es fea. No es inútil o decrépita. Sarah simplemente es una anciana.

Nuestra sociedad tiene poco espacio para los entrados en años. Las personas como Sarah son una gran multitud. Nadie los olvida intencionalmente. Probablemente por eso es que es tan doloroso. Si hubiera una razón: una pelea, un error una disputa. Pero suele ser sin intención.

Rechazo no intencional. Eso va a matar a Sarah; ella va a morir de soledad. No importa lo linda que sea la casa de convalecencia; las enfermeras y los demás ancianos no reemplazan la sonrisa de un nieto o el beso de un hijo.

Invierta todo su amor en ella ahora.
No olvide las manos, aunque estén pecosas;
el cabello, aunque cada vez sea menos.
Los ojos, aunque se hayan apagado,
porque son parte de usted.
Y cuando se vayan, una parte de usted se habrá ido.

Sobre el yunque

Habitó entre nosotros

Y aquel Verbo fue hecho carne,
y habitó entre nosotros
(y vimos su gloria, gloria
como del unigénito del Padre),
lleno de gracia y de verdad.

Juan 1:14

Maravilloso, este pensamiento del feto celestial flotando dentro del vientre. José y María no tenían la ventaja que tenemos: ultrasonido. Cuando Denalyn estaba embarazada, aprovechamos plenamente la tecnología. La imagen en blanco y negro en la pantalla parecía más un radar Doppler que un niño. Pero con la ayuda del médico, pudimos ver los brazos y las manos, la nariz con el arete y el vestido del baile de graduación. Espere, estoy confundiendo las fotografías.

Mientras el médico movía el instrumento alrededor del vientre de Denalyn, iba haciendo el inventario. "Allí está la cabeza, los pies, el torso... Bueno, todo parece normal".

El médico de María habría hecho el mismo anuncio. Jesús era un bebé ordinario. No hay nada en la historia que implique que levitó sobre el pesebre o que salió caminando del establo. Justo lo opuesto. Él "habitó entre nosotros" (Juan 1:14). La palabra de Juan para *habitó* tiene su origen en *tabernáculo* o *tienda*. Jesús no se separó de su creación; puso su tienda en el vecindario.

La Palabra de Dios entró al mundo con el llanto de un bebé. Jesús, el Creador del universo, el que inventó el tiempo y creó el aliento, nació en una familia demasiado humilde como para conseguir una cama para la mamá embarazada a punto de dar a luz.

Habitó entre nosotros. Él anhela habitar en usted.

La historia de Dios, tu historia

En el principio

En el principio ya existía el Verbo,
y el Verbo estaba con Dios, y el Verbo era
Dios. Él estaba con Dios en el principio.
Juan 1:1–2, NVI

Entre al establo y meza en sus brazos al infante Jesús, todavía húmedo del vientre, solo envuelto en pañales. Pase un dedo por su mejilla regordeta, y escuche mientras uno que lo conocía bien le pone letra al evento:

"En el principio ya existía el Verbo" (Juan 1:1, NVI).

Las palabras "En el principio" nos llevan al principio. "Dios, en el principio, creó los cielos y la tierra" (Génesis 1:1, NVI). El bebé que María sostenía estaba conectado con el inicio del tiempo. Vio el primer rayo de luz y escuchó el primer rompimiento de una ola. El bebé nació, pero el Verbo nunca nació.

"Por medio de quien todas las cosas fueron creadas" (1 Corintios 8:6, NTV). No *por* Él, sino *por medio* de Él. Jesús no elaboró el mundo a partir de una materia prima que encontró. Él creó todas las cosas de la nada.

Jesús: el Verbo del Génesis, "el primogénito de toda creación" (Colosenses 1:15, NVI). Él es el "Señor, Jesucristo, por medio de quien todas las cosas fueron creadas y por medio de quien vivimos" (1 Corintios 8:6, NTV).

Y entonces, lo que ningún teólogo concibió, lo que ningún rabino se atrevió a soñar, Dios lo hizo. "El Verbo se hizo hombre" (Juan 1:14, NVI). El Artista se volvió óleo sobre su propia paleta. El Alfarero se derritió en el barro de su propia rueda. Dios se convirtió en un embrión en el vientre de una aldeana. Cristo en María. Dios en Cristo.

La historia de Dios, tu historia

Una oración...
para abrir su corazón

Pero un samaritano que iba de viaje llegó adonde
estaba el hombre y, viéndolo, se compadeció de él.
Se acercó, le curó las heridas con vino y aceite,
y se las vendó. Luego lo montó sobre su propia
cabalgadura, lo llevó a un alojamiento y lo cuidó.
Lucas 10:33–34, NVI

Padre celestial, cada aliento es un regalo de tu mano. Incluso así,
confieso que a veces mi propia mano permanece cerrada fuerte-
mente cuando encuentro las necesidades de otros. Por favor, abre
tanto mi mano como mi corazón para que pueda aprender a abrir
mi puerta a otros. A medida que me ayudas a abrir mi corazón y
mi mano, te pido que también me instes a abrir mi vida a aquellos
que necesitan probar de tu amor y abundancia. Te lo pido en el
nombre de Jesús, amén.

Más allá de tu vida

Dar regalos

Dios, de su gran variedad de dones espirituales,
les ha dado un don a cada uno de ustedes.
Úsenlos bien para servirse los unos a los otros.
1 Pedro 4:10, NTV

Jesús distribuye regalos que son únicos para todos y cada uno de nosotros. El apóstol Pablo lo explicó de esta manera: "No obstante, él [Dios] nos ha dado a cada uno de nosotros un don especial mediante la generosidad de Cristo. Por eso las Escrituras dicen: "Cuando ascendió a las alturas, se llevó a una multitud de cautivos y dio dones a su pueblo"" (Efesios 4:7–8, NTV). El apóstol estaba usando la metáfora de un rey victorioso. Era común en la época de Pablo que el monarca conquistador volviera a su palacio con prisioneros y tesoros a cuestas. Celebraba su conquista por medio de darle dones a su pueblo.

Igual Jesús. Habiendo derrotado al pecado y a la muerte en la cruz, ascendió al cielo, tomó el lugar que le pertenecía a la diestra de Dios, y "dio dones a su pueblo".

¡Qué pensamiento tan deleitoso! Jesús, eternamente coronado, distribuyendo habilidades y capacidades.

Y no piense ni por un momento que Dios se lo saltó en la línea de dones. "Él nos ha dado *a cada uno de nosotros* un don especial". Agradézcale a Dios por su don. Y luego úselo para agradarlo.

Días de gloria

¿Cuánto tiempo ha pasado?

Pero esto digo: El que siembra escasamente,
también segará escasamente; y el que siembra
generosamente, generosamente también segará.
Cada uno dé como propuso en su corazón:
no con tristeza, ni por necesidad,
porque Dios ama al dador alegre.
2 Corintios 9:6–7

Los que han recibido gracia dan gracia.

¿Está experimentando la gracia?

¿Cuánto tiempo ha pasado desde que su generosidad dejó asombrado a alguien? ¿Desde que alguien objetó: "No, de veras, esto es demasiado generoso"? Si ha pasado un rato, reconsidere la gracia sin reservas de Dios. "Y no olvides ninguno de sus beneficios. Él es el que perdona todas tus iniquidades" (Salmo 103:2–3, LBLA).

Permita que la gracia le quite lo amargado a su corazón. "Creced en la gracia y el conocimiento de nuestro Señor y Salvador Jesucristo" (2 Pedro 3:18). Y mientras lo haga, encontrará que la gracia cambia vidas; principalmente la de usted.

Gracia

Hipocresía

Cuidado con lo que hacen.
No hagan algo bueno ante la gente sólo para que
los demás los vean pues así no recibirán ninguna
recompensa de su Padre que está en el cielo.
Mateo 6:1, PDT

Hipocresía. Cuando Jesús usó esa palabra, la gente buscaba cubrirse. Considere cómo recriminó a los fariseos con este soplete: "Más bien, hacen todas sus obras para ser vistos por los hombres […] ¡Ay de ustedes, escribas y fariseos, hipócritas!" (Mateo 23:5, 13, RVA-2015).

Esta es la definición práctica de *hipocresía*: "ser vistos por los hombres". Jesús no dijo: "No hagan buenas obras". Tampoco instruyó: "No permitan que se vean sus obras". Debemos hacer buenas obras, y algunas obras, como la benevolencia o la enseñanza, se deben ver para que produzcan un impacto. Así que seamos claros. Hacer algo bueno es algo bueno. Hacer el bien para ser visto no lo es. Esta es la razón: la hipocresía aleja a las personas de Dios.

Cuando las almas hambrientas de Dios entran a una congregación de aspirantes a superestrellas, ¿qué sucede? Cuando los que buscan a Dios ven a los cantantes tocar como artista de Las Vegas… cuando escuchan al predicador entretener a la multitud y excluir a Dios, no piense ni por un segundo que Dios lo aprueba.

Tomemos la hipocresía tan seriamente como Dios. ¿Cómo lo podemos hacer?

1. *No espere el crédito por buenas obras.*

2. *Dé las ofrendas financieras en secreto.*

3. *No falsifique la espiritualidad.*

Conclusión: no haga de su fe una producción teatral.

Más allá de tu vida

Obras sencillas

Servir al pobre es hacerle un préstamo al Señor;
Dios pagará esas buenas acciones.
Proverbios 19:17, NVI

Hay muchas razones para ayudar a las demás personas en necesidad.

Pero para el cristiano, nada es más alto que esto: cuando amamos a los que están en necesidad, estamos amando a Jesús. Es un mensaje que Jesús expresó con claridad cristalina: cuando los amamos a ellos, lo amamos a Él.

Este es el tema de su sermón final. El mensaje que guardó para el final. Seguramente quiere este punto impreso en nuestra conciencia. El último día, el gran Día del Juicio. Ese día Jesús emitirá una instrucción irresistible. Todos vendrán. Todo el universo celestial será testigo del evento. Un desenlace impresionante. Jesús en cierto momento "apartará los unos de los otros, como aparta el pastor las ovejas de los cabritos" (Mateo 25:32).

¿Cómo separa Jesús a las personas?

Jesús da la respuesta. La señal de los salvos es su preocupación por las personas en necesidad. La compasión no nos salva. La salvación es la obra de Cristo. La compasión es la consecuencia de la salvación.

Las ovejas reaccionarán con una pregunta sincera: ¿Cuándo? ¿Cuándo te alimentamos, te visitamos, te vestimos o te consolamos (vv. 34–39)?

Jesús relatará, uno por uno, todos los actos de bondad. Cada obra realizada para mejorar la suerte de otra persona. Incluso las pequeñas. Las obras de misericordia son obras sencillas. Y, no obstante, en estas obras sencillas, servimos a Jesús. Asombrosa, esta verdad: servimos a Cristo por medio de servir a las personas necesitadas.

Más allá de tu vida

No está a la venta

El sacrificio que te agrada es un espíritu quebrantado; tú, oh
Dios, no desprecias al corazón quebrantado y arrepentido.
Salmo 51:17, NVI

"Señor —dije—, quiero ser tu hombre, no mío.
Te doy mi dinero, mi coche; incluso mi casa".

Entonces, satisfecho y contento de mí mismo me relajé con una
    sonrisa
y le susurré a Dios: "Te apuesto a que ha pasado mucho tiempo
desde que alguien más te dio tanto; con tanta generosidad".
Su respuesta me sorprendió. Me respondió: No en realidad.

No ha pasado un día desde el inicio de los tiempos
en el que alguien no me haya ofrecido exiguos centavos y monedas,
altares y cruces de oro, aportaciones y penitencias,
monumentos de piedra y capiteles; pero, ¿por qué no
    arrepentimiento?

Solamente dame una lágrima; un corazón listo a ser moldeado.
Y yo te daré una misión, un mensaje muy valiente.
Que un fuego sea encendido donde solo había muerte,
y tu corazón arderá con mi vida y mi aliento.

Me metí las manos a los bolsillos y pateé la tierra.
Es difícil ser corregido (creo que me ofendí).
Pero valió la pena la lucha para caer en cuenta del pensamiento
de que la cruz no está a la venta y de que la sangre de Cristo no se
    puede comprar.

Sobre el yunque

Crea

No temas, cree solamente.
Marcos 5:36

Tome una pluma y un papel y váyase a solas. Vaya adonde esté en silencio, donde pueda pensar. Tome su pluma en su mano y—¿está listo?—escriba lo que cree. No lo que usted piensa o espera o especula, sino lo que usted *cree*. Escriba en papel esas convicciones fundamentales sobre las que vale la pena construir una vida, aquello por lo que vale la pena dar la vida.

Ahora mire su lista. Analícela. ¿Qué piensa? ¿Es su fundamento lo suficientemente sólido como para pararse en él? Si no, sea paciente. Dese un poco de tiempo para crecer.

No se deshaga de esa lista. Ponga su lista en algún lugar donde siempre la tenga. En su cartera, su bolso en algún sitio conveniente.

La próxima vez que se sienta intimidado por el Sr. Sabelotodo o por la Sra. Lotienetodo, la próxima vez que su autoimagen salga cojeando, saque su lista. Tómese el tiempo de verla. ¿Ha sido amenazado alguno de sus innegables? ¿Su cimiento ha sido atacado?

No suele ser el caso. Este es el punto: si usted sabe lo que cree (quiero decir si *realmente* lo sabe), si usted sabe lo que es importante y lo que es trivial, entonces no será atado por los pequeños liliputienses del mundo.

Yo *realmente* lo creo.

Sobre el yunque

Una oración...
para transformar

Ponme a prueba, Señor, e interrógame;
examina mis intenciones y mi corazón.
Pues siempre estoy consciente de tu amor inagotable,
y he vivido de acuerdo con tu verdad.

Salmo 26:2-3, NTV

Oh Señor, ¿dónde te vi ayer... y no te reconocí? ¿Dónde te voy a encontrar hoy... y fallaré en identificarte? Oh mi Padre, dame ojos para ver, un corazón para responder y manos y pies para servirte ¡dondequiera que me encuentres! Transfórmame, Señor, por tu Espíritu en un siervo de Cristo que se deleita en suplir las necesidades de los que están a mi alrededor. Hazme una cartelera de tu gracia, un anuncio viviente de las riquezas de tu compasión. Anhelo escucharte decirme un día: "Bien, buen siervo y fiel". Y te pido que hoy yo sea ese siervo fiel al que le va bien en hacer bien. Te lo pido en el nombre de Jesús, amén.

Más allá de tu vida

Notas

1. Adaptación de Joel Osteen, *Cada día es viernes: Cómo ser más feliz 7 días a la semana*; Nueva York: Faith Words, 2011; págs. 131–132 de la versión en inglés.
2. W. E. Vine, *Vine's Expository Dictionary of New Testament Words: A Comprehensive Dictionary of the Original Greek Words with Their Precise Meanings for English Readers* [*Diccionario expositivo de palabras del Nuevo Testamento: Un diccionario completo de las palabras griegas originales con el significado preciso para lectores angloparlantes*]; McLean, VA; MacDonald Publishing; p. 554.
3. James Strong; *Nueva concordancia Strong exhaustiva;* "Compasión"; Nashville; Thomas Nelson, 1996.
4. Todd y Tara Storch con Jennifer Schuchmann, padres de Taylor y fundadores de Taylor's Gift Foundation [Fundación El Regalo de Taylor] (www.TaylorsGift.org), cuentan la historia de su continua travesía para volver a regalar vida, renovar la salud, y restaurar familias en su libro *Taylor's Gift: A Courageous Story of Life, Loss, and Unexpected Blessings* [*El regalo de Taylor: Una valerosa historia de vida, de pérdidas y de bendiciones inesperadas*]; Grand Rapids, MI; Revell, una división de Baker Publishing Group; 2013.
5. "Conquest Confusion at Yale" [Confusión en Yale sobre la conquista]; Bryant G. Wood; BibleArcheology.org; 20 de noviembre de 2012, www.biblearchaeology.org/post/2012/11/20/Conquest-Confusion-at-Yale.aspx#Article. También
véase: Ronald B. Allen, "The Land of Israel" [La tierra de Israel] en *Israel: The Land and the People: An Evangelical Affirmation of God's Promises* [Israel: La tierra y la gente: Una

confirmación evangélica de las promesas de Dios]; ed. H.
Wayne House; Grand Rapids, MI; Kregel Publications;
1998; págs. 17–18, 24.

6. Citado en Richard Mayhue, *Desenmascaremos al diablo*;
Editorial Portavoz; 2003; p. 22 de la versión en inglés.

7. Sam Nunn, *"Intellectual Honesty, Moral and Ethical Behavior;*
We Must Decide What Is Important" [Honestidad intelec-
tual, moral y conducta ética; nosotros debemos decidir lo
que es importante]; discurso, National Prayer Breakfast;
Washington, D.C.; 1 de febrero de 1996.

8. Citado en John Gilmore, *Probing Heaven* [Sondear el cielo];
Grand Rapids; Baker; 1989; p. 65.

9. Art Miller, *The Power of Uniqueness* [El poder de la singula-
ridad]; Grand Rapids, MI; Zondervan; 1999; p. 93.

10. Gene Weingarten, "Pearls before Breakfast" [Perlas antes
del desayuno]; *Washington Post*; 8 de abril de 2007; www
.washingpost.com/wp-dyn/content/article/2007/04/04
/AR2007040401721.html.

11. Greg Pruett, *Extreme Prayer: The Impossible Prayers God*
Promises to Answer [Oración extrema: Las oraciones impo-
sibles que Dios promete responder]; Carol Stream, IL;
Tyndale House; 2014; p. 5.

12. *Ibíd.*, 69.

13. "Price of Success: Will the Recycled Orchestra Last?" [El
precio del éxito: ¿Durará la orquesta reciclada?]; CBS-
News
.com; 17 de noviembre de 2013; www.cbsnews.com/news
/price-of-success-will-the-recycled-orchestra-last/?

14. Joachim Jeremiah, *The Prayers of Jesus* [Las oraciones de
Jesús]; London; SCM Press; 1967; p. 57.

15. Adaptada de la oración escrita por America Prays, una
velada nacional de oración realizada el 15 de septiembre
de 2001.

16. Sean Alfano, "Teens Arrested after Posting YouTube
Video of Beating 13-Year-Old Boy and Hanging Him from
a Tree" [Adolescentes arrestados después de publicar un

video en YouTube acerca de un niño de 13 años a quien
golpearon y colgaron de un árbol]; *New York Daily News*; 1
de febrero de 2011. www.nydailynews.com/news/natio-
nal/teens-arrested
-posting-youtube-video-beating-13-year-old-boy-hanging
-tree-article-1.137868. Véase también Rick Reilly; "Eagles
over Wolves in a Rout" [Las Águilas ahuyentan a los lobos
haciéndolos huir]; ESPN.com; última modificación el 15
de febrero de 2011; http://sports.espn.go.com/espn/news
/story?id=6120346.

17. "Global Scripture Access" [Acceso global a las Escrituras];
United Bible Societies [Sociedades Bíblicas Unidas], www
.unitedbiblesocieties.org/what-we-do/translation/global
-scripture-access/.

18. "353 Prophecies Fulfilled in Jesus Christ" [353 profecías
que se cumplieron en Jesucristo]; Accordingtothe
Scriptures.org; www.accordingtothescriptures.org
/prophecy/353prophecies.html.

19. Si quiere más información con respecto a su singularidad
y cómo distinguirla consulte mi libro *Cura para la vida
común: Encontrando su lugar*; Nashville; Grupo Nelson;
2006.

20. Usada con permiso.

21. Alfred Edersheim, *The Life and Times of Jesus the Messiah*
[La vida y los tiempos de Jesús el Mesías]; edición completa; Peabody, MA: Hendrickson Publishers, Inc.; 1993;
p. 62–63.

22. Mi fallecido amigo Tim Hansel dice algo parecido en su
libro *You Gotta Keep Dancin'* [Tiene que seguir bailando];
Elgin, IL; David C. Cook Publishing Co.; 1985; p. 107.

23. Donald G. Bloesch, *The Struggle of Prayer* [La batalla de la
oración]; Colorado Springs; Helmers and Howard; 1988;
p. 79.

24. E. M. Bounds, *The Complete Works of E. M. Bounds on
Prayer* [Las obras completas de E. M. Bounds sobre la

oración]; Grand Rapids, MI; Baker Book House; 1990; p. 311–12.

25. Josué 2:1; 6:17; Hebreos 11:31; Santiago 2:25

26. En muchas maneras el libro de Efesios es la contraparte en el Nuevo Testamento del libro de Josué.

27. Dale Ralph Davis, *Joshua: No Falling Words* [Josué: Palabras cumplidas]; Fearn, Scotland; Christian Focus Publications; 2000; p. 19.

28. Frederick Dale Bruner, *Matthew: A Commentary by Frederick Dale Bruner, vol. 1; The Christbook: Matthew 1–12* [Mateo: Un comentario por Frederick Dale Bruner, vol. 1; El libro del Cristo: Mateo 1–12]; Dallas: Word, 1987; p. 234.

29. C. S. Lewis, *Yours, Jack: Spiritual Direction from C. S. Lewis* [Tuyo, Jack: Dirección espiritual de C. S. Lewis]; New York; HarperCollins; 2008; p. 152.

30. Leigh Montville, "Wide and to the Right: The Kick That Will Forever Haunt Scott Norwood" [Abierta y cargada a la derecha: La patada que perseguirá por siempre a Scott Norwood]; SI.com, última modificación el 21 de septiembre de 2011, http://sportsillustrated.cnn.com/2011/writers/painful_moments_in_sports/09/09/Scott.Norwood.Super.Bowl/.

31. Entrevista vía telefónica con Jo Anne Lyon, dirigida por David Drury, 23 de junio de 2009.

32. Eugene Peterson, *Traveling Light: Modern Meditations on St. Paul's Letter of Freedom* [Viajando ligero: Meditaciones modernas acerca de la carta de la libertad de San Pablo]; Colorado Springs; Helmers and Howard; 1988; p. 91.

33. John Newton, "Sublime gracia"; CristianoSoy.com, http://cristianosoy.com/sublime-gracia/.

34. Josiah Bull, *"But Now I See": The Life of John Newton* [Ahora veo: La vida de John Newton]; Carlisle, PA; Banner of Truth Trust; 1998; p. 304, citado en David Jeremiah, *Captured by Grace: No One Is Beyond the Reach of a Loving God* [Capturado por la gracia: Ninguno se puede escapar del

alcance de un Dios amoroso]; Nashville; Thomas Nelson; 2006; p. 143.

CASA
CREACIÓN

Te invitamos a que visites nuestra página
web donde podrás apreciar la pasión por
la publicación de libros y Biblias:

www.casacreacion.com

 @CASACREACION

 @CASACREACION

 @CASACREACION